전자책출판 단계별로 배우기

동영상 강의 제공

나만의 브랜드 차별화

김분희 지음

E-BOOK · EPUB · HTML · CSS · Powerpoint · Upaper

청년,

취업을 위해
스펙쌓기 대신
전자책을 써라

홍릉과학출판사

「전자책출판 단계별로 배우기」는 유클라우드(Ucloud)에서
동영상 강의를 다운받을 수 있습니다.

사용방법

❶ http://office.ucloud.com 접속
❷ ID: pptsm@ucloud.com / **PW**: hp2274 입력
❸ [My ucloud]-[게스트 폴더]-[전자책출판 단계별로 배우기] 찾아가기
❹ 폴더 패스워드: 도서 ISBN 뒷8자리 입력
▶ 도서 ISBN 979-11-5600-387-8 93000이므로 패스워드는 '**56003878**'입니다.
❺ 필요한 자료를 선택하여 내려받기

전자책출판 단계별로 배우기
나만의 브랜드 차별화

인 쇄 : 2015년 8월 20일 초판 1쇄
발 행 : 2015년 8월 29일 초판 1쇄

지은이 : 김분희
발행인 : 우명찬, 송 준
발행처 : 홍릉과학출판사

서울시 강북구 인수봉로 50길 10
• 전화 : 02-999-2274~5 • 팩스 : 02-905-6729
• http://www.hongpub.co.kr
• e-mail: hongpub@hongpub.co.kr

ISBN : 979-11-5600-387-8 93000

정가 22,000원

파본이나 잘못된 책은 교환하여 드립니다.

머리말

누구나 작가가 되고 싶은 꿈이 있다. 너무 단정적인지 몰라도 잠깐 동안이라도 그런 생각을 한 적이 있는지도 포함하였다. 그러나 출판사는 이윤을 추구해야 한다. 그러니 누구나 작가가 되도록 출판사가 나서서 힘써주지 않을 것이다. 하지만 세상은 많이 변했다. 비용이 많이 드는 종이가 필요한 출판의 시대에서 종이 없이 출판하는 시대로 접어든 것이다. 누구나 비용 부담 없이 작가가 될 수 있는 기틀이 마련된 것이다.

기말고사 기간 동명대학교 도서관 자유열람실. 학생들은 시험공부를 위해 교재를 펼쳐놓고 있었다. 스마트폰을 만지작거리며 무언가 확인하는 학생들이 많다. 유심히 살펴보니 대부분 메시지를 주고받고 있었다. 특히 몇몇은 스마트폰으로 전자책을 펼쳐보고 있었다.

스마트폰이나 태플릿PC와 같은 기기의 보급이 확대되면서 대학교에서 강의 교재로 전자책의 수요가 증가되고 있다. 또한 초등학교 교과서의 디지털화에 대해서도 언론에서 언급된 바 있다. 실제로 2012년 8월부터 경기 안양시는 초 · 중학교 학생들을 대상으로 디지털 교과서 수업을 시범 실시한다. 이러한 체제는 교사의 교육 내용이 테블릿PC를 통하여 학생들에게 전달될 수 있는 토대가 된다. 또한 학생들도 테블릿PC를 통하여 질의응답 할 수 있어 상호작용의 폭이 넓어질 수 있다. 이러한 형태의 교육은 시범사업에 그치지 않고 미래의 사이버 교육의 새로운 모델로 정착될 것이다.

전자책의 수요가 증가되고 있는 시점에서 실제 출판업계는 더욱 어려워지고 있다고 한다. 한국콘텐츠진흥원의 2012년 12호의 세계 전자책 시장의 현황과 이슈 분석에서 미국, 영국, 중국 등의 주요국의 전자책 시장에 대해 종이책은 3% 내외로 매년 감소하는데 비해 매년 30% 가까이 증가될 것으로 전망하고 있다. 이러한 시점에서 '1인 출판'이 주목받고 있는데, 전자책은 이러한 1인 출판의 매우 만족스러운 대안이 될 수 있고 수많은 보고서에서 밝은 미래를 전망하고 있다. 여러분도 1인 출판의 주역이 되어 전자책을 출판함으로써 책을 쓰는 작가가 될 수 있는 것이다.

지난 2012년 7월 4일 "특허 제도의 이해"를 전자책으로 출판하였다. 동명대학교의 "발명과특허" 강의를 수요자의 요구에 따라 인터넷 강의로 만들게 되었고, 이러한 강의에 적합한 교재는 전자책이라는 생각으로 출판하게 되었다. 물론 한번도 만들어 본적 없는 전자책을 직접 출판한다는 것은 그 자체만으로도 어려운 도전이었다. 그러나 그러한 실천의 개기는 매우 사소한 발견으로부터 시작되었다.

언젠가 책을 구매하기 위해 YES24 사이트에 접속하였다. 평소에는 책의 이름을 키워드로 하여 검색하거나 찾고자 하는 책이 속해 있는 카테고리를 클릭하는 형태로 사이트를 이용하곤 하였다. 그런데 우연히 “eBook"이라는 카테고리가 눈에 띄었고 궁금한 마음에 해당 카테고리를 클릭해보니 ”개인 전자출판 유페이퍼 안내“라는 메뉴가 눈에 띄었다. 평소 개인 출판에 관심을 두고 있던 터라 상세히 살펴보게 되었고, 이러한 발견과 관심이 ”특허 제도의 이해“라는 책을 출판하는 계기가 되었다. 컴퓨터를 통해 문서를 작성해본 경험이 있고, 개인 홈페이지를 운영한 경험이 있다면 손쉽게 전자책을 만들 수 있다.

전자책을 만들려면 수많은 방법이 있다. 저자가 직접 이용한 방법은 유페이퍼(http://www.upaper.net) 사이트를 이용하라는 것이다. 이 사이트에 회원가입을 하면 개인 홈페이지가 자동으로 만들어진다. 획득한 홈페이지의 메뉴를 잘 이용함으로써 전자책을 구매하거나 만들어서 판매하는 작업을 할 수 있게 된다.

유페이퍼는 지난 2012년 12월 5일에 베스트셀러에 대해 “2012 Best of eBook"이라는 타이틀로 할인 행사를 했었는데, “특허 제도의 이해“도 목록에 포함되어 있었다. 전자책은 작가가 되고 싶은 사람에게 큰 기회를 주며 간혹 베스트셀러라는 행운도 가져다 준다. 아직까지도 전자책을 출판한 사람들은 매우 드물다. 그러므로 지금이 전자책 출판의 적기라고 생각한다. 여러분도 ”1인 출판“의 꿈을 이룰 수 있으니 적극적으로 방법을 찾고 실천하기 바란다. 이 책은 전자책을 만들고 배포하는 전 과정에 대해 그 동안 쌓아 온 저자의 노하우를 담았다. “1인 출판”의 꿈을 펼치는데 이 책이 조금이나마 도움이 되었으면 한다.

이 책의 내용을 강의에 이용하고자 한다면 총 13장으로 구성되어 있으므로 한 주에 한 장씩 진행할 수 있다. 중간고사, 기말고사 기간을 빼고 총 13주의 강의를 진행하는 스케쥴에 매우 적합하도록 구성하였다. 그리고 7-9장은 컴퓨터가 있는 실습실에서 진행하면 더욱 효과적으로 진행할 수 있다. 사실 현재 전자책 제작을 주제로 한 강의를 진행하고 있는데, 교양 과목 2학점 이론 수업을 진행하고 있다. 이 수업에서 컴퓨터가 없는 이론 강의실이 배정되어 있어 실습 수업을 진행하고 있지 않는데, 종이에 써보는 방법을 적용하거나, 실습 시연은 교수 컴퓨터를 통해 보여주고, 과제의 형태로 학생들이 직접 실습해 올 수 있도록 진행하고 있다. 컴퓨터 실습실 강의로 진행하지 않는 경우 위와 같은 방법으로 진행해 보는 것도 좋겠다. 실제 컴퓨터 실습과 관련해서는 유튜브를 통해 동영상을 제공할 예정이므로 수업 시간에 보여줘도 좋겠다. 혹은 7~9장의 내용은 다루지 않아도 좋을 듯 하다. 3학점짜리 수업의 경우는 여유가 있으나 2학점짜리 수업에서는 책의 전체 내용을 다루기에는 벅찰 수 있다. 게다가 2학점 교양 이론 수업이라면 더욱이 그럴 것이다. 이런 경우 7장에서 9장까지의 내용은 다루지 않아도 전자책 제작에 있어서 큰 무리는 없을 것으로 판단된다. 또는 7장은 기초와 관련된 공통 내용이므로 다루고, 8장에서 9장까지는 다루지 않는 형태도 좋겠다. 10장 전자책 출판하기 파트에서 약간의 관련 설명이 더해지면 이해하기 좋으니 말이다. 이 책은 각 장마다 중간 중간 과제를 수록하고 있다. 실제 수강한 내용에 대해 정리하는 목적으로 활용하거나, 학생 과제로 내도 좋겠다.

2015년 5월 4일

김분희(Kim, Boon-Hee)

컴퓨터공학 박사
전자책 관련 교과목 담당
동명대학교 교수

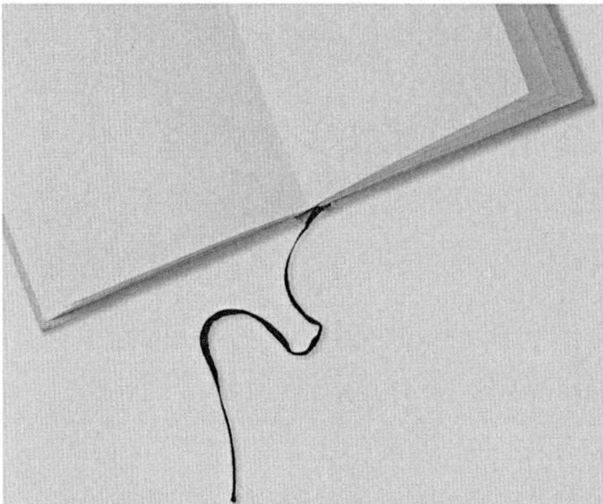

목차

제 1장 전자책이 대세다 3

전자책 개요 7

전자책 표준 형식 EPUB 9

다른 책과의 구분 방법 15

제 2장 전자책 출판은 그린 비즈니스다 21

전자책과 종이책의 장단점 파악하기 24

전자출판 개요 39

전자책 출판은 그린 비즈니스다 46

제 3장 취업을 위해 어학연수보다 전자책으로 차별화하라 49

차별화 전략을 세우자 52

누구나 출판할 수 있는 전자책 56

종이책과 차별화 하라. 59

제 4장 평범한 당신도 작가가 될 수 있다 67
책을 쓸 만큼 대단한 주제가 없다? 69
책 쓰기를 실천하자 72
공동 집필의 어려움 83
읽고 쓰기를 실천하자. 100

제 5장 책 쓰기 노하우 -기획하기- 107
책 쓸 대상 정하기 109
기존 도서 분석하기 112
제목과 목차의 중요성 121
집필 계획, 출간 계획서 작성하기 126

제 6장 책 쓰기 노하우 -집필하기- 137
집필 순서 정하기 141
원고를 쓸 때 점검 할 사항 146
일단 초고를 완성하고, 퇴고, 탈고의 수순을 밟자. 151
출간 의뢰하기 159

제 7장 책 쓰기 노하우 -EPUB 이해하기- 165
EPUB의 핵심 HTML 169
HTML 기본 구조 (문서의 골격이 되는 태그) 173
실전 HTML 문서 만들기 179
자주 사용하는 HTML 태그 알아두자. 180
색상 표현 방식 187
특수 문자 입력하기 190

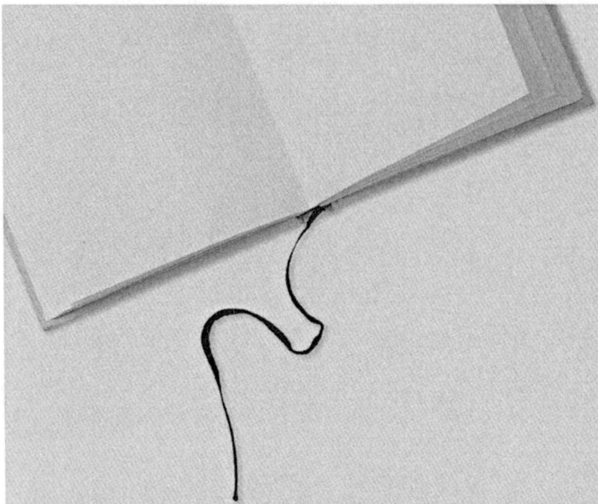

글꼴 꾸미기(FONT 태그) 192
물리적인 글꼴 꾸미기 199

제 8장 책 쓰기 노하우 -HTML 문법 적용하기- 207
목록 만들기 209
그림 입력하기 215
링크 만들기 217
표 만들기 218
별도 영역 만들기(SPAN) 222
가로선 그리기(HR) 225
제목 정하기 227

제 9장 책 쓰기 노하우 -CSS 문법 이해하기- 231
태그 내부 입력형 234
문서 내에 별도 입력형 236

외부 문서 삽입형 239
선택자의 종류 243
글꼴 관련 스타일 속성 250
문단 관련 스타일 속성 256
여백 만들기 260

제 10장 출판 노하우 -전자책 출판하기- 265
전자책 출판 사이트 회원 가입하기 268
내페이퍼 기능 살펴보기 273
관리 메뉴 살펴보기 276
전자책 등록하기 278
출판 노하우(전자책 출판하기) 299

제 11장 디자인 노하우 -좋은 디자인 시도하기- 299
좋은 디자인 303
확장된 의미에서 좋은 디자인 309
디자인 할 때 고려해야 할 요소 310
디자인을 구성하는 요소 313
빛과 색 318
색상환 320
색의 대비 321
색이 가지는 이미지 333
배색 334

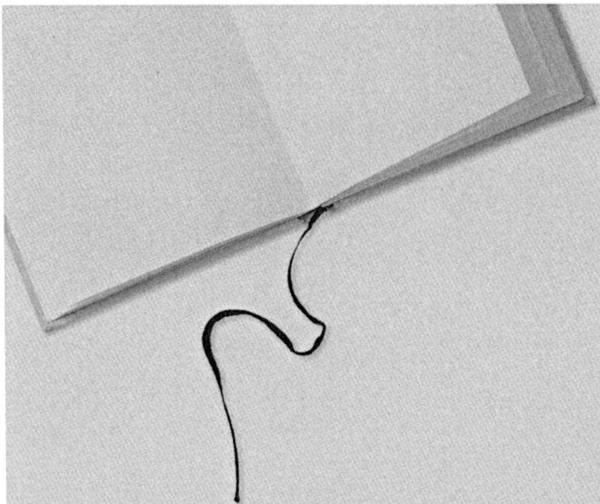

제 12장 디자인 노하우 -표지 디자인 기획하기- 341
책 표지 분석하기 345
타이포그라피 351
캘리그라피 359
트리밍 360
채우기 디자인 361
파워포인트 프로그램으로 표지 디자인 하자. 369

제 13장 디자인 노하우 - 레이아웃 디자인- 385
레이아웃 디자인 이해하기 388
접지 디자인 399

참고문헌 402
찾아보기 404

제1장

전자책이 대세다

전자책 표준 형식 EPUB

다른 책과의 구분 방법

학습 목표

- 미디어의 한 종류인 전자책에 대해 정의 할 수 있다.
- 전자책 표준 형식인 EPUB에 대해 이해한다.
- 다른 책과의 구분 방법인 ISBN에 대해 설명할 수 있다.

전자책이 대세다. 이 장의 제목인데, 앞으로 전자책 한 권쯤은 출판한 경험이 있는 사람들이 많아 질 것이란 의미이다. 토익 점수라는 스팩을 쌓는 것처럼, 전자책 출판이라는 스팩을 쌓는 것이 기본으로 여겨지는 시대가 올 것이라는 의미이기도 하다. 물론 이에 저자의 개인적인 의견으로 끝날지도 모른다. 그러나 저자가 전자책 관련한 다양한 경험을 쌓으면서 이러한 생각이 확고해졌다. 여러분들도 이 책의 마지막 부분까지 섭렵하는 순간이 되면 저자와 동일한 생각을 하게 될지도 모른다.

이 책을 모두 섭렵했다는 의미는 본인의 이름으로 된 전자책 한 권 정도를 출간한 것이리라. 저자의 경우 처음으로 전자책을 출간하고 나서 2개월까지는 한 권도 판매되지 않았다. 사실 큰 실망이었다. 그런데 3개월차에 들어서면서 1~2권이 판매되었다. 아직 전자책 시장이 매우 졸구나 싶었다. 그러다가 전국에 있는 다양한 전자도서관에서 많은 양을 구매하게 되면서 1년만에 전자책 분야에서 베스트셀러에 입성했었다. 지금 돌이켜보면 내가 쓴 전자책의 내용이 훌륭해서 좋은 결과를 낸 것은 아니라고 생각한다. 아이들이나 어른들이 보기에 건전한 내용이었고, 저렴한 가격으로 책정된 것이 하나의 요인이 아니었나 생각된다. 결론적으로 말하자면 전자책 저자가 되면서 하나의 스팩이 자동으로 추가되었다. 아마도 아직까지는 이러한 스팩을 가진 사람들이 많지 않을 것이고, 여러분들은 남들과 다른 하나를 추가하는 기회를 얻게 될 것이다. 그 외에도 다양한 매체에서 언급하고 있는 자료들이 앞으로의 시대는 전자책이 대세가 될 것이라고 말하고 있다. 그래서 남들보다 앞서 이러한 기회를 잡길 바라는 마음으로 이 책을 집필하게 되었다.

다음 그림은 스마트 패드 종류의 장치를 이용해서 전자책을 보고 있는 화면이다. "Chief Animals"라는 제목의 표지가 있고, 손으로 종이책을 넘기 듯 밀면 자연스럽게 다음 페이지로 넘어 간다. 이러한 스마트

패드를 활용해서 전자책을 보면 스마트폰에 비해 상대적으로 큰 화면 덕분에 일반 종이책을 보는 느낌과 더욱 유사하게 느껴진다. 전자 교과서가 보편화 되고 있는 미국의 경우 이러한 스마트 패드가 일반적으로 보급되고, 그로 인한 전자책의 수요도 증가하고 있다.

이러한 전자책에 대해 개념을 파악하기 위해 전자책 개요에 대해 알아보자.

전자책 개요

전자책은 미디어(media)의 한 종류이다. 미디어는 미디엄(medium)의 복수형으로 전달하고자 하는 내용을 어떤 한쪽에서 다른 쪽으로 보내는 역할을 한다. 우리는 미디어라는 말과 동일한 의미로 매체라는 말을 사용한다. 매체는 영상 매체와 인쇄 매체로 나뉜다. 영상 매체는 우리가 알고 있는 영화, 텔레비전, 라디오와 같은 오디오나 비디오 형태로 접하고 있다. 인쇄 매체는 신문, 잡지, 책의 형태로 접하고 있다. 이러한 분류 기준으로 봤을 때 전자책의 경우 인쇄 매체에 해당된다. 이 책에서는 인쇄 매체 중에 하나인 전자책에 대해 알아보고, 전자책을 만들어보며, 실제로 전자책을 유통하는 전체 과정을 다룬다. 그 중에서 이번 장에서는 전자책의 개념을 파악하는 과정을 다루고자 한다.

전자책(電子册)은 이북(e-Book)으로 불리기도 하는데 책의 내용을 디지털 정보로 가공하고 저장한 출판물의 통칭이다. 이러한 전자책의 사전적인 의미에 대해서 알아보자. 사전의 종류에 따라 약간의 차이가 있겠지만 거의 유사한 내용으로 정의하고 있다. 그 중에서 다음은 위키백과 사전에서 전자책에 대해 정의하고 있는 내용이다.

"전자책은 휴대기기(휴대폰, PMP, PDA 등)나 컴퓨터로 볼 수 있는 특수한 포맷의 파일이라 할 수 있다. 일반적으로 전자책이라고 할 때는 텍스트 파일과 같은 범용 파일 포맷이 아니라 저작권 보호를 위해 DRM(디지털 권리 관리, Digital Rights Management)는 출판자 또는 저작권자가 그들이 배포한 디지털 자의 사용을제어하고 이를 의도한 용도로만 사용하도록 제한하는 데 사용되는 모든 기술들을 지칭하는 용어) 기능을 탑재할 수 있는 특수한 포맷을 가진 파일을 말한다."

[참고] http://ko.wikipedia.org

위키백과에서 정의하고 있는 내용의 첫 줄은 다음과 같다.

"전자책은 휴대기기(휴대폰, PMP, PDA 등)나 컴퓨터로 볼 수 있는 특수한 포맷의 파일이라 할 수 있다."

즉 휴대폰이나 컴퓨터와 같은 전자기기를 이용해서 볼 수 있는 파일 형태의 책이 전자책이라는 것이다. 일반적으로 컴퓨터를 통해서 접하게 되는 파일은 어떤 것이 있을까. 아래한글 프로그램으로 만든 파일은 확장자가 대부분 hwp라는 이름으로 되어 있고, 그림 파일의 경우 대다수 jpg라는 이름으로 되어 있다. 다음 그림에서 eng.hwp 파일은 아래한글 파일이고, eng1.jpg는 그림 파일이다. 이렇듯 파일명을 이루고 있는 확장자의 명칭을 보면 그 파일의 포맷이 무엇인지 예측할 수 있다.

전자책의 경우 특수한 포맷의 파일로 되어 있다. 이러한 전자책의 파일 포맷은 다양한데 국제 표준 포맷은 EPUB이다. 이 포맷으로 된 전자책은 파일 확장자가 epub이다. 다음 그림에서 black.epub파일이 EPUB 파일이다.

전자책 표준 형식 EPUB

EPUB은 이펍이라 읽고, Electronic PUBlication의 약자이다. 이러한 EPUB에 대해서는 다음과 같이 사전적 의미를 살펴보고, EPUB의 가장 큰 특징인 자동 공간 조정 기능에 대해 알아보겠다. 그리고 EPUB과 관련된 DRM, HTML, CSS에 대해 알아보겠다.

- EPUB의 사전적 의미
- 자동 공간 조정 기능(reflowable)
- DRM
- HTML
- CSS

EPUB의 사전적인 의미를 알아보면 다음과 같다.

> "EPUB(이펍, Electronic PUBlication)은 국제 디지털 출판 포럼(IDPF, International Digital Publishing Forum)에서 제정한 개방형 자유 전자 서적 표준이다. EPUB은 자동공간조정(reflowable)이 가능하게 끔 디자인 되었다. 이는 EPUB으로 만들어진 내용을 볼 때 디스플레이하는 기계의 형식, 크기에 자동으로 최적화되어 보여줄 수 있다는 뜻이다. 국제 디지털 출판 포럼에서 공식 표준으로 채택되었다."
>
> [참고] http://ko.wikipedia.org

위의 EPUB에 대한 사전적 의미 가운데 다음과 같은 내용이 있다.

"EPUB은 자동공간조정(reflowable)이 가능하게 끔 디자인 되었다."

여기에서 reflowable이라는 단어를 살펴보자. Flow는 흐름을 의미한다. 물은 위에서 아래로 흐른다. 이러한 물의 흐름도 flow라 할 수 있다. 컴퓨터 관련 용어로 flow-chart가 있는데, 여기서 flow의 의미도 이러한 흐름과 연관되어 있다. Flow-chart는 도형으로 표현된 명령의 실행 순서를 화살표로 표현해서 먼저 실행되어야 할 것과 그 다음에 실행되어야 할 순서를 나타낸다. 이러한 화살표는 명령어 실행 흐름을 직접적으로 표현하는 것이다. 그렇다면 전자책에서 flow는 어떤 의미일까? 앞서 본 물의 흐름과 flow-chart의 명령의 흐름은 유사한 의미로 사용되고 있다. 즉 전자책을 이루고 있는 글과 그림 등의 컨텐츠가 일정한 순서에 따라 나열되어 있고, 위쪽에 있는 컨텐츠에서 아랫쪽에 있는 컨텐츠 간의 내용적인 흐름이 존재하는 것이다.

지금까지 flow에 대해서 살펴보았는데, 전자책과 관련된 용어는 정확히 reflowable이다. Re는 영어 단어적으로 보면 again 즉 다시, 또, 다시 한번 등의 의미를 지니고 있다. 지금까지의 의미 분석으로 reflowable은 "다시 한번 흐를 수 있는"이라고 해석해 볼 수 있겠다. 공식적인 뜻은 자동 공간 조정 기능을 의미한다. 전자책은 똑같은 기종의 핸드폰으로 책을 보더라도 가로로 보는 화면과 세로로 보는 화면의 컨텐츠 구성이 달라진다. 일반 종이책에서는 절대 있을 수 없는 일인데, 12페이지 첫째 줄을 읽으라고 하면 모두 동일한 내용을 읽는 모습을 누구나 상상하게 된다. 그러나 전자책의 경우 사람마다 보는 장치가 다르고, 같은 기기라 해도 가로 방향으로 보는 사람, 새로 방향으로 보는 사람에 따라 12 페이지 첫째 줄의 내용은 달라질 수 있는 것이다. 전자책을 보는 사람의 기기에 최적화 된 형태로 컨텐츠를 보여주기 위해 자동으로 공간 조정이 일어나는 것이다. 이는 일반 종이책과 전자책의 가장 뚜렷한 차이라 할 수 있다.

다음은 우드문 저자의 비정규직의 일상이라는 책을 같은 기기를 이용하여 세로 화면으로 봤을 때와 가로 화면으로 봤을 때의 모습이다. 자동 공간 조정 기능에 의해 페이지의 구성에 변화가 온 것을 확인 할 수 있다.

이러한 전자책은 일반책과 마찬가지로 서적의 범주에 포함된다.

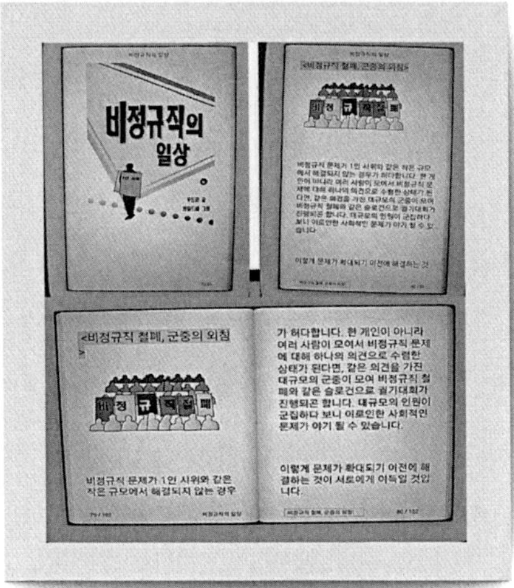

유네스코에서 정의한 서적의 의미는 표지를 제외한 49쪽 이상으로 구성된 비정기간행물을 말한다. 그런데 이러한 49쪽 이상이라는 범주가 전자책에서는 모호한 성격을 지닌다.

> 표지를 제외한 49쪽 이상으로 구성된 비정기간행물이다.
>
> [참고문헌] 유네스코가 채택한 "서적 출판 및 정기간행물에 관한 통계의 국제적 표준화에 대한 권고안"

"힐링"이라는 전자책이 있다고 가정하자. 힐링을 4인치 스마트폰으로 봤을 때는 49쪽 이상으로 유네스코에서 정의한 서적에 범주에 들어간다. 그런데 이 힐링을 10인치가 넘는 태블릿으로 봤을 때 쪽수가 달라진다. 즉, 40쪽 이하가 될 수 있어 유네스코에서 정의한 서적의 범주에 들어가지 못할 수 있는 것이다. 이는 전자책의 고유한 특성에 의해 발생되는 문제이다. 전자책의 경우 보는 기기의 종류에 맞춰 최적화된 형태로 페이지를 자동 재구성하여 보여주는 리플로우(reflow) 기능이 존재하기 때문이다. 같은 기기여도 세로로 보는 것과 가로로 봤을 때 페이지 수도 달라지게 된다. 전자책의 자동 페이지 재구성 기능으로 인해 유네스코에서 정의한 서적의 의미는 전자책의 범주로 보면 변화될 필요가 있겠다. 애초에 서적에 대한 정의에 49쪽이라는 물리량이 기술된 이유도 매우 모호한데, 전자책을 대상으로 보면 더욱 모호해지는 것이다. 기술의 발전과 함께 어떠한 정의는 그 내용을 수정해야 되는 경우도 발생되고, 새로운 용어들의 출현으로 새로운 정의가 요구되기도 한다. 이는 기술의 발전이 급속도로 이뤄지는 현시대에서는 더욱 그러하다.

EPUB 전자책은 유통과정에서 발생할 수 있는 저작권을 보호하기 위해 DRM(Digital Rights Management) 기술로써 암호화할 수 있다. DRM 기술로써 암호화 한 전자책은 구매한 유통사의 EPUB 뷰어로만 볼 수 있다. 따라서 불법으로 전자책 파일을 다운 받았다 하더라도 해당 유통사의 뷰어가 없으면 볼 수 없는 것이다. 해당 유통사는 아이디와 패스워드를 통해 검증 과정을 거치고, 구매한 파일에 대해서 열어 볼 수 있도록 되어있다. 전자책의 경우 DRM 처리가 되어 있지 않는 경우도 많다.

EPUB은 인터넷의 기본 문서인 HTML(HyperText Markup Language)을 주요 구성 요소로 채택하고 있다. HTML은 웹 페이지를 만드는 컴퓨터 언어의 한 종류이다. 배우기 쉬운 문법 구조로 컴퓨터공학 계열 전공 뿐만 아니라 인문, 디자인 계열 등에서도 배우는 추세이다. HTML의 공통 문법으로 만든 인터넷 사이트는 모든 웹 브라우저에서 실행되는 호환성을 가지고 있다. HTML의 뛰어난 호환성을 EPUB에서 그대로 사용하고 있다. EPUB은 HTML 뿐만 아니라 인터넷 문서에 대한 디자인의 일관성을 부여하는 CSS(Cascading StyleSheet) 규격을 지원한다. 사실 EPUB 파일을 이루고 있는 대부분은 이 HTML과 CSS라 해도 과언이 아니다. EPUB 최신 버전의 경우 오디오, 비디오, 애니메이션과 같은 미디어를 지원한다. 그러나 모든 뷰어에서 이와 같은 EPUB 최신 버전을 지원하는 것은 아니므로, 글과 그림으로 이루어져 있는 EPUB이 가장 일반적이다.

EPUB 최신버전이 활성화 된다면, 시험지 교재도 만들 수 있다. 즉 시험지 교재의 경우 자동 채점되는 기능을 넣을 수 있고, 해설 또한 틀린 문제를 기준으로 사용자에게 알맞게 구성되어 제공하는 형태로 구성 할 수 있는 것이다. 또한 EPUB 최신 버전으로 작성된 전자책은 게임 기능이 포함된 교육적인 책이나 동영상 강좌가 포함된 형태로도 만들 수 있다.

본 교재에서는 EPUB 최신 비전의 기능 보다는 모든 뷰어에서 동작이 되는 기본 형태에 대해서 다룬다. 기본에 대한 개념이 확실해야만 응용된 형태에 적응도 가능한 것이므로 기본에 충실하고자 한다. 상세한 내용은 이 책의 후반부에 HTML과 CSS의 기본 문법에 대해 다루게 되므로 그때 다루겠다. 또한 다음에 집필하게 될 전문가용 전자책에는 EPUB 최신 버전에 포함된 다양한 기능을 다룰 예정이다.

이러한 전자책은 일반적인 종이책과 마찬가지로 다른 책과의 구분을 위한 방법이 존재한다. 다음은 다른 책과의 구분 방법에 대해 상세히 다루겠다.

다른 책과의 구분 방법

책의 경우 다른 책과의 구분을 위해 고유한 번호를 지닌 형태로 출간된다. ISBN이 바로 책의 고유한 번호인데, International Standard Book Number의 약자이다. 대한민국 사람이면 누구나 주민등록 번호가 있고, 다른 사람과 구분해주는 ID 역할을 한다. 마찬가지로 출간되는 책의 경우 ISBN이 부여되어 다른 책과 구분된다. 즉 책에 있어서 ID 역할을 하는 것이 ISBN인 것이다. 다음은 ISBN에 대한 사전적 의미이다.

- 국제 표준 도서 번호(International Standard Book Number, ISBN)는 국제적으로 책에 붙이는 고유한[1] 식별자이다. ISBN 체제는 원래 1966년 영국에서 "표준 도서 번호"(SBN)라는 이름으로 만들어졌고, 1970년 국제 표준화 기구에 의해 ISO 2108이라는 표준으로 채택되었다.
- 본래 ISBN은 10자리였지만 2007년 1월 1일 이후부터는 유럽상품번호(EAN)에 맞춰 13자리로 바뀌어, 이를 ISBN-13이라 부르기도 한다.
- 비슷한 종류의 식별자로 주기적으로 출판되는 간행물에 사용되는 국제 표준 연속간행물 번호(ISSN)가 있다.

http://ko.wikipedia.org/wiki/

위의 ISBN에 대한 사전적 의미에서 "국제적으로 책에 붙이는 고유한 식별자"라 정의하고 있다. 식별자를 영어 단어로 Identification이라 하고, 그 약자로 ID로 표현한다. 식별자라는 말 앞에 고유한 이라고 되어 있는데, 말 그대로 동일한 식별자를 가진 다른 책은 존재하지 않는다는 의미로 해석할 수 있겠다.

위의 사전적 의미에서 현재 ISBN은 13자리 숫자로 표현되어 있음을 알 수 있다. 또한 잡지책과 같이 일정한 간격으로 연속적으로 출간되는 연속간행물의 경우 ISSN(Internationl Standad Serial Number)으로 식별한다. 즉, ISBN은 소설책과 같은 비연속간행물에 한정하여 부여됨을 알 수 있는 것이다.

여러분들이 가지고 있는 책의 ISBN이나 ISSN을 확인해보면, 바코드(bar code)와 함께 표기되어 있는 것을 확인 할 수 있다. 서로 다른 두께의 줄이 나열되어 있고 각각이 해당 숫자와 관계되어 있는 형태이다.

93500

9 788997 570959

ISBN 978-89-97570-95-9

일반적인 바코드로 구성되는 경우는 다음과 같이 KAN 코드이다. 새우깡과 같이 유통되는 상품에 대한 구분을 위해 숫자와 더불어 바코드의 형태로 제공된다. KAN(Korea Article Number) 코드 또한 13자리이다. 이 13자리의 맨 앞 3자리는 국가를 나타내는 코드이다. 그 다음은 제조업체 코드이고, 그 다음은 자체 상품에 대한 코드이고, 맨 마지막에 검증 코드가 들어가는 구성이다.

KAN 코드의 표준형은 13자리이나 향수와 같은 사이즈가 작은 상품의 경우 바코드를 인쇄할 공간의 여유가 없어 표현이 어렵다. 그래서 이러한 작은 상품에 부여하기 위해 8자리의 단축형도 제공되고 있다.

대한상공회의소 유통물류진흥원에서 부여하는 KAN 코드

표준형 13자리

• 국가코드(3)+제조업체 코드(4~6)+자체상품코드(5~3)+검증코드(1)

단축형 8자리

• 국가코드(3)+제조업체 코드(3)+자체상품코드(1)+검증코드(1)

인쇄 공간이 부족하거나 표준형 코드를 사용하기 어려운 경우에 이용

지금까지 바코드로 표현되는 대표격인 KAN 코드에 대해 알아보았다. 다음은 ISBN 코드에 대해 상세히 알아보자.

국립중앙도서관 한국문헌번호센터에서 관리하는 출판물 ISBN 코드

국제표준도서번호(ISBN) 13자

유통분류용번호(3자리)–국가(2자리, 우리나라는 89임)–발행자번호 및 서명식별번호(7자리)–검증번호(1자리)

우리나라에서 ISBN 코드 발급은 국립중앙도서관 한국문헌번호센터

에서 관장하고 있다. 국제표준도서번호의 형식에 따라 13자리로 표기되고 있다. 맨 처음에는 유통분류용 번호가 오고, 국가 번호가 따라온다. 우리나라의 국가 번호는 89이다. 이러한 국가 번호 다음에 발행자 번호 및 서명 식별 번호가 온 후 마지막에 검증 번호가 온다. 본 교재의 내용은 ISBN에 대한 전문적인 지식을 요하는 사람을 위한 것이 아닌 발급 받은 ISBN 번호를 이용하기만 하면 되는 입장이므로 이와 관련된 내용은 이만 줄이겠다.

여기서 한가지 궁금한 것은 전자책의 경우도 ISBN을 부여하느냐는 것이다. 물론 다른 전자책들과의 구분을 위해 ISBN을 사용한다. 출판사 차원에서 국립중앙도서관 한국문헌번호센터에 신청해서 부여 받으면 된다. 그러나 본 교재에서는 개인 출판을 통한 전자책 제작과 유통에 대해 다룬다. 따라서 출판사를 통해 ISBN을 받는 단계를 생략하고 ISBN 없는 전자책을 만들어 유통하는 과정을 다루고자 한다.

제2장

전자책 출판은 그린 비즈니스다

전자책과 종이책의 장단점 파악하기

전자출판 개요

전자책 출판은 그린 비즈니스다

학습 목표

- 전자책과 종이책의 장단점 파악하여 설명할 수 있다.
- 전자출판 과정에 대해 이해한다.
- 전자책 출판이 그린 비즈니스인 이유에 대해 말할 수 있다.

전자출판이란 전자기기를 이용한 출판을 의미한다. 보통 컴퓨터를 이용해 원고를 작성하고 편집한 후 출판되는 과정을 말한다. 이러한 전자출판에 대해 알아야 할 필수 내용을 다루고자 한다. 그리고 전자출판의 결과물인 전자책과 종이책의 장단점을 파악해 보겠다. 또한 전자출판 가운데 전자책 출판의 유용함에 대해 알아보도록 하겠다.

우선 흥미로운 주제라 할 수 있는 전자책과 종이책의 장단점을 파악해 보자.

전자책과 종이책의 장단점 파악하기

지피지기면 백전백승이라 했다. 전자책을 만드는 입장에서 기존의 종이책의 장단점을 알아보는 것은 매우 중요한 과정이리라. 물론 전자책의 장단점 또한 알아보고, 장점을 높일 수 있도록 생각을 키우는 시간을 가져보자.

기존 종이책의 장단점을 살펴보면 다음과 같다.

기존 종이책의 장단점

- 인쇄매체 전자출판
  - 출판 시간이 길다
  - 환경 문제
  - 종이책을 선호

우선 출판 시간이 길다. 작가가 원고 작성을 완료 한 후 출판사로 넘기게 되는데, 출판사 측에서는 표지 디자인, 편집 디자인과 같은 디자인 과정에서부터 인쇄로 넘어가는 과정이 짧게 보더라도 2개월 정도 소요된다. 대학교에서 사용되는 교재로의 출판은 다른 책에 비해 그 과정이 짧은 편인데, 이 경우를 예로 봤을 때 2개월 정도라는 것이다. 일반적인 책의 경우는 이보다 훨씬 긴 기간을 필요로 한다.

환경 문제를 고려해야 한다. 환경 오염 문제가 심각한 상황에서 종이책의 필수 구성요소인 종이를 만들기 위한 벌목 작업은 사람들을 고민하게 만드는 요소가 된다.

종이책은 그 역사만큼이나 우리에게 매우 익숙한 매체이다. 종이를 넘기면서 읽는 맛은 아무래도 사람들이 종이책을 선호하는 치명적인 요인이 된다.

그러나 출판을 위해서는 종이 뿐만 아니라 인쇄를 위해 소모되는 흑백 잉크, 컬러 잉크, 표지 코팅 등의 작업이 수반되어 큰 비용이 드는 작업이다. 따라서 종이책은 출판 비용적인 측면에서 단점을 지니고 있다.

이렇듯 종이책에는 단점들이 존재하지만 아무래도 한번 인쇄하고 나면, 다시 되돌리기 어려워 책의 완성도를 높이기 위한 작업에 몰두하기 마련이다. 출판 후 오탈자가 보이거나 내용적인 수정이 필요한 상황이 온다면 다시 출판하기 위한 비용이 추가로 발생하다 보니 출판 전 검수 작업에 공을 들이게 된다. 출판 후 여러가지 오류로 재출판 해야하는 상황이 온다면 엄청난 비용적 손해를 안는 일이 된다. 따라서 인쇄 전 교정 작업에 많은 공을 들이게 되고, 그러다 보니 출판된 책의 완성도가 상대적으로 높은 것이다.

과제

번 호	
과목명	
제출자	
제출일	

1. 내가 생각하는 종이책의 장점과 단점을 1가지씩 써보시오.

절 취 선

앞의 과제를 학생을 대상으로 실제 적용해 본 결과 다음과 같은 다양한 답이 나왔었다.

- **종이책 장점(학생의견)**
  - 종이를 넘기며 보는 맛
  - 멋있어 보인다
  - 눈으로 볼 수 있고 만질 수 있는
  - 종이책의 역사 만큼이나 책의 종류가 다양하다
- **종이책 단점(학생의견)**
  - 휴대하기 불편
  - 밝기 조절 불가
  - 훼손 시 복구가 어렵다
  - 페이지에 비례하여 무게가 늘어난다(부피, 무게)
  - 종이에 베일 수 있다
  - 이미 출간된 책의 경우 오류 수정을 위해 다시 재출간해야 한다
  - 자원 낭비(나무, 잉크)
  - 오래 쓰면 닳는다

기존 전자책의 장단점

- 인쇄매체 전자출판
- 부피, 무게
- 촉감, 향기
- 검색성
- 링크
- 저렴한 가격
- 환경보호
- 출간 속도

이제 전자책의 장단점에 대해 살펴보자.

전자책의 장점은 부피와 무게 면에서 종이책을 앞선다는 것이다. 1개월 동안 유럽 배낭여행을 간다고 가정해보자. 이러한 여행에서 종이책은 몇 권 정도는 가져가야 할 것이다. 실제 경험으로 5일이라는 짧은 기간 동안 싱가폴에 갔을 때 책 한권으로 버티기가 너무 어려웠다. 한 권의 책을 여러 번 읽었고, 새로운 책을 읽었으면 하는 바램이 커졌었다. 1개월 동안의 여행이라면 더욱 그러 할 것이다. 그런데, 책이 많아지면 여행 짐의 무게를 감당하기 어려워진다. 그런 면에서 전자책의 경우 가벼운 태블릿이나 핸드폰에 수십권 넣어 갈 수 있어 아주 쉬운 일이다.

그런데 전자책은 종이책 처럼 종이의 촉감이나 특유한 향기가 없다. 물론 전자책을 보는 기기에서 종이향이 나오는 형태로 개발이 시도된 경우도 있었다. 그러나 아무래도 종이책만 할까. 따라서 촉감, 향기 측면에서는 전자책은 단점을 지녔다 하겠다.

전자책은 키워드를 입력해서 검색하기가 쉽다. 종이책의 경우 책의 말미에 있는 인덱스(index)를 찾아서 해당 단어가 나오는 페이지로 이동해야 한다. 그러나 많은 종이책들이 사용자가 찾고자 하는 모든 단어를 모두 인덱스로 만들어 놓지는 않았다. 그래서 검색에 있어서 한계가 있기 마련이다. 그에 비해 전자책의 경우 책의 본문 전체를 대상으로 키워드 기반으로 검색이 쉽고, 바로 이동할 수 있어 큰 장점이다.

전자책에는 링크를 입력할 수 있다. 웹 페이지에서 흔히 발견되는 링크는 마우스로 클릭하면 다른 페이지로 이동한다. 종이책과 달리 전자책에는 이러한 링크를 입력할 수 있어 장점이다.

전자책은 종이책에 비해 비교적 가격이 저렴한 편이다. 전자책 전용으로 출판되는 책의 경우는 더욱이 저렴하게 나오는 편이다. 출판 과정에서 종이와 인쇄 등의 비용이 들지 않아 발생되는 장점이겠다.

그리고 전자책은 환경 보호 측면에서도 큰 장점을 지니고 있다. 종이책의 경우 종이를 생산하기 위해 수많은 양의 벌목이 이뤄지고, 이는 환경 오염의 원인이 된다. 따라서 이러한 종이가 필요 없는 전자책은 환경 보호 측면에서의 장점을 지닌다.

전자책은 종이책에 비해 출간 속도에 있어서도 장점을 지닌다. 인쇄의 과정이 없으므로 그에 따른 추가 소요 시간이 줄어들게 되는 것이다.

과제

번 호	
과목명	
제출자	
제출일	

1. 내가 생각하는 전자책의 장점과 단점을 1가지 씩 써보시오.

절 취 선

앞의 과제를 학생을 대상으로 실제 적용해 본 결과 다음과 같은 다양한 답이 나왔었다.

- **e-Book 장점(학생의견)**
  - 북마크 기능이 있다.
  - 인터넷으로 구입 후 즉시 읽을 수 있다
  - 몇천권 들고 다닐 수 있다
  - 언제 어디서나 읽을 수 있다
  - 변해가는 교육 방식과 잘 맞아서 발전 가능성이 높다
  - 어디까지 읽었는지 저장하는 기능이 있어, 다음에 읽을 때 정확히 새로운 내용 부터 읽을 수 있다.
- **e-Book 단점(학생의견)**
  - 눈의 피로가 금방 온다.
  - 불법 복제가 쉽다
  - 전자파에 노출된다.
  - 베터리 부족으로 인한 시간상 제약이 있다.
  - 볼 수 있는 기기가 필요하다.
  - 종이책에 비해 종류가 다양하지 않다
  - 시야가 종이책보다 좁다

절 취 선

과제

번 호	
과목명	
제출자	
제출일	

1. 좋아하는 종이책을 1권 선정하라.

1.1 지은이, 책 제목, 출판사를 쓰고, 책에 대해 설명하시오.

- 지은이:
- 책 제목:
- 출판사명:
- 책의 내용:

1.2 책의 외형적인 특징에 대해 설명하시오. (색상, 글자 크기 등 디자인 적인 면에 대해 자유 형식으로 본인의 의견을 적으면 됨)

전자출판 개요

우선 전자출판의 역사에 대해 살펴보자. 전자출판의 획을 긋는 요소를 중심으로 요약하면 다음과 같다.

- 1965년 영국에서 CTS(Computerized Typesetting System)개발. 문자 입력을 위해 천공장치 이용.
- 1977년 애플사에 의해 퍼스널 컴퓨터가 발표됨
- 1980년 국제출판협회(International Publishing Association)의 전자출판위원회(Electronic Publishing Committee) 설치. 전자출판이라는 용어가 만들어짐.
- 1985년 페이지메이커(Page Maker) 프로그램을 만든 알두스(Aldus)사의 창업자 폴 브레이너드에 의해 DTP(Desktop Publishing)이라는 용어 처음 사용. 현재 페이지메이커 프로그램은 어도비(Adobe)사에 의해 개발되고 있음.

전자출판의 역사에서 볼 수 있듯이 1965년 영국에서 컴퓨터 기반으로 책의 페이지의 내용을 구성하는 조판 과정을 진행할 수 있는 CTS 기술이 개발되었다. 그런데, 이 시스템에서 문자를 입력하기 위한 입력장치로 천공장치를 이용하였기 때문에 사용이 매우 불편하였다.

본격적으로 전자출판의 기틀이 마련된 계기는 1977년 애플사에 의해 개인 컴퓨터 즉, 퍼스널 컴퓨터가 생산된 것이라 할 수 있다. 퍼스널 컴퓨터가 생산되면서 컴퓨터의 가격이 저렴해지고, 컴퓨터 자체의 크기도 책상 위에 올릴 수 있을 정도로 작아져 전자출판의 용도로 이용하기 쉬워졌다.

그러다가 1980년에 국제출판협회에서 그 동안 없었던 기구인 전자출판위원회를 설치하게 되었다. 이 위원회가 만들어지면서 전자출판이라는 용어가 만들어졌고, 현재까지 사용하고 있다.

그리고 1985년에 전자출판을 위한 문서 편집 프로그램인 페이지메이커가 개발되었다. 이 프로그램은 알두스라는 회사에서 개발하였는데, 현재는 포토샵 프로그램으로 유명한 어도비사에 인수되어 개발되고 있다. 이 페이지메이커를 만든 알두스 회사의 창업자인 폴 브레이너드는 DTP라는 용어를 사용하였다. 데스크탑 컴퓨터를 이용한 전자출판을 의미하는 DTP는 오늘날에도 지속되고 있다.

지금까지 전자출판의 역사에 대해 살펴보았다. 이제 전자출판을 실제 구현 분야에 따라 구체적으로 분류하고자 한다. 다음은 저자 김두식의 전자출판론에서 전자출판을 분류한 내용이다.

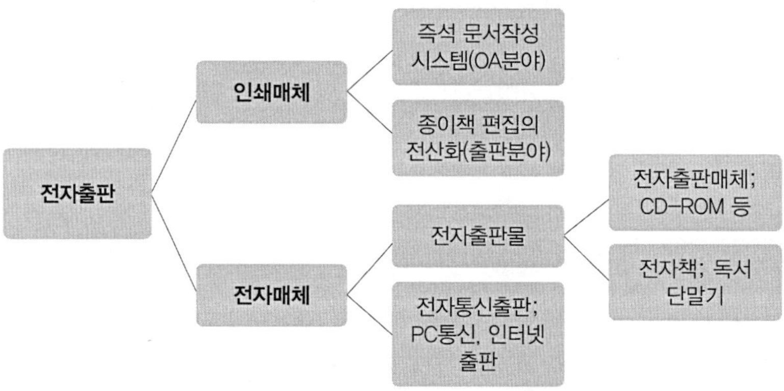

[참고] 전자출판론, 김두식, 도서출판 열린기술

전자출판, 즉 EP(Electronic Publishing)은 컴퓨터를 이용한 출판을 의미한다. 이 전자출판은 출력의 형태가 인쇄 매체로 진행되느냐 전자매체로 진행되느냐에 따라 구분할 수 있다. 우선 인쇄매체로 출력되는 경우는 즉석 문서작성 시스템과 종이책 편집의 전산화로 나눌 수 있다. 즉석 문서작성 시스템은 사무자동화 분야에서 문서입력, 문서편집, 문서출력, 문서제본의 과정을 거쳐서 빠른 시간 안에 소량의 문서를 제작하는 형태를 의미한다. 종이책 편집의 전산화는 출판 분야에서 그동안의 활자를 조판하여 출판했던 과정을 전산 편집을 통하여 출판하는 전자출판의 형태로 발전하였다. 세부적으로 그 과정을 살펴보면 원고작성, 전산편집, 교정, 필름출력의 과정을 거쳐 대량생산되는 형태이다. 이러한 종이책 편집의 전산화 분야를 통하여 종이책인 소설, 에세이 등이 출판되는 것이다.

전자출판에서 전자매체 형태로 출력되는 경우에 대해 살펴보자. 이 경우 전자출판물과 전자통신출판으로 나뉠 수 있다. 먼저 전자출판물의 경우 눈에 보이는 물품의 형태인 CD-ROM이나 전자책 단말기기의 형태로 출판되는 경우를 말한다. 저자의 경우 예전에 브리태니커 백과사전을 CD-ROM 형태로 구입한 적이 있다. 요즘은 USB에 담겨진 형태로 판매되기도 한다. 그리고 전자책의 경우 독서단말기라는 기기를 이용하여 판매된다고 본다면 전자출판물로 분류될 수 있을 것이다. 전자통신출판으로는 PC 통신이나 인터넷을 통한 출판에 해당된다. 패션 잡지의 경우 매달 나오는 잡지책의 10% 정도 분량을 웹 사이트에서 제공하는 경우가 있다. 이 잡지책은 종이로 된 형태와 매우 유사한 인터페이스로 되어 있다. 책을 넘겨 보면 책넘김 현상도 자연스럽게 표현되어 실제 종이로 된 잡지책을 읽는 듯한 착각에 빠질 정도이다. 물론 일반 종이책에는 없는 동영상이나 음악이 같이 흘러나와 특별한 경험을 안겨주곤 한다. 이러한 형태가 모두 전자통신출판에 해당된다 하겠다. 그리고 저자 김두식의 전자출판론에서 전자책을 전자출판물로 분류하였는데, 생각을 확장해보면 전자통신출판으로 분류할 수도 있겠다. 전자책을 전자책 단말 기기를 통해서만 보라는 법은 없으니까. 핸드폰으로 볼 수도 있고, 컴퓨터를 통해서도 볼 수 있는 것이 전자책이다. 물론 전자책 전용 단말 기기를 이용해서 보면 더욱 효과적이겠지만 말이다.

지금까지는 전자출판에 대해 분류해 보았다. 이제는 이러한 전자출판의 작업 흐름에 대해 살펴보고자 한다. 이에 앞서 본 분류에서 종이책 편집의 전산화 분야의 작업 흐름에 대해서 살펴보겠다. 다른 분야에 비해 가장 널리 사용되고 있고, 가장 절차가 복잡하기도 해서 이 부분을 보고자 하는 것이다.

전자출판 작업은 다음과 같은 흐름으로 진행된다. 우선은 모든 출판의 시작인 원고 작성 단계에서 시작된다. 출판의 가장 기본이라 할 원고 작성은 컴퓨터 상에서 사용하는 다양한 워드프로세서 프로그램을 이용하면 된다. 저자의 경우 Microsoft 사의 Word 프로그램을 주로 이용하고 있다. 아래한글 프로그램을 이용해서 집필한 적이 있었는데, 이 프로그램 또한 매우 편리하다. 워드프로세서로 원고 작성 작업을 하다 보면 그림이 필요할 때가 있다. 이 경우 그림판, 포토샵, 일러스트레이터와 같은 프로그램을 활용하면 되겠다. 책의 내용 가운데 사진이 필요한 경우가 있는데, 출판사에 따라서는 전문 사진 작가에 의뢰하여 진행하기도 한다.

이러한 원고 작성 작업을 마친 다음에는 편집 과정으로 넘어가게 된

- 원고 작성
  - 워드프로세서 원고 작성
  - 일러스트레이터의 그림
  - 사진작가의 촬영
- 편집(페이지 레이아웃)
  - 교정 교열
- 출력센터
  - 편집 디자인된 내용을 인쇄 방식에 맞춰 적절히 교정하는 편집 오퍼레이터
  - 필름 출력
- 인쇄
  - 출력된 필름으로 인쇄판 구성
  - 인쇄
  - 접지, 인쇄 상태 최종 점검
- 제책
  - 접지에 맞춰 제본
  - 인쇄물 규격에 맞춰 재단

다. 편집은 페이지 레이아웃(page layout)이라고도 한다. 대표적인 편집의 내용은 본문을 이루고 있는 글자의 크기나 글씨체 등을 결정하여 꾸미는 작업도 포함된다. 그리고 가장 중요한 오탈자 등의 교정 교열 작업이 이루어진다. 보통 출판사의 1차 편집이 끝나면 저자에게 다시 한번 교정할 부분이 있는지 점검을 부탁하는 의뢰가 들어온다. 보통 A4용지로 인쇄한 형태의 우편물로 전달 받는데, 빨간 펜을 들고 수정해야 할 부분을 찾아 적절한 교정 부호를 그리거나, 수정할 글을 쓴

다. 그리고 다시 출판사로 교정본을 보낸다. 출판사에서는 저자가 작성한 교정에 대한 지적 사항을 검토하며, 실제 2차 편집 작업에 반영한다. 편집 작업은 이렇게 출판사와 저자 간 여러 번의 우편물을 주고 받은 후 마무리 된다.

편집을 마친 후 원고는 출력 센터로 보내어 진다. 출력 센터에서는 편집된 내용을 인쇄하는 방식에 맞춰서 다시 교정한다. 그리고 이러한 교정 작업이 끝난 후 필름의 형태로 출력한다. 일종의 투명한 필름에 출력하는 형태로 생각하면 된다.

이러한 출력 센터에서의 작업이 끝나면, 출력된 필름은 인쇄소로 전달된다. 인쇄소에서는 출력된 필름을 이용하여 인쇄판을 구성하게 된다. 일반 사무자동화 기기를 갖춘 사무실에서 컴퓨터와 프린터기를 이용하여 A4 용지로 한 페이지씩 출력하는 형태로 인쇄되는 것이 아니다. 대량 인쇄를 위해 여러 페이지의 필름을 나열하여 인쇄판을 구성한 후 출력하게 되는 것이다. 이렇게 인쇄판을 통해 인쇄를 하면 한번 인쇄에 여러 페이지가 동시에 인쇄된 큰 사이즈의 종이로 출력된다.

이렇게 출력한 결과물은 페이지 순서대로 접는 작업이 필요하다. 이러한 작업을 전문 용어로 접지(摺紙)라 한다. 이러한 과정을 거쳐 한 권의 책으로 재본하게 되고, 원래 의도 했던 책의 크기대로 인쇄물 규격에 맞춰 재단한다. 재단을 마치면 우리가 흔히 보는 책으로 완성되는 것이다.

간혹 뉴스를 보면, 지폐가 만들어지는 과정이 나온다. 아주 큰 크기의 종이에 1만원권 여러 장이 한꺼번에 인쇄되어 나오고, 이것을 실제 돈의 사이즈에 맞춰 종이를 자르는 칼로 절삭한다. 이 장면을 보면서 종이 수백 장이 겹쳐져 있는데, 저렇게 깔끔하게 절삭하다니 칼의 성능이 매우 좋은 모양이다라는 생각이 들었다. 꼭 식빵을 일정 크기로 자르는 것처럼 수많은 지폐가 그렇게 잘리는 것을 보니 신기했었다. 이러한 지폐를 만드는 과정처럼 책 또한 여러 페이지가 한꺼번에 한 장의 종이로 출력되고, 나중에 절삭의 과정을 통해 일정한 크기로 거듭나는 것이다.

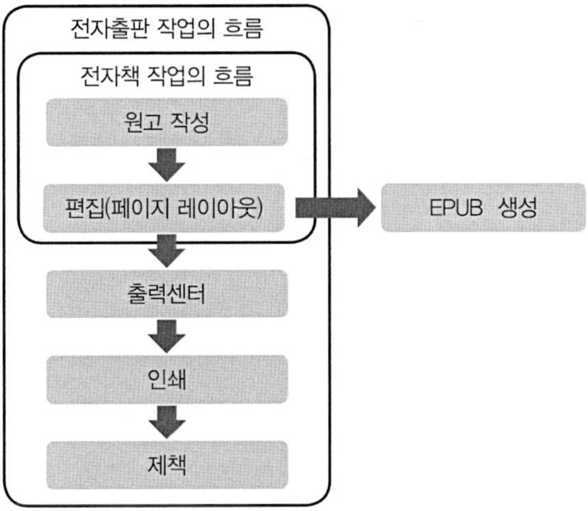

위의 그림에서는 일반적인 인쇄 매체를 활용한 출판 분야에서의 출판 과정을 표현한 것이다. 이는 앞서 살펴본 바와 같다. 이 과정에서 일부분을 뽑아내면 전자책 출판 과정이 된다. 전자책의 경우 원고 작성 과정을 거쳐 편집 작업을 마치면, 바로 전자책으로 만들 수 있다. 페이지 메이커와 같은 편집을 위한 프로그램을 이용하여, 책의 편집을 완성 한 후, EPUB 생성 버튼만 클릭해주면 전자책이 완성되는 것이다.

일반 인쇄 매체를 활용한 출판 과정에 비하면 매우 단순한 구조로, 상대적으로 빠른 시간 안에 책을 편찬 할 수 있는 장점이 있다.

이렇게 출판의 과정이 매우 짧은 전자책은 그린 비즈니스 분야이기도 하다. 다음은 이러한 전자책 출판의 특징을 다루고자 한다.

전자책 출판은 그린 비즈니스다.

전자출판 가운데, 전자책 출판은 저탄소 녹색 산업의 하나다. 환경문제가 심각해지는 즈음 탄소 배출량이 적은 산업이 활성화되어야 한다. 일반 종이책에 비해 전자책이 그러하다. 종이에 활자를 인쇄하고, 색을 입히는 과정과, 책을 유통하는 과정 전반에 환경문제를 야기시키는 요인이 가득하다. 그러나 전자책의 경우 종이책에 비해 저탄소 기저를 보인다.

건강한 미래 환경을 위해 탄소 발생량을 줄여야 하는 것은 당연하다. 온실가스 배출량으로 봤을 때 환경오염의 주범으로 화학 산업, 철강 산업 다음이 출판인쇄 산업이라 한다. 이는 2009년 OECD의 발표에 의한 자료에 출력된 내용이다. 출판인쇄 산업의 경우 수많은 나무를 벌목해서 얻은 종이를 기반으로 한다. 이 산업이 유지되기 위해 소모되는 종이의 양은 어마어마하며 종이의 원재료인 나무의 벌목과정에서 발생하는 자연 파괴 현상 등은 환경 문제의 주요 원인인 것이다. 그렇다고 출판을 멈출 수는 없는 일. 그 대안으로 등장한 것이 IT 분야와 출판업의 융합으로 벌목에 의한 환경 문제를 해결 할 수 있다. 그것이 바로 전자책이다. 미국의 경우 2009년 이후 초,중,고에서 사용하는 교과서를 전자책으로 대체하기 시작했다. 스마트폰이나 태블릿PC는 전자책을 볼 수 있는 단말기로 적합하다. 그러다 보니 태블릿PC와 같은 기기의 발전과 함께 전자책 표현 기술 또한 발전하고 있는 것이다. 이러한 전자기기는 눈부심 현상이 있어서 일반 종이책을 선호하는 사람의 경우 전자책을 꺼리는 이유가 된다.

사실 눈부심 현상이 거의 없는 전자기기가 존재한다. 이 기기는 E-Ink라는 매체를 이용하고 있는데 전자책 확산에 큰 기여를 하고 있다. 실제 교보문고에서는 SAM이라는 단말기를 판매하고 있고, YES24의 경우 CREMA라는 전자책 전용 단말기를 선보이고 있다. E-INK(Electoronic Ink) 기반의 단말기들은 보통 한번 충전으로 일주일 이상 여러 권의 책을 읽을 수 있을 정도로 전기 소모량이 적은 점도 큰 장점이다. 이러한 기술적인 발전과 교과서를 전자책으로 전환하는 정부 시책 등이 맞물리면서 출판업계에서 종이를 이용한 출판이 줄어들고 있는 것이다. 출판인쇄 산업과 IT 산업의 융합은 저탄소 산업의 표본 사례가 되고 있다.

이러한 전자책은 부가적인 효과도 많은데 가장 눈에 띄는 점은 시각장애인에게 많은 기회를 주고 있다는 것이다. 기존의 종이책 체재에서는 점자책을 만드는데 시간이 많이 걸렸고, 그나마 점자책으로 만들어지는 경우는 드문 형편이었다. 그런데 전자책으로 만들어진 경우는 이를 바로 점자로 변환해주는 기기를 이용함으로써 새로 나온 도서도 바로 이용 할 수 있다. 혹은, 일반적으로 전자기기에는 읽어주기 기능이 있으므로 바로 적용할 수 있겠다. 관련 기술의 발전에 따라서 더 많은 적용이 가능함으로 응용의 범위가 넓다 하겠다.

제3장

취업을 위해 어학연수보다 전자책으로 차별화하라

차별화 전략을 세우자

누구나 출판할 수 있는 전자책

종이책과 차별화 하라

학습 목표

- 취업을 위해 일반적인 스펙 쌓기에 대해 생각해보고, 전자책으로 차별화 할 전략을 세운다.
- 전자책은 누구나 출판할 수 있음을 이해한다.
- 종이책과 차별화 할 전략을 세운다.

1, 2장에서 전자책에 대한 기본 개념을 잡았다. 전자책에 대한 이론적인 내용을 다뤘던 것인데, 이번 장에서는 이러한 전자책을 왜 써야 하는지에 대해 함께 생각해보는 시간을 갖고자 한다. 이 장의 제목은 취업을 위해 어학연수보다 전자책으로 차별화하라이다. 제목에서도 알 수 있듯이 취업을 준비하는 분들이 다양한 스팩을 쌓는데 몰두하는 현실을 되돌아보고자 한다. 그리고 남들이 하는대로 어학 연수, 토익 점수, 학점, 자격증 등의 스팩을 쌓느라 차별화하지 못하고 있는 현실을 살펴보고자 하는 것이다.

차별화 전략을 세우자

대학 4학년 전공 강의 시간. 4학년이면 취업 준비로 바쁜 시기이다. 김모군 또한 마찬가지로 80여 곳에 이력서를 낸 상태였다. 한 동안 토익 공부하느라 학원을 다녔는데, 원하는 점수가 나오지 않았다고 했다. 토익 공부하느라 정작 전공 공부를 소홀히 하는 바람에 지난 학기 성적도 생각만큼 나오지 않았다고 한다.

그는 다음과 같이 말했다.

"남들처럼 토익, 자격증 등의 스팩 쌓기에 몰두했는데, 생각한 만큼 점수가 나오지 않았다. 시간은 가고, 벌써 4학년인데 초조하다. 학원도 다녀봤지만 시간과 돈만 없앤 기분이다. 최근에는 취업을 위해 여러 곳에 이력서를 냈는데, 번번히 탈락의 고배를 마셨다."

강의 중간 쉬는 시간에 김모군과 오랜 대화를 나눴다. 대학 4년 동안 남들처럼 스팩 쌓기에 몰두했었는데, 정작 취업에 도움이 되진 않았다는 것이다. 취업에 도움이 될 만큼 남들보다 높은 스팩은 아니었던 것이다. 그리고 많이 업체에서 토익 점수를 합격의 기준으로 두고 있지 않더라고 했다. 본인의 전공 능력과 남들과는 다른 기량을 더 높게 치더라는 것이었다.

그는 또

"남들과 차별화된 전략이 부족했던 것 같다. 채용 기준은 남들과 다른 그 무엇이 필요한 것으로 보인다. 이력서, 자기소개서도 그 분야 유명책을 참조해서 비슷하게 작성했는데, 이 또한 남들과의 차별화가 없는 따라하기에 불과했던 것이다. 업체의 입장에서는 똑같은 교복을 입고, 비슷한 스팩에, 천편일률적인 대답을 하는 사람들 가운데 누군가를 뽑아야 하니 매우 어려울 것이다. 나는 왜 대학 4년동안 남들과 차별화 할 스팩을 쌓지 못했을까? 남들 따라하느라 급급했고, 결국 남들과 비슷해진 상황에서 경쟁력은 없는 것 같다."

남들과 비슷한 이력을 쌓을 것인가? 남들과 차별화된 경력을 쌓을 것인가? 여러분의 선택에 달려있다. 나는 어정쩡한 스팩 쌓기로 세월 보내는 것 보다는 최소한의 스팩을 제외하고는 차별화 전략을 세우라고 말하고 싶다. 이 책에서는 그 차별화 전략으로 전자책을 쓰라고 조언하고 싶다. 책 제목이 전자책 제작이니 말이다.

사실 전자책 한편을 집필하기 위해서는 해당 분야에 대한 공부를 많이 해야 한다. 고로 사람들은 전자책을 출판한 당신에게 해당 분야에 대해 많이 연구 한 것으로 자동 인정하게 될 것이다. 게다가 아직은 전자책을 쓰는 사람이 많지 않다. 보통 출판사에서는 일반적인 책을 종이로 출판하면서 전자책으로도 함께 출판하는 형태가 흔하다. 개인이 직접 전자책을 출판하는 경우는 많지 않은 것이다. 게다가 이렇게 전자책을 내고 나면, 자동으로 다양한 인터넷 서점에서 판매 리스트에 올려준다. 다양한 판로가 쉽게 생성되는 것이다. 또한 남들과 다른 스팩이 생기는 것이다.

남들과 다른 차별화 전략으로 전자책을 써보자. 일반적인 스팩 쌓기 보다는 특별한 전자책 저자가 되어보자.

이 책에서 다루게 될 전자책이 아니어도 남들과 다른 차별성은 경쟁적인 현실에서 필수 조건일지도 모른다. 차별화의 중요성에 대해 사례를 통해 이해해보자.

담다디라는 제목의 노래로 인기를 끈 가수 이상은을 아는가. 그녀는 나일론이나 데이즈드 앤 컨퓨즈드와 같은 종류의 잡지책을 좋아한다고 했다. 그녀는 스트리트 패션의 스냅샷을 보며 많은 영감을 얻는다는데, 다른 사람들을 의식해서 조용하고 보수적인 옷차림을 하는 것에 대해서 답답함을 느꼈다고 한다. 이런 생각에 그녀는 한번뿐인 인생, 남들과 똑같은 옷을 입으며 똑같은 생각을 하는 것은 매우 지루한 일이라 생각했단다. 남들과 비슷해 지는 것은 매우 경쟁력 없는 일이기도 하다. 여러분들도 어느 정도 동의하는 일일 것이다.

이상은은 명품이 좋다고 생각한 적도 있지만 진정 좋아하는 스타일은 홍대 뒷골목에서 산 국적도 출처도 불분명한 2만원짜리 오리엔탈풍 옷이었다고 한다. 실제로 일본에서 활동하던 초기의 이상은은 개성이 없는 아티스트로 인식되었으나, 그녀가 진정 좋아하는 스타일로 바꾸면서 자기만의 스타일을 갖춘 아티스트로 인정받게 되었다. 실제 일본에서는 개성 없는 아티스트는 매력이 없다는 인식이 강한 모양이다.

여러분은 어떤가?

남들이 하니까 무조건 명품이 좋다고 생각하는가? 유행을 따라가는 트랜디한 사람이 되고 싶은가? 물론 이 또한 잘살아가는 방법이다. 그러나 이렇게 따라하다 보면 남들과 다를 바 없는 비슷한 사람이 될 뿐이다. 앞서 말했듯이 우리는 무한 경쟁 시대에 살고 있다. 경쟁에서 이길 필요 없다고 생각한다면 몰라도, 경쟁에서 이겨야 되겠다고 생각한다면 차별화 전략이 필요하다. 남들 다 있는 스팩 나도 쌓아보자며 시간을 보낸다면 여러분은 개성 없는 고만고만한 사람 가운데 하나가 될 뿐이다. 그러니 남들과 다른 능력을 키워보자.

남들과 비슷해 지려고 스팩 쌓기에 열중하기 보다는

개성 있는 사람이 되도록 노력해보자.

이러한 차별화 전략으로 책 쓰기를 배우고, 저자가 되어 보는 건 어떨가? 페이지 수가 정해져 있는 이력서나 자기소개서로는 나의 능력을 모두 드러내기가 매우 어렵다. 그런데 책 속에는 페이지의 제한 없이 많은 내용을 담을 수 있다. 이력서나 자기소개서에 비해 무한히 나를 드러낼 수 있는 것이다. 요즘은 천편일률적인 자기소개서로는 먹히지 않는다고 한다. 남들과는 다른 개성이 있어야 하는 것이다. 그런 의미에서 여러분의 개성을 표현하기 위한 수단으로 책 쓰기에 도전해 보자.

책 쓰기를 도전하다 보면 책의 주제를 무엇으로 정하느냐에 따라 그 분야의 공부를 열심히 할 수 있고, 책을 씀으로써 그 분야 전문가로 인정받을 수 있다. 또한 이력서나 자기소개서에 책을 편찬한 경력을 작성한다면 더욱이 남들과 다른 면모를 드러낼 수 있는 여지가 생긴다.

기존의 출판사는 원고를 제출한다고 모두 책으로 만들어 주지는 않는다. 그러나 전자책의 경우 책을 출판하고자 하는 개인이 원하면 언제든지 출판할 수 있다. 그래서 누구나 출판할 수 있는 전자책에 대해 이야기해보자.

누구나 출판할 수 있는 전자책

전자책은 누구나 출판할 수 있으나 종이책의 경우는 다르다.

20대 말 서울 생활 중 우연히 연극을 보게 되었다. 대학로는 연극 보러 몰리는 인파로 항상 북적이는 곳이다. 복잡한 곳을 그리 좋아하지 않는 성격이라서 잘 가지 않는 곳인데, 동생이 준 티켓이 있어 어렵게 들렀다. 그때 본 연극이 강풀의 순정만화였다. 평소 영화를 봐도 액션이 최고라 생각하는 취향으로 처음엔 시큰둥해 하며 봤다. 그런데 볼수록 매력 있는 콘텐츠였다. 현재 강풀은 유명 만화가다. 그러나 누구나 그렇듯 그도 무명 시절이 있었다. 만화를 출판하고자 노력했으나 번번히 거절당했다고 한다. 여러 번의 고배를 마시다가 인터넷에 직접 올려야겠다는 아이디어가 떠올랐고, 이 결정을 바로 실행에 옮겼다. 이러한 실행의 결과는 지금의 성공으로 연결되었다.

기존 출판사의 경우 장벽이 높다. 아무래도 출판사는 책의 판매량을 고려해야 할 것이다. 강풀의 경우 이러한 장벽에 꽁꽁 막혀 있었고, 이러한 현실에 좌절하지 않고 스스로 판로를 개척한 경우이다. 누구에게나 개방적인 인터넷을 활용한 것이다. 요즘은 전자책을 통하여 누구나 출판할 수 있게 되었으니, 기술의 발전이 눈부시다 하겠다. 이러한 전자책은 누구나 사용할 수 있는 매체이다. 그리고 인터넷이라는 유통망은 언제나 열려있으므로 출판은 누구에게나 손쉬운 일이 되었다.

나는 전자책으로 베스트셀러에 오른 적이 있다. 이러한 경험으로 전자책의 경쟁력을 알게 되었다. 다음은 독서신문i에 올라온 기사의 일부이다.

전자책 지배자 '스크린셀러'

무려 194계단을 올라 7위에 안착한 『Pink Rabbit』은 영어를 시작하는 아이에게 엄마가 보여주고 읽어 줄 수 있는 영어 그림책이다. eBook을 자녀와 함께 즐기고 교육의 대상으로 활용하는 독자층이 늘고 있다는 것을 알 수 있는 대목이다.

[참고] 2013/02/21 ⓒ 독서신문i

이 신문 기사에 나온 Pink Rabbit은 나의 첫 전자책이다. 잘 쓴 책은 아니지만 아동들을 위한 영어 그림책으로써 전자책이 많지 않았던 때라서 이러한 성과가 가능했던 것 같다. 전자책 분야의 주간 베스트셀러에는 수없이 올랐었다. 이후에도 Chief Animals, Blue Numbers, Cute Colors, 읽기 전에 보는 단어책 등의 다양한 전자책을 출판하였고, 다른 책들도 간혹 주간 베스트셀러에 오르는 등 나름의 성과를 올렸다. 책의 구입처를 살펴보니 개인이 구입하는 경우도 있었지만 국립세종도서관, 송도국제어린이도서관 등의 도서관에서 구매하는 경우가 많았다. 건전한 내용으로 작성된 전자책은 이렇듯 도서관 차원에서의 구입도 활발히 이루어지고 있는 것을 알 수 있다.

위의 신문 기사나 베스트셀러에 오른 내용은 자랑을 위한 예는 아니다. 실제 아동용 ABC 책을 냈었는데, 한 페이지에 문자 하나가 오는 형태로 작성되어 있었다. 즉 한 페이지에는 A가 쓰여 있고, 한글로 발음이 쓰여 있고, 관련 그림이 약간 들어가 있었다. 이러한 종류의 책도 주간 베스트셀러에 올랐다는 것이다. 책의 내용이 건전하다면 아주 잘 쓴 내용이 아니어도 좋은 성과를 얻기도 한다는 것이다. 그리고 워낙 전자책은 종류가 많지 않다. 그러니 전자책을 출간하면 생각보다 판매 성과가 높다. 물론 우리는 판매 성과를 위해 전자책을 쓰려는 것은 아니었다. 전자책 출간 경험이 있는 저자라는 경력을 얻는 것이 목적이었다. 여기에 덤으로 판매 성과도 높으면 금상첨화겠지만, 이는 운도 따라야 할 것 같다.

아무튼 책을 쓴 저자가 된 기분은 매우 좋다. 무료한 생활 속에서 활기를 부여해 주는 행복한 일이 되기도 한다. 시인 파블로 네루다의 예를 보며 이를 절실히 느껴보자. 칠레 출신인 파블로 네루다는 시인이다. 십대의 나이에 이미 시인으로 이름이 알려진 분이다. 그가 첫 시집 '황혼의 노래'를 펴냈을 때 다음과 같이 말했다.

"잉크가 채 마르지 않은 상태의 새 책을 받아 본 순간, 나는 높은 봉우리에 올라서서 첫눈에 들어오는 꽃봉오리를 보는 듯 그런 환희의 감정을 느꼈다."

처음으로 책을 출간하는 느낌은 보통 이러할 것이다.

이러한 경험을 여러분도 했으면 좋겠다. 그러기 위해서는 책을 써야 한다. 전자책에서는 종이책과는 달리 사람들의 선호 영역이 존재한다. 물론 어떠한 영역이든 상관없지만, 전자책에서 더욱 선호되는 분야를 알고, 그런 분야를 선택해서 집필하는 것도 좋은 전략이리라. 물론 이러한 지식 없이도 본인이 좋아하는 분야, 본인의 관심사와 부합되는 분야, 잘 쓸 수 있는 분야를 골라 작성하면 될 것이다. 본인의 주관이 뚜렷하더라도 전문가들이 말하는 전자책에서 선호되는 분야에 대해 알아보는 것은 중요한 과정일 것이다. 다음 종이책과 차별화하라 절에서 이러한 내용에 대해 다루겠다.

종이책과 차별화 하라.

일반 종이책은 영역의 구분 없이 인기 있다. 구체적으로 들어가면 종이책의 선호 영역과 전자책의 선호 영역이 다르다 할 수 있다. 다음은 전자책에서 선호되는 영역이다.

> 여행, 아동 그림책, 장르 소설, 자기계발서

여행을 떠날 때 여러 권의 무거운 종이책 보다는 전자책이 선호된다 할 수 있다. E-Ink를 매체로 하는 전자책 전용 단말기의 경우 한번 충전으로 한달은 거뜬히 쓸 수 있어, 장기간의 여행시 매우 유용하다.

전자책에서 선호되는 영역 가운데 아동 그림책 분야가 있다. 아동 그림책은 한번 구매하면 나이가 들어서도 계속 보게 되는 종류의 책이 아니니다. 그러다 보니 소장가치가 없는 책으로 인식되어 아이가 그림책에 관심 없어하는 시가가 오면 바로 재활용 쓰레기 더미로 옮겨지게 된다. 이런 이유로 어린 시절 잠깐 동안 필요한 아동 그림책은 전자책의 형태로 출판되는 것이 좋을 듯 하다. 또한 전자책으로 편찬된 아동 그림책은 늘 소지하고 있는 스마트폰에 담아 두었다가 잠깐의 산책에서 아이들이 그림책을 찾을 때 바로 보여 줄 수 있는 장점도 더해진다.

소설 분야 가운데 장르 소설류는 소장 가치 보다는 시리즈물이 나올

때마다 내용이 궁금해서 바로 읽고, 다 읽고 나면 다음 시리즈물의 내용에 관심을 두게 되는 영역이라 할 수 있다. 보관하고 있다가 나중에 다시 읽는 종류라고 보기 어렵다. 그래서 보통의 경우 이런 장르 소설은 다음 시리즈물이 나오면 바로 중고서점에 팔려 전시되는 경우를 많이 본다. 그러다 보니 환경 보호 관점에서도 전자책의 형태로 출판되는 것이 더 좋지 않을까 생각된다.

자기계발서의 경우 그 세부 분야가 매우 다양한데, 수시로 필요한 부분을 살펴보고, 동기 부여가 필요할 때마다 바로 읽어 볼 수 있는 형태라면 더욱 그 가치가 높아질 것이므로 전자책으로 편찬되면 더욱 그 역할이 강해지리라 생각된다.

이러한 전자책은 다음과 같은 상황에서 필요할 것 같다.

전자책이 필요한 상황

- 쉬는 시간 10분
- 약속 장소에서 잠깐 기다리는 시간
- 버스 기다리는 시간
- 여행
- 산책

잠깐의 쉬는 시간 동안 늘 가지고 다니는 스마트폰에 담긴 전자책은 마음속에 오랫동안 담길 글을 제공할 지도 모른다. 독서를 위한 짧은 시간은 모이다 보면 긴 시간이 된다. 특별히 짬을 내서 책을 읽기에는 현대인의 생활은 너무나 숨가쁘게 돌아가고 있다. 그래서 짧은 시간을 잘 활용할 필요가 있는데, 이럴 때 소지하기 편한 전자책은 매우 유용하리라 생각된다. 며칠 전 "그리스인 조르바"를 1분 정도 읽었는데, 자유에 대해 생각해보게 하는 구절이었다. 1분 정도 읽은 그 내용은 하루 종일 생각났다. 커피 마시며 사색하는 시간에도 문득 떠올라 곰곰히 나의 생각을 정리하기도 했다. 그날의 나는 종일 질 좋은 생각을 하며 보냈다는 느낌이다. 짧은 글 읽기는 삶을 풍요롭게 만들 수 있고, 이 역할을 전자책이 할 수 있는 것이다.

전자책이 필요한 또 다른 상황이라면 약속 장소에서 잠깐 기다리는 시간이나 버스를 기다리는 사간 등일 것이다. 그리고 가벼운 걸음으로 산책을 나갔다가 앉기 좋은 벤치를 발견하고 멍하니 있기 보다는 책을 읽는 상황을 상상해 보아도 전자책은 매우 유용할 것 같다. 여행에서도 무거운 짐이 될 여러 권의 종이책 보다는 전자책이 쓸모 있을 듯 하다.

이렇듯 전자책이 유용한 상황이 있을 것이다. 이러한 상황에 맞게 전자책을 기획한다면 판매율이 높은 책을 만들 가능성이 커질 것이다. 예를 들면, 버스 기다리는 시간을 이용해서 영어 회화 공부를 하고자 할 때 전자책이 유용할 듯하다면, 한 페이지에 회화 문장을 조금 적게 배치하는 형태로 구상해서 짧은 시간으로도 한 페이지를 완독 할 수 있도록 기획할 수도 있겠다. 이러한 전자책 기획에 있어서 짧은 시간 안에 봐야 한다는 시간적 요소를 적용할 필요가 있겠다.

과제

번 호	
과목명	
제출자	
제출일	

1. 사진 위주의 책을 1권 선정하라.

1.1 지은이, 책 제목, 출판사를 쓰고, 책에 대해 설명하시오.

- 지은이:
- 책 제목:
- 출판사명:
- 책의 내용:

절 취 선

1.2 사진 위주의 책을 쓴다면, 어떤 주제로 쓸 것인지 나만의 아이디어를 작성해 보시오.

제4장

평범한 당신도 작가가 될 수 있다

책을 쓸 만큼 대단한 주제가 없다?

책 쓰기를 실천하자

공동 집필의 어려움

읽고 쓰기를 실천하자.

학습 목표

- 전자책 쓰기를 실천하기 위한 전략에 대해 고민한다.
- 공동 집필의 어려움에 대해 이해한다.
- 읽고 쓰기를 실천하자.

나같이 평범한 사람이 책을 쓰는 작가가 될 수 있을까?라고 의문을 품는 사람들이 많을 것이다. 사실 서점에 나온 수 많은 책을 살펴보면 그 주제가 매우 사소하고, 그 내용 또한 비범하지는 않다는 것을 발견할 것이다. 이 장에서는 평범한 당신도 작가가 될 수 있음을 여러 사례를 들어 설명하고자 한다. 우선 글 쓰기를 꺼려하는 평범한 사람들은 글을 쓸 만큼 대단한 주제가 없다고 하소연 한다. 다음은 이와 관련된 내용을 다루고 있다.

책을 쓸 만큼 대단한 주제가 없다?

누구나 책을 쓰는 세상이다. 문학을 전공했거나 글쓰기 능력이 뛰어난 사람만이 책을 쓴다면, 서점에 갔을 때 누구나 경험하게 되는 그 다양한 책들은 없었을 것이다. 이와 관련된 예를 하나 들겠다.

요즘은 특정 주제로 블로그를 운영하는 사람이 많다. 아파트와 같은 도심 주거지에서 채소를 키우는 방법을 다루는 블로그가 있었는데, 안전 먹거리를 추구하는 요즘 풍토와 맞물려 인기를 끌었다. 그러다 출판사의 컨택으로 책을 낸 것이다. 부산 남구 용호동에 사는 주부였다. 여러가지 야채를 직접 키우다 보면 처음엔 실패 경험도 많았을 것이다. 경험이 쌓이다 보니 야채 키우는 방법에 대한 글의 깊이도 남달랐을 것이다. 해당 블로그에 들러보니 디자인 면에서도 우수했다. 강조할 내용은 글상자나 글씨 크기를 달리하고 센스있는 색감으로 포인트를 줘 지루하지 않았다. 특히 요리 레시피처럼 순서대로 따라 할 수 있도록 구성해서 글의 매력이 더해졌다. 야채는 하루가 다르게 자라는데 이를 사진으로 담아 이해도를 높이는 등 아이디어가 좋았던 것이다. 블로그 관리 시간이 쌓이면서 내용도 책을 쓸 만큼 쌓였던 것이다. 또 블러그의 인기가 높아 책으로 출판되는 행운을 얻은 것이다. 이 책의 내용은 하루 하루 채소를 키우면서 쌓인 노하우를 담고 있는데, 평범한 당신도 채소 키우기에 관심이 있다면 직접 실천해보고, 그 과정을 글과 그림으로 담을 수 있다. 문학적인 전문 글 쓰기가 아니라 일상생활에서 얻은 정보를 하나의 주제로 엮은 것이다. 그러니 이러한 책을 기획한다면 평범한 당신도 글을 쓸 수 있지 않겠는가.

누구도 흉내내지 못할 글을 쓰는 작가들을 보면, 당신은 스스로 책을 쓸 만큼 글 쓰기 능력이 갖춰져 있지 않다는 생각이 들지 모른다. 그런데 누구나 일기를 쓰라고 하면, 일기를 쓸 능력이 갖춰져 있지 않다고 말하는 경우는 드물다. 다들 일기 정도의 글은 쓸 수 있다는 의미이리라. 일본의 일러스트레이터 아사오 하루밍은 "3시의 나"라는 책을 지었다. 일종의 그림 일기 형식이다. 매일 매일 오후 3시 즈음에 어떤 일이 있었는지를 그림일기의 형태로 쓴 것이다. 책의 컨셉을 정하기에 따라서 이렇듯 누구나 시도해 볼 수 있는 형식의 책도 많이 있다. 물론 아사오 하루밍의 책은 일러스트레이터로써 아름다운 삽화를 직접 그렸다는 장점도 있다. 따라서 아사오 하루밍의 일러스트들을 사랑했던 독자들이 책의 잠재적 구매자가 될 수 있으니 출판사에서는 기꺼이 계약했을 것이다. 그런 저런 내막이 있겠지만, 전자책은 저자의 의지에 따라 언제든지 출판할 수 있는 영역이므로 누구나 쉽게 쓸 수 있는 일기 형태의 글이라면 여러분들도 얼마든지 책을 쓸 수 있을 것이다.

사진과 간단한 글을 담아 베스트셀러가 되기도 한다. "사이클 시크" 책은 북노마드 출판사에서 출간된 책으로 미카엘콜빌레-안데르센에 의해 작성되었다. 이 책에는 자전거를 탄 사진들로 가득하다. 이 책의 특정 페이지를 펼쳐 보았는데, 한 페이지가 한 장의 사진으로 가득 채워졌다. 그 다음 페이지는 80% 정도가 사진으로 채워졌고, 나머지 20%에는 2~3줄의 짧은 글이 쓰여있다. 대부분의 페이지들이 그러하다. 글쓰기가 부담스러워 책 쓰기를 꺼려한다면, 사진 위주의 책을 기획해보면 어떨까? "사이클 시크"는 패션 책인데, 자전거를 탄 사람의 패션에 대한 사진과 개인 의견을 담고 있다. 책을 쓸 만큼 대단한 주제가 없다고 생각하는가. 시중에 나와 있는 많은 책들을 살펴보기 바란다. 의외로 평범함 속에 비범함을 끌어낸 책들이 많다.

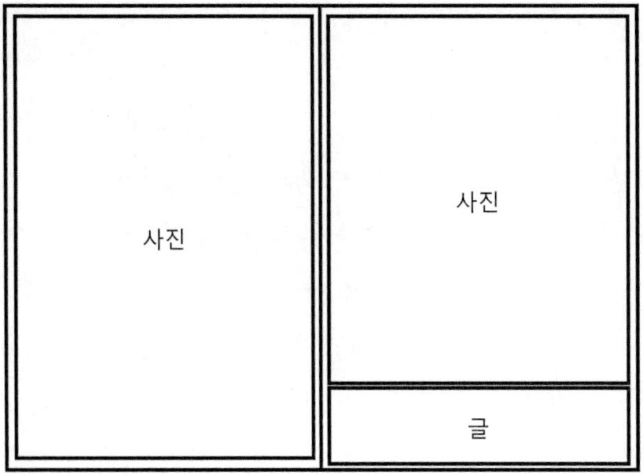

책 쓰기를 실천하자

평범한 당신도 책을 쓸 수 있으니 열심히 쓰자라고 말하면 다음과 같은 답변이 돌아오곤 한다.

"한창 공부할 시기에 무슨 책을 써요?"

"전문가도 아니면서 어떻게 책을 쓰나요?"

"저처럼 평범한 학생이 저자가 된다는 것이 말이 되나요?"

남들 따라하는 스펙 쌓는 대신 책을 쓰라고 하면 돌아오는 대답은 이렇게 비슷하다. 그러나 책 쓰기는 평범한 사람들도 하는 일이다. 책 쓰기로 성공하면 평범했던 사람이 전문가로 인정받을 수 있어 일석이조의 일이다. 그리고 내 이름으로 된 책을 쓰고 싶다는 열망만으로는 이룰 수 없는 것이 책 쓰기이다. 따라서 책 쓰기를 실천해야 한다. 이러한 실천이 쌓여서 남들과는 다른 스팩을 만들 수 있는 것이다.

실제 책 쓰기와 연관하여 실천과 관련된 활동 상황을 살펴보자. 어떤 블로그가 만들어졌고, 정해진 분량을 매일 매일 읽자는 운동을 펼쳤다. 해당 블로그는 목표 했던 읽기를 완료하면 "오늘 목표 달성" 이라는 글이 올라왔다. 해당 블로그 운영자가 이러한 글 읽기 목적의 블로그를 만드는 데는 개기가 있었다. 그는 스스로 글읽기 목표를 정했고, 이를 수행하려 노력했었다고 한다. 그런데 실제 목표대로 수행하려면 다양한 유혹이 손을 뻗어 왔단다. 그래서 작은 목표는 작심삼일이 되곤 했었다고 한다. 그러다 어느 날 이러한 상태에 자주 빠지는 무기력한 자신을 발견하고는 많은 사람들과 함께 해야겠다는 아이디어를 내게 되었단다. 그래서 탄생하게 된 블로그는 처음에는 참여자가 몇명 되지 않았다. 그러다가 입소문이 났고 그 덕에 조금씩 사람이 늘었다. 블로그 운영자 자신도 화장실 가는 시간이든 버스를 기다리는 시간이든 가리지 않고 목표 달성을 위해 책을 읽었다고 한다. 이는 책 읽기 블로그와 관련된 실제 사례이다. 그러면 책 쓰기에 있어서도 동일한 방법을 적용해 보면 어떨까.

오늘 당장 친구들과 함께 하루 1쪽 쓰기에 도전해 보면 어떨까? 사실 1쪽은 분량이 너무 많다. 원고지 8페이지에 해당하니 처음부터 무리한 도전으로 지칠 수 있다. 그러면 원고지 1페이지 분량은 어떨까? 그 또한 처음에는 매우 어려울 것이다. 그러나 도전해볼만 한 양인 것 같다. 친구들에게 카카오톡 메시지를 보내듯이 나를 위한 글을 써보자.

다음 내용은 평범하지 않은 사람의 이야기지만, 글 쓰기를 실천하기 위한 방법적인 부분에 힌트를 얻었으면 해서 예를 들어 보았다.

유명 가수 이적은 지난 2005년에 “지문 사냥꾼”이라는 책을 냈다. “왼손잡이”라는 노래를 무척 좋아하는 나로써는 관심을 가질 수 밖에 없었다. 서점에서 짙은 초록 빛이 도는 표지의 “지문 사냥꾼”을 들고 읽기 시작했다. 그런데 예상과 다른 전개에 놀랐다. 보통 연예인들은 에세이를 내곤 하는데, 픽션이었던 것이다. 판타스틱 픽션. 활자를 먹는 그림책, 음혈인간로부터의 이메일, 외계령, 제불찰 씨 이야기, 고양이, 자백, 잃어버린 우산들의 도시, 지문사냥꾼, S.O.S., 모퉁이를 돌다, 독서삼매, 피아노라는 제목으로 12개의 글을 담았다. 제목들을 읽어봐도 느껴지는 것은 일반적인 이야기가 아닌 상상속에서나 일어날 법한 환상적인 이야기들을 담고 있다. 가수 이적은 본인의 홈페이지에 본인이 만든 이야기를 틈틈이 올렸다고 한다. 커피숍에서 사람들을 기다릴 때, 차로 이동하는 동안 글감이 떠오르면 즉시 작성했다고 한다. 아무래도 책 쓰기와 관련된 특정 노트가 있다면 늘 그 노트를 소지하지 않는 이상 생각날 때마다 작성하는 것은 어려울 것이다. 인터넷이 되는 환경에서 전자기기를 늘 소지하는 사람의 경우 가지고 있는 기기를 활용하면 생각날 때마다 작성하는 것이 쉬울 것이다. 이렇게 쓴 글은 많은 사람들의 입소문을 탔고, 그 덕분에 웅진지식하우스 출판사에서 출간하게 되었다. 틈틈이 상상의 이야기가 생각날 때마다 조금씩 썼던 글이 어느덧 한 권의 책으로 묶을 수 있는 분량이 나왔던 것이다. 물론 이적은 남다른 상상력의 소유자로 이런 글쓰기에 타고난 능력이 있었을 것이다.

위의 예에서 말하고 싶은 것은 언제 어디서나 소지할 수 있으며, 글을 쓰는 당사자의 입장에서 편리한 도구를 이용해서 생각날 때마다 조금씩이라도 쓰기를 실천하라는 것이다. 누구는 스마트폰이 될 수도 있고, 누구는 포스트잇이 될 수도 있을 것이다. 사람에 따라 선호하는 매체는 다르겠지만, 글 쓰기를 실천할 수 있는 나름의 도구를 정하고, 하루에 어느 정도의 양을 쓸 것인지에 대한 목표를 세워서 이행하기 바란다.

나는 여러분들이 이적처럼 인터넷 블로그나 SNS 등의 매체를 이용해서 생각이 날 때마다 틈틈이 글을 쓰는 쪽을 권하고 싶다. 아무래도 요즘 시대는 대부분 스마트폰을 쓰고 있고, 다른 사람들도 보는 블로그나 SNS를 이용하면 아무래도 글 쓰기를 미루기는 자신을 단속하기 쉬울 것이다. 많은 사람들이 보고 있으니까 말이다. 그리고 버스로 이동 중에, 잠깐 커피를 마시다가도 스마트폰만 있으면 생각나는 내용을 바로 적을 수 있고, 글 쓰는 사람으로써 지금 떠오른 좋은 글을 버리지 않고 모을 수 있는 방법이 될 수 있다. 사실 나는 스마트폰의 메모 기능을 이용해서 생각날 때마다 글을 쓴다. 다시 한번 강조하지만 저마다의 방법으로라도 글 쓰기를 실천하자. 매일 매일 조금씩이라도.

책 쓰기를 시도하고 있는 나를 비롯한 여러분들은 평범한 사람들이다. 장 지로우(Jean Giraudoux)는 평범한 사람들만이 항상 최상의 상태에 있다고 했다. 최상의 상태에 있는 당신은 좋은 아이디어를 낼 수 있고, 이러한 아이디어로 책을 출간하여 작가가 될 수도 있다. 너무나 빠르게 평범한 당신도 작가가 될 수 있다고 단정 지었는지도 모르지만, 실제로 평범한 많은 사람들이 책을 출간하고 있는 것은 현실이다. 사실 저자가 처음 책을 쓰려고 시도했을 때, 혼자만의 힘으로 책 한권을 완성한다는 것이 매우 부담이었다. 그래서 공동 집필을 시도했었다. 다음은 이러한 공동 집필 과정에서의 실제 진행했던 작업들에 대해서 말하고자 한다. 사실 공동 집필은 매우 어려운 과정이었다.

사실 읽고 쓰기 중에 쓰기에 대한 실천은 상대적으로 더욱 어려운 일이라 할 수 있다. 유명한 CEO가 있었는데, 사업 계획서 등의 기획을 잘하기로 유명하다. 프리젠테이션을 위해 문서를 만들고, 그 안에 들어가는 글들이 명문장으로 알려져 있다. 그러던 어느 날 그에게 신문 칼럼에 대한 제안이 들어왔다. 그런데 직접 신문 칼럼 형식의 글을 써 본 적이 없던 그는 그 짧은 글을 쓰는 것이 너무나 버거웠다. 어렵게 쓴 후 읽어보면 형편없는 수준이었던 것이다. 고민 끝에 글 쓰기 전문가를 찾아갔는데, 기존의 신문 칼럼을 베껴 쓰는 연습을 하라는 현답을 들었다. 몇 달 동안 여러 권의 노트가 쌓여 갔고, 칼럼 글의 패턴을 몸소 익혔다. 이러한 과정 끝에 자신의 신문 칼럼 원고를 완성할 수 있었던 것이다. 그는 글 쓰기에 도전하는 사람들에게 다음과 같이 조언한다.

> 좋은 글을 베끼며 쓰기 연습을 하자.

소설, 시와 같은 문학 작품을 쓰는 것이 아니라 실용서 형태를 쓴다면, 잘 쓴 에세이를 대상으로 베껴 쓰기 연습을 해 보아라. 술술 읽히게 쓰여진 에세이는 어떠한 형태의 책이라도 어울릴 만한 문체를 지녀 연습용 글쓰기에 최적이라 여겨진다.

여기서 말하는 문체란 전달하고자 하는 내용을 효과적으로 나타내기 위해 글쓴이의 사상이나 개성을 표현한 언어적인 제반 요소의 총체를 의미한다. 국어 사전적인 정의는 그러하다. 실제 논문, 에세이, 소설의 문장을 살펴보면 그 느낌이 다르다. 이러한 느낌을 나타내는 글의 구성 결과를 문체라 할 수 있겠다. 논문, 에세이, 소설과 같은 장르 구분에 따라서도 문체가 다르지만, 같은 소설 장르라 하여도 작가에 따라서 문체가 다르다. 따라서 김진명 작가의 작품을 좋아하는 사람과 김훈 작가의 작품을 좋아하는 사람은 그 문체의 개성에 따라 호불호가 갈리는 것이리라. 개인적으로 김진명, 김훈 작가 모두를 좋아하지만 사람들에 따라서는 다를 수 있는 것이다.

다음은 김진명 작가의 "무궁화 꽃이 피었습니다"의 일부이다.

"기자와 검사. 어쩌면 같은 목표를 향해서 경주를 하는 셈이지만 본질적으로는 동료의식이 아니라 견원지간과 같은 경계심을 가지고 살아가는 관계였다."

다음은 김훈 작가의 "남한산성"의 일부이다.

"북방에서 오는 장계를 보고 받는 자리에서 임금은 그 질문을 속으로 밀어 넣으며 견디고 있었다."

이렇게 짧은 문장만 읽어 보고 어찌 문체의 다름을 바로 파악할 수 있을까 싶다. 이 짧은 문장만으로도 문체의 차이를 파악한다면 보는 눈이 좋다 하겠다. 시간 난다면 두 작품을 모두 읽어보길 권한다. 그러면 그 문체의 차이가 확실해지리라. 개인적인 생각으로 김진명 작가의 작품은 그 문체에서 단백함이 묻어나고, 김훈 작가의 작품은 그 표현이 매우 시각적이다. 물론 글을 평가하는 전문가가 아닌 나로써는 정확한 문체의 차이를 글로 표현하는 것이 어려웠다. 말그대로 개인적인 관점에서 보는 두 작가의 차이일 뿐이다. 다시 한번 강조해 보면 두 작품을 모두 읽어보고 직접 문체의 차이를 느껴보기를 권할 뿐이다.

일반적인 논문의 문체를 살펴보자. 소설과는 확연히 다른 딱딱한 문체임을 알 수 있다. 그리고 보통 한 문장의 길이가 긴 편이다.

"본 연구에서는 정보의 선택성을 제공하는 알고리즘을 제안한다. 이 알고리즘은 위 요인들을 반영한 기술로 데이터의 변형 특성에 기초하여 유사한 데이터를 결정하는 데 높은 선택성을 가진 데이터를 수집하는 기법을 적용하고 있다."

에세이의 경우는 어떨까? 다음은 한비야의 "중국견문록"의 일부이다.

"우선. 내 방에서는 공원이 잘 보인다. 지금은 앙상한 저 나무들이 새 잎을 달게 되면 아침마다 얼마나 상쾌할까. 하루를 건강하게 시작하려고 새벽 운동 나온 사람들도 볼 수 있을 것이다."

다음은 무라카미 하루키의 에세이 "저녁 무렵에 면도하기"의 일부이다.

"피로 탓에 영화가 시작되고 처음 한 시간 정도는 곳곳에서 꾸벅꾸벅 졸았다. 도저히 눈을 뜨고 있을 수가 없었다."

살펴본 "중국견문록", "저녁 무렵에 면도하기" 에세이도 읽어보길 권한다. 술술 읽혀지는 문체가 매력적이다. 일반적으로 에세이의 경우 이렇듯 읽기 편한 문체로 되어있다.

여러분들이 작성할 전자책의 내용은 문체상으로 보면 에세이처럼 읽기 좋은 형태가 좋다. 여러분들이 문학도로써의 재능이 있어 소설과 같은 글을 쓰고자 한다면 본인만의 문체를 개발하여 작성할 것이다.

이러한 문학적 재능이 크지 않은 우리의 경우 라면 에세이처럼 읽기 좋게 쓴 글이 좋다. 따라서 에세이 류의 책을 많이 읽어 보길 권한다. 물론 노트에 에세이의 내용을 그대로 따라 써 보는 필사 작업도 큰 도움을 받을 수 있다. 에세이를 그냥 눈으로 읽는 것 보다 필사해 봄으로써 꼼꼼하게 문체에 대해 각인시킬 수 있다.

과제

번 호	
과목명	
제출자	
제출일	

1. 마음에 드는 에세이 글을 선택하여 자필로 베껴 쓰시오.

1.1 지은이, 책 제목, 출판사를 쓰고, 책에 대해 설명하시오.

– 지은 내용:

절 취 선

1.2 선택한 책에서 마음에 드는 부분 1페이지를 베껴 쓰시오.

공동 집필의 어려움

아는 분들과 대학에서 사용할 교재를 집필할 계획을 세운적이 있다. 제목은 "유비쿼터스 개론"이였다. 나를 포함하여 3명이 나눠서 쓰기로 했다. 기획에서부터 목차 만들기를 비롯하여 분량 나누기까지 전담했던 탓에 일이 많았다. 그리고, 글의 골격을 정했다. 글의 골격을 이룰 부분을 생각나는 대로 나열해보면 다음과 같다.

각 장의 제목 달기
학습목표 서술하기
각 절의 제목 달기
그림 제목 달기
표 제목 달기
연습문제 표준 양식
본문 폰트 크기
본문 글씨체
참고문헌 목록

이렇게 글의 골격을 정하고, 나머지 저자 2명에게 글의 양식을 보냈다. 언제까지 초본을 완성할 것인지를 조율하고서 본격적으로 집필 작업에 들어갔다. 그 해 여름 방학은 글쓰기 작업으로 뜨겁게 보냈다. 그리고 마침내 나에게 주어진 분량을 마쳤다. 공동 저자들에게 이 사실을 알리고, 어느 정도 진행 중인지를 물었다. 이러한 물음이 반복되고 지쳐갈 즈음 한가지 큰 깨달음이 있었다. 공동집필은 너무나 어렵다는 것. 그러다가 너무나 시간이 지체되어 포기하는 상황에 도달했다. 아직도 그때 작성한 내가 작성한 분량의 글은 처치 곤란이 되었다. 이렇듯 스스로를 다스리는 일도 어렵지만, 다른 사람의 글쓰기 일정을 맞추는 것은 더욱 어려운 일이었다. 물론 글쓰기의 강제성이 있다면 달라질 수 있을 것이다. 예를 들어 연구비를 받아 책을 쓰는 경우이다. 이 경우 완료 시점이 명확히 나와있고, 받은 연구비를 다시 되돌려주는 일이 생기지 않으려면 책을 정해진 날까지 작성해야 한다는 강제성이 부여되는 것이다. 그러나 나의 경우는 잘 아는 사람 3명이서 책 한 권 같이 써보자는 의욕으로 시작된 일이라 강제성이 없었다. 그래서 다음의 공동 집필 과정에 대한 글은 공동 집필 실패 경험담일지도 모르겠다.

우선 공동 집필진은 머리를 모아 책의 제목을 미리 정했다. 책 제목은 책의 내용을 구체화 하는데 있어서 중심 뼈대 역할을 한다. 공동 집필자들은 제목에 부합되게 모든 내용을 만들어 나갈 것이므로 일관된 방향성을 제공하는 역할도 한다. 따라서 책 제목은 미리 정할 필요가 있다. 이 책의 제목은 "유비쿼터스 개론"으로 정했다. 시장에 나와있는 유비쿼터스 개론 책들이 너무나 많아서 처음에는 이 제목으로 결정하는데 망설임이 있었다. 그러나 대학 교재로 활용할 것이라서 일반적인 이름이 선호되었다. 그러나 너무나 일반적이어서 특별함을 부가할 필요가 있다는 것이 회의 결과였다. 이러한 고민 끝에 부재를 달기로 했다. 부재는 "유비쿼터스 헬스케어를 중심으로"로 정했다.

제목을 정한 후 참고문헌 목록의 형식을 정했다. 일반적인 논문에서 기술하는 방법과 비슷했는데, 참고문헌이 목록의 형태로 나열 될 것이므로 처음에는 순번을 적었다. 그리고 참고한 책이나 뉴스 기사를 쓴 저자 이름을 썼다. 저자 이름 다음에 제목을 적었고, 마지막으로 책의 경우 출판사 명을 적었다. 웹 사이트 주소로 참고 문헌의 내용을 확인할 수 있는 경우 글을 쓴 저자명 다음에 바로 웹 사이트의 주소를 적기로 했다.

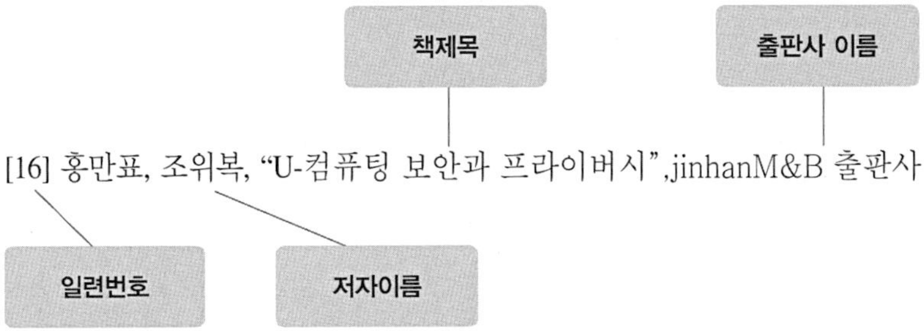

다음은 "유비쿼터스 개론" 기획 단계에서 많은 관련 분야 공부를 하면서 참고했던 자료를 나열한 실제 참고문헌 목록이다.

[1] 金三植, "유비쿼터스 국방 군수(u-Logistic)체계 적용 방안", 水原大學校 産業經營大學院 컴퓨터학專攻, 석사학위논문, 2005.11.

[2] 왕종은, "디지털 시대의 주거공간 디자인에 관한 연구", 홍익대학교 대학원 공간디자인학과, 2003.12.

[3] 홍미라, "유비쿼터스 대학도서관 모형에 관한 연구", 연세대학교 대학원 문헌정보학과, 2004.06.

[4] 황수미, "RFID 를 활용한 유통상품에 대한 정품인증시스템의 설계", 서경대학교 대학원 산업공학전공, 2004.12.

[5] 정종일, "농식품부 동물등록제 문제점 뭔지도 몰라", 아시아뉴스통신, 2012.05.

[6] 류형곤, "유비쿼터스 환경에서의 PC 디자인 발전 방향에 관한 연구", 국민대학교 테크노디자인 전문대학원 퓨전디자인학과 산업디자인전공, 2003.

[7] 金錫希, "유비쿼터스 패러다임에서의 프라이버시 보호", 東國大學校 國際情報大學院 情報保護學科, 2003.

[8] 임숙녀, "u-Education을 고려한 교실 모델에 관한 연구", 동아대학교 교육대학원 정보컴퓨터교육전공, 2004.06.

[9] http://cafe.naver.com/comil/2241

[10] 여준호, "센서 태그 기술", 대구대학교

[11] 이효섭, "유비쿼터스현황및기술", www.digieco.co.kr/KTFront, 2006.11.

[12] 우운택 외 다수, "CAMAR: 맥락인식 모바일 증강현실", jinhanM&B 출판사

[13] 박도연, "문화관광지를 위한 몰입적 체험관광 시스템에 대한 연구", 한국과학기술원, 2005.12.

[14] 이동만 외 다수, "u-컴퓨팅 상황인지 기술", jinhanM&B 출판사

[15] 박세환, "유비쿼터스 센서 네트워크에서 지능형 상황 인식 시스템", 한양대학교 공학대학원, 2005.02.

[16] 홍만표,조위복, "u-컴퓨팅 보안과 프라이버시", jinhanM&B 출판사

[17] 이주령, "거주자 중심 스마트홈에 관한 연구", 연세대학교 생

활환경대학원, 2004.07.

[18] 朴光炫, "유비쿼터스 컴퓨팅 환경을 위한 착용형 컴퓨터의 개발", 성균관대학교 컴퓨터공학과, 2003.10.

[19] 휴인스연구소, "유비쿼터스 무선 센서 네트워크", jinhanM&B 출판사

[20] 정은호, "유비쿼터스 센서 데이터 네트워크 시스템 구현에 관한 연구", 세종대학교대학원 정보통신공학과, 2004.02.

[21] 이승준, "ZigBee를 기반으로 한 무선 센서 네트워크 프로토타입의 설계 및 구현", 한국산업기술대학교 전자공학과, 2003.12.

[22] 이용준 외 다수, "만성질환 자가관리를 위한 IT-융합 기술동향", 한국전자통신연구원, 2012.

참고문헌 관련 규칙을 정한 후 목차를 정하고 담당 파트 정하는 작업으로 돌입했다. 보통 책을 쓰기 위한 글을 쓸 때도 목차를 만드는 것은 매우 중요하다. 글 쓰기 중간 중간 만들었던 목차의 제목을 조금씩 교정하더라도 본문을 쓰기 전에 목차부터 만들어 놓는 것은 매우 좋은 글 쓰기 방법이다. 목차에 기술한 각 장을 꼭지라고 부르며, 전체 책의 분량을 정하면 각 꼭지 당 써야 할 분량이 나온다. 총 30꼭지와 100페이지 내외 분량의 책을 쓴다고 정했다면 1꼭지당 3~4 페이지 분량으로 작성하면 될 것이다. "내일까지 1꼭지를 마치겠어"라고 글 쓰기 목표를 정했다면, 내일까지 3~4페이지를 완성하겠다는 의미가 되는 것이다. 목차를 미리 만드는 것은 이와 같이 글쓰기 분량과 글 쓰기 체계

를 잡아 목표를 정하기 쉽고, 실천하고, 목표에 도달하는 과정에서 가시적인 가이드라인이 될 수 있어 매우 중요한 작업인 것이다.

다음과 같이 목차를 만들고, 책을 써야 하는 담당 파트를 나눴다. 분량은 각 교수들이 맡은 파트를 모두 합하여 아래한글 프로그램 기준 70페이지 내외로 정하였다. 3명의 교수가 모두 작성하고 나면 210페이지 내외가 될 것이다. 보통 A4 용지 1페이지는 원고지 8장에 해당된다. 그러니 원고지 분량으로는 1680장 정도 되는 분량인 것이다. 출판될 책의 사이즈와 내부 공간의 디자인에 따라서 달라지겠지만 250페이지 이상의 책으로 출판될 것 같다. 이정도 분량이면 대학에서 한 주에 3시간 수업을 하는 과목의 한 학기 분량으로 적당할 듯 싶어 최종 결정하였다.

<table>
<tr><th>담당자</th><th colspan="2">분 류</th><th>주 제</th></tr>
<tr><td rowspan="5">김분희</td><td rowspan="5">Part 1.
유비쿼터스 개요</td><td rowspan="5">1장</td><td>유비쿼터스 개념</td></tr>
<tr><td>유헬스(u-health) 개념</td></tr>
<tr><td>4단계 IT 혁명</td></tr>
<tr><td>유비쿼터스 공간의 공간과학성 영역</td></tr>
<tr><td>PC 디자인의 변화</td></tr>
<tr><td rowspan="3">이교수</td><td rowspan="6">Part 2.
유비쿼터스 요소 기술</td><td rowspan="3">2장</td><td>Location Based Service 기술</td></tr>
<tr><td>Sensing & context-awareness 기술</td></tr>
<tr><td>IPv6, MEMS, SoC, 차세대 전지</td></tr>
<tr><td rowspan="3">이교수</td><td rowspan="3">3장</td><td>RFID 자동인식시스템</td></tr>
<tr><td>EPCglobal의 RFID 분류</td></tr>
<tr><td>능동형RFID, 수동형 RFID</td></tr>
</table>

이교수	Part 3. 유비쿼터스 프로젝트 예	4장	유비쿼터스 기반 정보 기술 응용 프로젝트
			국내 유비쿼터스 산업
			유헬스 산업
김분희	Part 4. 유비쿼터스 주요 기술	5장	상황인식 기술
		6장	증강현실 기술
리교수	Part 5. 유비쿼터스 헬스케어 기술	7장	유비쿼터스 헬스케어 기술
		8장	유비쿼터스 헬스케어 전망
리교수		9장	유비쿼터스 헬스케어 사례
리교수			
이교수	Part 6. 유비쿼터스 정보 보호	10장	유비쿼터스 정보보호와 프라이버시
			정보보호 유헬스 사례
리교수	Part 7. 유비쿼터스 응용 방향	11장	스마트홈
			스마트홈 유헬스 사례
리교수		12장	웨어러블 컴퓨터
			웨어러블 유헬스 사례
이교수		13장	스마트 교육, 스마트 도서관
김분희	Part 8. 유비쿼터스 센서 네트워크	14장	ZigBee, Ad-Hoc
		15장	유비쿼터스 무선 센서 네트워크
김분희			

공동집필 과정에서 책의 구조에 대해서도 미리 조율을 할 필요가 있다. 즉 책의 구조를 통일할 필요가 있는 것이다. 이렇게 구조가 통일 되

어야 3명의 글을 모았을 때 별도의 편집에 드는 시간을 아낄 수 있게 된다. 책을 쓰는데 있어서 워드프로세서는 "아래한글"을 이용하기로 했으므로 기본 포맷을 해당 프로그램으로 만들었다. 맨 처음 장의 제목을 쓰고, 학습목표를 나열하고, 본문의 내용으로 넘어가도록 순서를 정했다. 글씨 크기와 글씨체 등에 대해서도 미리 정했다.

1장. 유비쿼터스 개요 - 12폰트, 나눔 고딕체

〈학습 목표〉 - 11폰트, 나눔 고딕체

- 유비쿼터스 기본 개념에 대해 설명한다. -둥근 글머리기호 사용, 10폰트
- 유비쿼터스 컴퓨팅 개념에 대해 이해한다.
- 마크와이저의 유비쿼터스 정의한 내용에 대해 이해한다.
- 유비쿼터스 기술의 배경이 되는 관련 개념을 이해한다.

유비쿼터스 기술의 등장 배경은 그 동안 컴퓨터를 사용함에 있어 컴퓨터라는 하드웨어의 기능에 맞춰져 있다보니 간과된 사용자의 편리한 사용성의 요구에 있다 할 수 있다. 유비쿼터스 기술은 어느 날 갑자기 하늘에서 떨어진 개념이 아니다. 하나의 기술이 시대의 흐름에 따라 발전의 과정을 겪는 것처럼 유비쿼터스 기술이 나오게 된 과정에 대한 이해가 필요하다. -본문은 10폰트, 굴림체

1.1 컴퓨터의 진화 관점 - 11폰트, 나눔 고딕체

유비쿼터스 기술의 등장에 대해 컴퓨터의 진화 관점, 4단계에 걸쳐서 진행된 IT분야의 혁신적인 변화 관점, 정보화 패러다임이 전환 관점에서 살펴보겠다. 지금까지의 컴퓨팅 환경은 실제 환경에서 요구되는 작업을 온라인을 통해서 가능하도록 실제 작업을 가상의 환경으로 옮기는데 주력하였다.

그러한 고민 끝에 위와 같은 합의점에 도달했다. 각 장의 제목은 12폰트의 크기로 작성하고, 글씨체는 나눔 고딕체로 결정하였다. 각 장의 제목 다음에는 학습 목표를 3개 이상 적기로 했다. 학습 목표라는 글은 11폰트의 크기로 정했고, 실제 학습 목표의 기술 내용은 둥근 글머리 기호를 사용해서 목록으로 표현하고, 10폰트로 정했다. 본문의 내용은 모두 10폰트이고, 굴림체로 정하였다. 각 장에는 절이 올 수 있는데, 각 절의 제목은 11폰트 크기에 나눔 고딕체로 정하였다.

다음은 그림에 대한 공통 형식을 정한 내용이다. 그림은 가운데로 정렬하고, 그림 제목은 그림의 하단에 기록하도록 정했다. 1장에 포함된 그림의 경우 그림1로 시작하는 제목을 달도록 정했다.

-출생 : 1928년 10월 3일 (미국)
-학력 : 뉴욕대학교 학사
-경력 : 코넬대학 초빙교수
백악관 담당 정치, 노동 문제 기자
미래학자

그림1-1. 앨빈 토플러

그림 일련번호

표 제목은 표의 상단에 기록하기로 했다. 표의 경우도 그림에서 처럼 1장 안에 포함된 표의 경우 표1로 시작하도록 정했다.

표 일련번호

표 1-1. Post PC의 제공 기능별 구분[6]

구분	기능	제품군
웹 기반	인터넷 접속 및 액세스 용으로 기타 부가적인 기능 탑재	웹 TV, 웹 패드
통신 기반	다양한 통신기능 지원으로 모든 기기들이 인터넷에 접속되며 오락 및 컴퓨팅 기능들이 부가적으로 탑재	스마트 폰
오락 기반	TV, 비디오, 음악, 게임 등 오락용 컨텐츠의 저장, 관리, 전송용으로 대부분의 기기가 인터넷 접속 지원되며 대화형 기능 탑재	셋톱박스, 웹 디지털 TV, 다기능정보기기
컴퓨팅 기반	PC의 기본 기능 이외에 이동성, 저 가격, 응용의 단순성 등의 특징을 지원하고, 대부분 인터넷에 접속되며, 오락기능 탑재	무선 PDA, 웨어러블 컴퓨터
기타	기존 기기들에 새로운 기능 부가	전자책, 자동차용/의료용 정보기기

대학 교재로 기획하였으므로 연습문제도 각 장의 마지막 페이지에 입력하기로 했다. 이 연습문제와 관련된 형식 또한 정해야 할 것이다. 연습문제의 제목은 "과제"로 하고, 대학에서 사용할 형식이므로 학번, 제출자, 제출일을 적는 곳이 있도록 디자인했다. 그리고 출판될 책에는 연습문제의 문제만 나열되어 있고, 해답을 적을 수 있는 빈 공간을 두도록 했다. 그런데, 집필 과정에서 문제와 모범 답안을 모두 작성하기로 하였다. 나중에 이 책을 교재로 정한 교수님들이 참조할 수 있도록 모범 답안을 따로 제공하자는 의견이 반영된 것이다. 그래서 집필하면서 바로 바로 답을 써두도록 결정한 것이다.

다음은 연습문제의 기본 형식이다.

과제

학번	
제출자	
제출일	

1. 유비쿼터스의 개념에 대해 5Any의 속성을 이용하여 설명하시오.

유비쿼터스는 5Any가 가능한 기술의 집합체라고 말할 수 있겠다. 5Any란 Any time, Any where, Any device, Any network, Any service를 말한다. Any time은 언제나 아침이든 저녁이든 상관없이 이용 할 수 있는 기술임을 의미한다. Any where 장소에 상관없이 북극이든 해수욕장이든 상관없이 이용할 수 있는 기술임을 의미한다. Any device는 어떠한 형태의 장치로든 사용할 수 있는 기술임을 의미한다. Any network은 네트워크가 유선 형태든 무선 형태든 와이파이든 매체에 상관없이 이용 할 수 있는 기술을 의미이다. Any service는 어떠한 형태의 서비스든 상관없이 이용 할 수 있는 기술을 의미한다.

2. 유비쿼터스 기술이 등장하게된 배경에 대해 4단계 IT 혁명의 관점에서 설명하시오.

4단계 IT 혁명의 관점에서 1단계는 많은 사람들이 하나의 컴퓨터를 공유하는 컴퓨터 중심의 시대인 대형 컴퓨터 시대를 말한다. 1960년대 무렵 시작된 대형컴퓨터의 시대에는 소수의 사람이 하나의 컴퓨터를 사용했다. 그러다가 PC가 단독으로 이용되거나 전용선 등의 형태의 네트워크로 연결된 구조가 일반화 되었는데, 이를 2단계 PC 전반전 시대라 한다. 1980년대를 풍미한 PC 전반전 시대는 개인용 컴퓨터의 보급이 시작되면서 컴퓨터의 사용이 대중화된 시기이다. 이러한 PC 전반전 시대를 거쳐 한 사람 당 하나의 컴퓨터 이상을 가지게 되는 3단계 PC 후반전 시대로 진행되었다. 컴퓨터 중심의 시대에서 인간 중심의 시대로 접어드는 시작점인 1995년 이후를 PC 후반전 시대로 보는 것이다. 2005년 이후 IT 기술과 컴퓨터 하드웨어의 수준이 높아졌으나 그에 비해 가격은 떨어지면서 한 사람이 여러 컴퓨터를 가지게 되었다. 이를 4단계 유비쿼터스 컴퓨팅 시대라 한다. 이 시대에는 본격적으로 인간의 입장에서 편리한 기술을 추구했다. 그래서 사용자가 컴퓨터와 네트워크의 존재를 의식하지 않고도 기기를 손쉽게 사용 할 수 있는 기술적 혁신이 진행되고 있는 것이다. 여전히 진행 중인 유비쿼터스 컴퓨팅 시대는 컴퓨터에 대한 지식이 없이도 다양한 컴퓨터를 사용하는데 있어서 불편함이 없는 환경을 지향하는 것이다.

절 취 선

이렇게 기본 형식을 정했는데, 그 과정을 일일이 열거하지 않았지만 의견 조율이 쉽지는 않았다.

이렇게 공동 집필을 위한 형식을 갖췄고, 공동 저자들 각자가 맡은 파트에 대한 글 쓰기에 돌입하였다. 물론 이전에 말한 바와 같이 공동 집필을 주도한 나만 완성했고, 나머지 두 교수들이 차일피일 미루는 바람에 책으로 편찬되지 못했지만 말이다.

현재 출간된 "전자책 제작"은 단독으로 작성하였다. 공동집필의 어려움을 몸소 느꼈고 전자책 제작 책의 경우 현재 함께 집필할 전문 인력이 없기도 해서이다. 그리고 스스로 여름 방학 전에 끝낸다는 집필 완료 시점을 정했다. 다음 학기 강의에서 이용해야 한다는 목표의식에 절박성을 부여한 것이다. 책이 만들어지려면 초본만 나와서는 안된다. 출판사의 검수과정을 거치고, 표지 디자인, 편집 디자인 작업을 수행해야 한다. 이러한 시간이 짧게는 2개월에서 길게는 6개월까지 소요되는 일인 것이다. 따라서 이번 여름 방학 전에 초본을 완성한다고 해도 출판되기 까지는 몇 개월이 소요되는 것이다. 이렇게 종이책의 경우 초본이 나와도 출판까지는 꽤 많은 시간이 지나야 한다. 그에 비해 전자책의 경우 초본 작업이 끝나고 빠르면 10일 이내에도 출판될 수 있다. 이는 디지털 환경에서 편집되어 출판까지 바로 완료되는 전자책 출판 프로세스 덕분이다.

여러분들도 책의 집필이 완료되는 시점을 정하거나, 매일 매일 일정량을 정해서 완료하는 등의 노력을 기울이기 바란다. 하루를 끝내고 잠자리에 들 때 왠지 모르게 뿌듯해진다. 이러한 뿌듯함이 쌓이다 보면 어느덧 책을 출판할 정도의 분량이 완성되어 있을 것이다.

예전에 엄청 두꺼운 소설책을 선택해서 읽은 적이 있다. 아무래도 어려운 책이 아니라 술술 읽혀졌지만, 두꺼운 책을 언제 다 읽지 싶은 생각이 자주 들었다. 그러나 이러한 생각이 들 때마다 다시 책의 이야기 속으로 빠져들었고, 이러한 반복으로 마침내 책 읽기를 끝냈다. 다 읽고 난 느낌은 뿌듯함 그 자체였다. 이때 읽었던 책은 문학관련 과목의 리포트 때문이어서 다 읽는데 더 시간이 많이 걸린 것 같다. 하지만 읽기를 완료했을 때 느낌은 남달랐다. 이런 맛에 책을 읽는구나 싶었다. 사실 그 전에는 책 읽기를 그리 좋아하지 않았는데, 책 읽는 맛을 조금씩 알게 되자 독서량이 많이 늘었다.

글 쓰기도 마찬가지이다. 처음 글을 쓸 때는 언제 원하는 분량이 나올까 싶고, 한숨이 나오는 시점이 반복된다. 그래도 나는 해낸다는 각오로 다시 글 쓰기에 몰입하고, 이러한 반복된 행동으로 마침내 탈고하게 된다. 탈고했을 때 기분은 책을 다 읽고 났을 때의 기분과는 비교되지 않을 감동이 있다. 이 맛에 글을 쓰는구나 싶다. 그래서 이번에도 책 한번 써볼까라는 도전의 감정이 생기는 것이다. 책 쓰는 과정은 너무나 힘들다. 지금도 연구실에서 빠져나와 롯데리아 소파에 앉아있다. 글 쓰기 편한 작은 디지털 기기를 들고, 커피 한 모금 마셔가며 글을 쓰고 있다. 아무래도 참고할 책도 많고 인터넷 속도도 좋아 바로 바로 검색할 수 있는 연구실에서의 책 쓰기가 효율적일 것이다. 그런데 한 곳에 계속 앉아 있는 것이 매우 좀 쑤시는 일이다. 물론 나에게는 그렇다. 유명 저자분들은 글 쓰는 작업실이 있고, 그곳에서 글쓰기에 몰두하는 모습을 볼 수 있다. 내 경우는 이곳 저곳 장소를 옮겨가며 글을 써야 지루하지 않았다. 아무래도 글쓰기가 아직 매우 부담스럽고, 어떻게든 핑계를 만들어 미루고 싶은 일인 모양이다. 그만큼 어려운 일인 것이다. 그렇지만 마음을 다잡고, 좋아하는 롯데리아 새우버거 세트를 시켜 먹으며 스스로를 달래는 일을 병행하며 글을 쓰고 있다. 여러분들도 마찬가지로 글쓰기는 왠만하면 하기 싫을 것 같다.

영화 "썸원 라이크 유"를 보면 주인공이 짧은 칼럼을 쓰는 상황이 나온다. 글을 썼다가 지웠다가, 볼펜을 입에 물었다가, 물구나무 서기를 해보기도 하다가, 머리카락을 마구 헤집다가, 그 분야 책을 30권 정도 사와서 열심히 읽다가, 초코 크림 과자와 우유를 먹어보다가, 다시 볼펜을 손가락으로 돌려보다가, 또 글을 써보고, 다시 마음에 안들어 지우기를 반복하는 등의 과정을 거쳤고, 이러한 과정이 며칠 동안 이어졌다. 여주인공이 마음에 들어 보게 된 영화인데, 글 쓰기의 어려움을 간접 경험한 기회가 되었다. 이렇듯 글쓰기는 누구에게나 어려운 일이다. 여러분들도 글쓰기의 어려운 상황에 자주 노출될 것이다. 그러나 그때마다 다잡고, 한 줄이라도 쓰는 작업을 진행해보자. 한 줄이 쌓이고 쌓여 책으로 출간할 분량이 될 테니까 말이다.

글쓰기와 상관없어 보이는 얘기를 하나 해보면, 아는 분이 중학교 다닐때 있었던 일이다. 일반적인 여자중학교여서 남들 배우는 그런 공부를 하는 곳이다. 그런데, 전국체전 시기가 가까워 오자 체육선생님은 투포환 선수를 뽑았다. 투포환 선수로 선택하기 위해 건장한 체격의 학생들을 선발해 일정한 자격이 되는지를 테스트하였다. 아는 분은 이 테스트를 통과해서 선택되었다. 2주정도의 훈련을 했고, 바로 전국체전에 참여했다. 그 분의 말로 전국체전이였는데, 아마도 다른 이름의 체전이였을지도 모르겠다. 확실치는 않다. 어찌되었건 단기간의 훈련만 받았을 뿐인데, 바로 동메달을 받아왔다. 이 분은 투포환에 타고난 재능이 있었던 것이리라. 누구나 타고난 재능이 하나쯤은 있다는 말을 듣고, 나는 어떤 재능이 있지 곰곰히 생각해 봤는데 딱히 떠오르지 않는다. 그러나 이 분은 투포환에 타고난 재능이 있었던 것이다. 그런데, 운동 선수로써의 기초 체력을 다지는 등의 훈련에서 인대가 늘어난다거나 하는 고난이 이어졌고, 이러한 어려움을 이겨내지 못하고 운동을 포기하였다. 이 분은 재능은 타고났지만, 어려운 상황을 이겨낼 끈기와 같은 덕목이 부족했다. 나중에 교수가 되었는데, 아마도 교육자의 길이 더욱 적성에 맞았던 일이리라.

책 쓰기도 마찬가지로 재능을 타고난 사람들도 있을 것이다. 그러나 여러 어려움이 닥칠 때 버티고, 이겨내는 끈기가 더해져야 완성이라는 기쁨을 누릴 수 있다. 글 쓰기에 타고난 재능이 부족한 우리들은 어떨까. 오직 끈기와 노력이 필요할 것이다. 글 쓰기는 책을 몇 권 쓴 경험이 있는 나에게도 매우 어려운 일이다. 하물며 처음 글쓰기에 도전하는 경우는 더욱 힘들 것이다. 이러한 힘든 상황을 이겨내느냐 하는 것이 성공의 관건이 된다. 노력하는 부지런한 자를 이겨낼 자 있을까.

롯데리아에서 새우버거 세트를 다 먹고, 3페이지를 썼다. “아이고 힘들어" 소리가 입밖으로 나올뻔 했다. 이제 허리도 아프기 시작하고, 아무래도 좀 쉬었다가 다시 시작할까 한다. 조금만 쉬어야지.

우리는 가끔 “아무리 노력해도 안된다”는 말을 하곤 한다. 공부 잘하기로 유명한 안철수, 뛰어난 학자 도올 김용옥도 스스로를 너무나 평범한 두뇌를 가졌다고 말한다. 그래서 남들보다 몇 배 열심히 공부했다고 말하고 있다. 안철수의 좌우명은 남보다 더 많은 시간을 투자하자라고 한다. 사회적으로 뛰어난 업적을 보인 사람들은 하나같이 겸손한 것 같다. 본인의 능력이 남보다 못하다고 생각하기 때문에 남들보다 훨씬 노력하는 것이리라. 도올 김용옥은 남들보다 10배 20배 노력해야 비슷한 성과를 얻을 수 있었기 때문에 그 만큼 노력했다고 한다. 나는 객관적으로 안철수나 김용옥에 비해 뛰어나지 않다고 생각한다. 따라서 그들이 하는 노력을 교훈으로 삼아 비슷하게 나마 최선을 다해보고자 생각된다. 여러분들도 책 쓰기의 어려움에 항시 포기하고픈 마음이 들 것이다. 그럴 때마다 이런 분들을 생각하며 끝까지 포기하지 않고 끈기를 발휘해보자며 마음을 다잡기 바란다.

공변자무발전(恐變者無發展)이라 했다. 이 말은 변화를 두려워하는 자 발전이 없다는 뜻이다. 우리는 하루가 다르게 새로운 기술이 나오는 시기에 살고 있다. 전자책 또한 현재의 시점으로 보자면 대중의 입장에서는 새로운 기술이겠다. 대한민국 사람들은 새로운 기술의 변화에 빠르게 적응하는 것으로 유명하다. 사실 지금까지 어렵게 배워 익힌 기술은 계속해서 이용하고 싶을 것이다. 물론 이미 익힌 기술이 무용지물이 되지는 않겠지만 새로운 변화를 받아들여야 살아남을 수 있는 것이 현실이다. 이왕이면 남들보다 앞서 받아들인다면 금상첨화겠다. 예전에 코닥(kodak)은 카메라 필름과 관련되어 매우 단단한 회사였다. 그러나 디지털 카메라의 등장과 더불어 사람들의 선택에 많은 변화가 있는 시기가 도래했고, 이러한 변화를 감지하여 빠르게 수용하고 시대흐름에 맞는 새로운 사업으로의 전환이 필요했던 시기를 코닥은 놓치고 말았다. 최근에 코닥이 예전의 명성을 찾기 위해 노력을 하고 있다는 뉴스를 접하게 되었는데, 좀더 빨리 변화되었다면 어땠을까 라는 생각이 들었다. 저자가 되고자 하는 꿈을 목표로 정했다면, 지금까지 해본 적 없는 전자책 만들기라는 새로운 과제에 대해 두려울 수 있다. 이러한 두려움이 앞선다면 이렇게 말하고 싶다. 공변자무발전.

그리고 가끔 사색의 시간을 갖자. 목표 지향적으로만 살아간다면, 좋은 성과를 얻을 것이라 생각하지만, 사실 성과 앞에 붙은 좋은은 아닐

지도 모른다. 그냥 성과를 얻는 것은 가능 할 것 같다. 사색의 시간을 적절히 갖는 사람이 좋은 성과를 얻을 가능성이 높다는 연구 결과도 있었다. 사색(思索)은 어떤 것에 대해 깊이 생각함을 의미한다. 어떤 것이란 정치, 경제와 같은 무거운 문제뿐만 아니라 개인적인 소소한 일상도 포함될 것이다. 어쩌면 소소한 일상 쪽이 더 가까운 것 같은데, 너무 바빠서 사색의 시간을 갖기 힘든 것 같다. 우연히 지인의 초대로 저녁 식사를 대접받았는데, 야외에서 갓 구운 고기와 채소를 먹는 순간 눈이 크게 떠질 정도로 맛있음을 느꼈다. 맛있는 저녁을 먹고 난 후 맥주를 마시면서 행복이란 무엇일까라는 생각에 빠져들었다. 멍하게 맥주를 마시고 있는 나에게 옆에 앉아있던 친구가 툭 쳐서 현실의 나로 다시 돌아왔다. 친구 왈, “너 사색 중이었구나”란다. 내가 사색 중이었나 라는 갸우뚱한 심정에서 제자리로 돌아왔다. 잠깐의 사색의 시간을 갖고 나니 내 삶을 돌아보게 되었다는 깨달음을 얻었다. 그래서 이런 즐거운 시간을 자주 만들어야겠다라는 결심을 하게 되었다. 이처럼 바쁜 삶 속에서 여러분들도 사색의 시간을 틈틈이 가지기 바란다. 이런 시간을 통해 좋은 아이디어가 나오기도 하는 것이다. 책 쓰기의 강박에서 잠깐씩이라도 벗어나 사색의 시간을 갖다 보면 새로운 글쓰기 활력을 얻게 될 지도 모른다. 창의적인 아이디어가 중요한 직업일 수록 여행이나 취미와 같은 다양한 활동을 많이 해야 한다고 한다. 여기서 보태면 사색의 시간을 많이 가져야 한다. 책 쓰기도 창의적인 일이므로 이와 같은 활동이 도움이 될 것이다.

그리고 누구나 타고난 감수성을 키워보자. 책 쓰기에 매우 보탬이 될 것이다. 1988년 MBC 강변가요제에서 담다디로 유명해 진 가수 이상은은 크리에이티브가 중요해지고 있는 시대에 대해 그녀의 저서 “Art

& Play"에 언급하고 있다. 말 그대로 창의적이여야 한다는 뜻인데, 여러분은 크리에이티브 한가? 창의적인 사고를 하려면 우선 잊어버렸던 감수성을 되살릴 필요가 있다. 감수성은 외부 세계로부터 영감을 얻고 느끼는 것이라 할 수 있는데, 무지개를 보고도 가슴이 뛰지 않으면 살아 무엇하냐던 시인 워즈워드의 말처럼 외부 세계로부터의 자극에 대해 느껴지는 그 무엇이 있다면 감수성이 풍부한 경우겠다. 이러한 감수성은 예민할수록 창의적인 사고를 할 가능성이 높다고 한다. 가수나 화가와 같은 예술 분야에 몸담고 있는 사람들 치고 감수성이 무딘 사람은 드문 것 같다.

요즘은 분야를 막론하고 크리에이티브가 중요시 되고 있다. 매일 집과 도서관을 전전하는 젊은 이들은 주변 환경이 늘 똑같다. 이러한 환경에서는 창의적인 사고를 하기 어렵다. 가수 이상은은 감수성을 키우기 위해 다음과 같은 실천을 한다고 한다.

이상은이 제안하는 감성 키우기 리스트

1. 홍대 앞처럼 분위기 좋은 거리 쏘다니기
2. 외국 서적과 같은 이국적인 물건을 파는 가게
3. 오가는 멋진 사람들
4. 낯선 곳으로의 여행
5. 돈 안 드는 웹 서핑
6. 꾸준히 책 읽기
7. 이국적인 음악 듣기

그녀는 감수성을 키우기 위해 홍대 앞을 쏘다닌다고 한다. 외국 서적과 같은 이국적인 물건을 파는 가게나 오가는 멋진 사람들을 보면서 음악적인 영감을 얻는다고 한다. 또 여행을 자주 간다는데, 맨날 다니는 길이 아닌 낯선 길로의 여행은 꼭 먼 곳을 의미하는 건 아니라며 국내 여행이나 다른 동네 여행을 추천하고 있다. 이러한 여행뿐만 아니라 돈 적게 드는 웹 서핑으로 이국적인 풍경이나 물건들을 눈 여겨 본단다. 그리고 책 읽기를 즐기며 상상하기를 즐겨 하라고 충고하고 있다. 이상은이 알려주는 감수성 키우는 방법을 몇 가지 선택하여 따라해보면 어떨까. 여기에 덧붙이자면 영화나 이국적인 음악 감상도 좋을 것 같다. 이러한 노력을 통해 남과 다른 아이디어를 키워보자. 책을 쓸 때도 남들과 다른 소재가 필요하기 마련인데 이러한 크리에이티브 살리기 운동은 평소에도 꾸준히 실천해야 할 것 같다.

읽고 쓰기를 실천하자.

2013년 9월 어느 날 부산 보수동에 김진명 작가의 강연이 있었다. 그는 책 쓰기 전에 해당 분야의 책을 많이 읽으라고 조언했다. 전투적으로 책 읽기에 몰두하다 보면 쓰고자 하는 컨텐츠에 대한 아이디어가 자연스럽게 쌓인다고 말한다. 가끔 상상만으로 책 쓰기가 가능하고, 타고난 실력이 있어야 저자가 된다고 생각하는 사람들이 있다. 짧은 글을 쓸 때는 해당 될 지도 모르겠다. 그러나 우리가 알고 있는 많은 유명 저자들은 누구나 할 것 없이 책 읽기의 중요성을 말한다. 많이 읽고, 많이 생각한 사람만이 좋은 글 쓰기가 가능하다는 것이다.

"아버지"라는 제목의 소설로 큰 인기를 얻은 김정현 작가는 그 다음 작품을 쓰는데 고심했다고 한다. 유명 작가들은 누구나 출세작이 있기 마련인데, 김정현 작가의 경우 "아버지"라는 소설이었다. 그 동안 어머니라는 단어의 울림에 집중했던 문학계에 아버지를 등장시켜 새로움에 목말라 하는 독자들의 주목을 받았다. IMF로 인해 어려움을 겪던 이 땅의 수많은 아버지에게 감동의 선물이었다. 이러한 큰 인기를 얻은 작가는 다음 작품에 대한 고민이 한층 커지기 마련이다. 이러한 고민은 몇 년 간의 자료 수집과 공부로 이어졌고, 그 다음 작품이 나올 수 있었다.

공지영 작가는 "우리들의 행복한 시간"을 쓰기 위해 사형수를 만나 인터뷰하고, 자료 수집하는데 몇 년의 시간을 보냈다고 한다. 최근 드라마 "미생"이 인기리에 방영되었다. "미생" 드라마 속의 다양한 상황과 대사들이 실감났었는데, 작가들이 실제로 인턴 체험을 하면서 글감을 모았다고 하니 그 수고를 미루어 짐작케 한다. 이렇듯 글쓰기에는 많은 공이 들어간다. 따라서 많은 시간을 들여 책 읽기, 자료 수집하기, 해당 분야 경험 쌓기를 통해 글에 녹여 낼 수 있도록 투자해야 한다.

"남아수덕오거서(男兒須讀五車書)"라 했다. 이는 유명한 시인 두보가 쓴 시의 한 구절이다. 많은 사람들은 특히 젊은 남자들은 책읽기의 목표로 이 구절은 인용하곤 한다. 두보의 시 제백학사모옥(題柏學士茅屋)에 나오는 이 구절은 남자라면 모름지기 다섯 수레의 책을 읽어야 한다는 의미이다. 수레는 한자로 거, 혹은 차로 읽을 수 있는데, 현대적인 의미로 재해석 하면 자동차 5대에 실을 수 있는 분량의 책이라 할 수 있겠다. 어마어마한 양이다 보니 많은 사람들이 큰 도전의 하나로 정하는 것 같다. 이렇게 많은 책은 아니어도 늘 새로운 내용을 읽어야겠다는 마음가짐이 중요한 것 같다. 책을 쓰려면 우선 다른 사람들의 글을 많이 읽어야 한다. 이것이 책 쓰기를 공부하는 기본 자세로 여길 필요가 있겠다. 그리고 목표를 정했으면 실천을 해야한다.

쥐와 고양이의 관계를 통해 실천의 중요성을 설명할 수 있겠는데, 어느 마을에 쥐와 고양이가 살고 있었다. 쥐들은 고양이의 습격에 늘 막막했다. 급기야 동내 쥐들이 모두 모여 고양이의 습격에 대한 대처 방법을 주제로 회의를 하게 된다. 여러 가지 의견이 나왔는데, 고양이가 좋아하는 먹이에 독약을 타고, 잘 다니는 길목에 놓아두면 고양이를 해치울 수 있다는 의견이 많은 이들의 동의를 얻고 있었다. 그러나 이 방법은 고양이의 생명을 앗아야 한다는 심적 부담이 많았다. 또 다른 의견은 고양이 목에 방울을 달자는 의견이었다. 이 방법은 고양이가 움직이면 방울 소리가 날 것이고, 쥐들은 고양이를 피해 숨을 수 있는 시간을 벌 수 있어서 그야말로 좋은 의견이었다. 그러나 만장일치를 얻은 이 방법은 실천되지 않았다. 고양이 목에 방울을 걸어보겠다고 나서는 쥐가 아무도 없었던 것이다. 오랜 시간을 들여 고민한 끝에 좋은 방법을 고안하였으나 실천을 하지 않으면 아무 소용이 없는 것이다. 목표를 정했으면 실천하자. 매일 매일 꾸준히 실천하려면, 목표가 너무 거창하지 않는 것이 좋겠다.

이러한 실천에 도움이 되는 방법 가운데 프랭클린 플래너(Franklin Planner)를 소개하고 싶다. 프랭클린 플래너는 효율적인 일정 관리를 도와주는 다이어리이다. 이 다이어리는 우선순위를 정해서 일 처리의 순서를 결정하고 실행하기 쉽도록 디자인되었다. 하루에 해야 할 일들이 산적해 있는데, 그 중에서 가장 중요한 일은 무엇인지에 따라서 시간을 배분함으로써 효율적으로 일정 관리를 할 수 있다. 결국 효율적으로 하루를 보내고, 1년을 보내다 보면 스스로를 성공적으로 운영하는 단계로 우뚝 설 수 있다. 이 프랭클린 플래너에서 우선순위를 정하는 기준을 다음과 같이 나누고 있다. 중요하고, 긴급한 일을 최우선으로 처리한다. 그리고 중요하고, 긴급하지 않은 일을 두 번째 우선순위로 두라고 한다. 중요하지 않고, 긴급한 일을 세 번째 우선순위로 두고, 중요하지 않고, 긴급하지 않은 일은 제일 미뤄 둘 일로 정하면 된다.

<table>
<tr><td rowspan="4">우선 순위
정하기</td><td>1순위. 중요하고, 긴급한 일</td></tr>
<tr><td>2순위. 중요하고, 긴급하지 않은 일</td></tr>
<tr><td>3순위. 중요하지 않고, 긴급한 일</td></tr>
<tr><td>4순위. 중요하지 않고, 긴급하지 않은 일</td></tr>
</table>

여러분들이 생각하는 중요하고 긴급한 일은 무엇인가? 여러분들이 대학 초년생이라면 이번 주까지 제출해야 할 리포트 작성은 아마도 중요하고 긴급한 일에 해당 될 것이다. 대학 생활 4년을 보낸 후 취업을 해야 하는데, 스펙으로 쌓아야 할 토익 공부는 중요하고, 긴급하지 않은 일에 해당 될 것이다. 개인 사정에 따라 이러한 분류는 다들 달라질 것인데, 전자책 제작은 어디에 해당 될까? 아마도 중요하고, 긴급하지

않은 일에 올라갈 것 같다. 따라서 중요하지 않고 긴급한 일이나, 중요하지 않고 긴급하지 않은 일에 비해 우선적으로 해야 할 일이겠다. 꾸준히 매일매일 중요하고 긴급한 일을 마무리한 다음에는 꼭 전자책 제작의 목표에 맞게 차곡차곡 진행하자. 우선순위 2등급 정도로 마음 속 다짐을 해둔다면 정해 놓은 기일 내에 완성할 수 있을 것이다.

전자책 저자를 목표로 하고 있는 여러분들은 읽고 쓰기가 2순위 정도는 되어야 할 것이다. 즉 긴급하진 않아도 매우 중요한 일로 간주 될 필요가 있는 것이다. 그러니 꾸준히 실천해야 할 과제로 생각하고 행동으로 옮기자.

과제

번 호	
과목명	
제출자	
제출일	

1. 프랭클린 플레너에서 말하는 우선순위에 따라 여러분들의 우선순위를 정해보자.

   1.1 나의 중요하고, 긴급한 일은?

   1.2 나의 중요하고, 긴급하지 않은 일은?

   1.3 나의 중요하지 않고, 긴급한 일은?

   1.4 나의 중요하지 않고, 긴급하지 않은 일은?

절 취 선

제5장

책 쓰기 노하우

-기획하기-

책 쓸 대상 정하기

기존 도서 분석하기

제목과 목차의 중요성

집필 계획서, 출간 계획서 작성하기

학습 목표

- 책 쓸 대상 정하자.
- 기존 도서 분석하여 차별화하자.
- 제목과 목차의 중요성에 대해 이해한다.
- 집필 계획서, 출간 계획서를 작성할 수 있다.

기획이란 어떠한 목표를 달성하기 위해 계획하는 것을 의미한다. 예를 들면, 학교 홍보 동영상을 제작하는 목표를 달성하기 위해 사전에 홍보 모델 섭외, 동영상의 컨셉 등을 계획하는 과정을 기획이라 할 수 있다. 책 쓰기가 목표라면, 책 쓸 대상을 정하고, 주제를 정하는 등 집필 전 작업을 기획이라 하겠다.

책 쓸 대상 정하기

우선 책 쓸 대상부터 정해보자.

육아, 다이어트, 맛집, 독서법, 여행, 헬스, 경험, 자아성찰, 성공법, 프리젠테이션, 처세술, 공부법, 아이디어, 스토리텔링, 일러스트, 요리법, 재활용 등 책을 쓰기 위한 대상은 무수히 많다.

주제 정하기

책 쓰기 이전에 어떤 책을 쓰고 싶은지 정해야 한다. 책의 주제를 정하는 것이다. 학생들에게 어떤 책을 쓰고 싶은지 물어보면 대답은 다양하다.

"리포트 잘 쓴다는 칭찬을 많이 듣는다. 후배들에게 리포트 잘 쓰는 방법에 대한 노하우를 알려주고 싶다."

"테니스를 너무 좋아한다. 자연스럽게 테니스 관련 책을 많이 읽었고, 지식이 많이 쌓였다. 윔블던 테니스 경기를 직접 가서 보고 싶어 열심히 돈을 모으고 있는데, 여행과 접목된 테니스 책을 쓰고 싶다."

"아프니까 청춘이다라는 책은 청춘의 시기를 성공적으로 보낸 교수님이 청춘들에게 하는 조언 글을 담았다 할 수 있다. 이와 비슷하게 대학 4학년 선배로써 후배들에게 보내는 격려의 글을 쓰고 싶다."

"최근 취미로 자수를 배우고 있다. 그런데 마음에 드는 자수본을 발견하기 어려웠다. 자연스러운 들꽃을 수놓고 싶은 마음에 직접 본을 만들어야겠다는 결심이 섰다. 이참에 자수본을 제공하는 책을 만들고 싶다."

맨 마지막 예는 사실 저자의 생각이다. 포토샵과 같은 이미지 만드는 툴을 다룰줄 알기도 하고, 이참에 들꽃 사진 찍으러 야외 출사도 나갈겸해서 마음 먹은 것이다. 개인적으로 관심이 많은 분야의 글을 쓰면 집중력도 높아져 생각보다 빠른 글쓰기 성과를 낼 수 있다. 실제 출사 나가서 반나절만에 200여장의 사진을 찍어왔다. 다음 날 실사를 디지털 자수본으로 간결하게 만드는 작업에 들어갔고 2달 정도의 디자인 작업끝에 거의 완성했다.

컨셉의 중요성

컨셉이란 기존의 틀과는 차별화된 특징을 정하고 책 전체에 일관되게 반영하는 것을 의미한다.

"경매 천재가 된 홍대리", "영어 천재가 된 홍대리" 등 천재가 된 홍대리 시리즈로 컨셉을 확실히 하여 인기를 끈 경우가 있다. 이 책의 컨셉을 분석해 보면, 우선 소설의 형태로 이야기가 전개되면서, 경매나 영어에 대해 공부하는 과정을 보여준다. 소설과 같은 이야기 전개로 끝나는 것이 아니라 중간중간 기억해야할 사항에 대해 정리하는 내용이 나온다. "경매 천재가 된 홍대리"를 예로 보면 책의 도입부에 등장

인물에 대한 소개가 되어있다. 홍경택, 이수연, 야생화, 공회전 등의 독특한 등장인물의 이름과 함께 만화 캐릭터처럼 인물의 모습이 그려져 있다. 그리고 각 인물들에 대해 간략히 소개한 글이 담겨있다. 주인공 홍경택의 경우 평범한 회사의 대리이고, 이수연과 결혼하고 싶어하지만 집안 형편으로 괴로워한다고 소개 되어있다. 일종의 드라마 시나리오를 보는 듯한 느낌이다. 인물간의 대화가 많은 글이고, 중간중간 삽화가 정교하게 그려져 있는 것도 특징이라 할 수 있다. 전체적으로는 이 책을 읽어서 공부하고 있다는 중압감이 없고, 소설책 읽는 가벼운 마음이 드는데, 다 읽고 나니 좋은 가르침을 받았다는 느낌을 받는다.

천재가 된 홍대리와 같은 시리즈물의 경우 특히나 컨셉을 확실히 하는 것은 매우 중요하다. 시리즈 물이 아니어도 마찬가지이다.

기존 도서 분석하기

책을 쓰고자 하는데 있어, 관심 분야의 결정이 선행되어야 한다. 그리고 관련 분야에 나와있는 다양한 경쟁 도서들에 대한 분석이 필요하다. 분석의 첫 단계는 읽기이고, 두 번째 단계는 장단점을 파악하는 것이다.

다음과 같이 경쟁 도서를 정해서 읽기를 실행한 후 간단히 분석해 보자.

〈경쟁 도서 1〉
책제목: 판다 언니의 첫 번째 자수
저자명: 박준영
출판사: 책밥

경쟁도서 1의 장점	단점
심플한 주방 용품 자수, 아기자기한 생필품 자수 등을 다루고 있어 기존의 꽃 위주의 자수 책과 차별화 됨	스티치 따라하기가 그리 쉽지 않게 묘사되어 있음

경쟁 도서 1의 목차를 보면 자수를 하기 위한 준비물을 별도로 설명하고 있다. 그리고 러닝 스티치, 롱 앤드 쇼트 스티치, 백 스티치, 블랭킷 스티치, 버튼홀 스티치 등의 자수의 기초 배우기와 관련된 내용이 나오고, 본격적으로 자수 도안 위주의 내용이 나온다. 다음은 경쟁 도서 1의 주요 목차이다.

- 첫 번째 시간 심플한 주방 용품 자수
  빨간 장미를 수놓아 만드는 주방 앞치마
  라벤더 화병을 수놓아 만드는 키친 클로스
  한 손에 한 짝씩 귀여운 미니 주방 장갑
  예쁜 라인이 들어간 컵 받침
  맛있게 드세요~ 식사 매트
  냉장고만 봐도 웃음이 활짝! 우리 가족 냉장고 자석
- 두 번째 시간 아기자기한 생필품 자수
  귀여운 우리 아이 얼굴을 그린 턱받이

미니 꽃다발이 수놓아진 러블리 핀 쿠션
다람쥐 자수가 올라간 다이어리 커버
작은 뜨개질 소품 호두알 오너먼트
제주 올레길을 걸어 본 적 있나요? 간세와 리본 이정표
다양하게 사용할 수 있는 광목 자수 주머니
메리 크리스마스 양말 자수 액자
앙증맞은 자수가 올라간 작은 리본
책상 위의 작은 비밀 공간 소잉 바스켓
가방 속을 깔끔하게 정리해 주는 휴대용 티슈 케이스

경쟁 도서 1의 목차를 살펴보면 주요 자수 도안에 대해 첫 번째 시간 심플한 주방 용품 자수라는 제목과, 두 번째 시간 아기자기한 생필품 자수라는 제목의 파트로 구분하고 있다. 심플한 주방 용품 자수에는 주방 앞치마, 주방 장갑 등의 소품에 어울리는 자수 도안을 제공하고 있다. 두 번째 시간 아기자기한 생필품 자수에는 티슈 케이스, 액자와 같은 소품에 어울리는 자수 도안을 제공하고 실제 수를 놓은 화면을 보여주고 있다.

〈경쟁 도서 2〉
책제목: 프랑스 자수 스티치 200
저자명: 일본 보그사
출판사: 경향미디어

경쟁도서 2의 장점	단점
스티치 따라하기를 쉽게 표현하고 있음	예제가 평범함

경쟁 도서 2의 목차를 살펴보면 자수 천, 자수 실과 자수용 리본 등과 같은 기본 준비 자료에 대한 설명이 나온다. 그 다음 두 개의 파트로 나누어 구분하고 있다. 파트 1은 기본 스티치와 변형 스티치 방법에 대한 설명이 나온다. 경쟁 도서 2에서는 자수의 스티치 방법과 관련된 내용이 매우 방대하게 구성되어 있다. 그리고 파트 2에는 자수 테크닉이라는 제목을 달았고, 리본 자수, 비즈 장수 등에 대한 방법을 기술하고 있다. 이렇게 파트 1과 파트 2의 내용이 끝난 다음 본격적으로 책 안에 있는 자수에 대한 도안이 나오는 형태로 구성하고 있다. 이렇게 도안과 실물을 완전히 분리하고 있어서 실제 수를 놓는 입장에서 약간 불편했다. 실물을 봤다가, 도안 페이지로 넘겨 참고하는 과정에서 책 넘김 횟수가 너무 많았다.

〈경쟁 도서 3〉
책제목: 1색 자수와 작은 소품
저자명: 히구치 유미코
출판사: 이아소

경쟁도서 3의 장점	단점
작은 사이즈의 책이어서 소지하기 편하고, 예제가 아기자기하다.	경쟁 도서 3의 목차는 파트로 구분하는 형태가 아니라 나열형으로 되어 있었다. 다음은 경쟁 도서 3의 목차의 일부이다.

Botanical garden

프레임 파우치

Floral pattern

클러치 백
Night forest
북 커버
Mimose
모자 타이
Soft flower
장식 칼라
Red tree
쿠션
베이비 드레스

목차의 제목에서 느껴 지듯이 영문으로 작성한 것은 자수 스티치의 모양을 의미하고, 한글로 작성한 것은 자수를 놓은 소품 이름이 오는 형태이다. 파트를 구분할 정도의 일관성을 부여하기 어려운 경우 이렇게 단순 나열형으로 진행하는 것도 좋을 듯 하다. 목차의 마지막 부분은 스티치와 자수의 기본과 관련된 내용이 나온다. 일반적인 자수 책은 이 부분이 앞 쪽에 오는데, 이 책의 경우는 뒤로 배치되어 있었다. 아기자기한 자수 소품 자체에 흥미를 보이도록 배치한 것으로 보인다. 이러한 흥미가 쌓이다 보면 어떻게 만들지에 대한 의문이 들 것이다. 그래서 이러한 의문이 들 즈음인 책의 후반부에 "How to make" 부분을 배치한 것으로 판단된다.

위와 같이 경쟁 도서에 대한 간략한 분석했다면, 이제는 내가 쓸 책은 어떤 식으로 만들 것인지에 대한 아이디어를 펼칠 차례이다.

〈나의 아이디어〉
책제목: 수노타, 수놓다
저자명: 김분희
출판사:

목차	특징
파트 1. 자수 준비하기 준비물 기본 스티치 파트 2. 자연스러운 꽃과 식물을 수놓다 동백섬의 동백꽃 창가의 앵초 광안리 해수욕장의 벚꽃 파트 3. 아기자기한 사물을 수놓다 화장대에 있는 물건	자연스러운 도안 다양한 도안 아기자기한 도안 전자책으로 만들어 휴대가 편리함
목욕탕에 있는 물건 책상 위에 있는 물건	

경쟁 도서를 분석해 본 결과 도안의 형태가 매우 인위적이었다. 나의 아이디어는 내 주위에서 흔히 보이는 꽃과 식물들의 자연스러운 모습을 자수 도안으로 채택하여 자연스러움을 강조하고자 한다. 그리고 기존 경쟁 도서의 경우 장미와 관련된 도안이 나온다면 1가지의 모습에 국한된 형태로 보여준다. 나의 아이디어는 같은 장미꽃이라 해도 여러 형태의 도안을 다양하게 제공함으로써 선택의 여지를 주고자 한다. 그리고, 일반 소품 모양의 도안을 제공하여 꽃과 식물만으로는 채우기 힘든 아기자기함을 더하고자 한다. 경쟁 도서를 분석하기 전에는 생각

해 보지 못했던 부분이 있는데, 그것은 자수를 위해 필요한 도구나 기본 스티치에 대한 설명 부분이다. 보통의 자수 책에 이러한 내용들이 들어가 있었다. 내 책에도 이러한 기본 내용은 들어가야 되겠다고 판단하여 도입하였다. 3개의 파트로 나누었고, 자수 준비하기, 자연스러운 꽃과 식물, 아기자기한 사물이라는 제목을 달았다. 파트 2의 자연스러운 꽃과 식물에는 광안리해수욕장의 벗꽃처럼 장소 개념의 단어와 꽃 이름을 연결하여 작명하였다. 파트 3에는 아기자기한 사물을 담고 있는데, 현재 생각으로는 화장대, 목욕탕, 책상 위의 물건을 구분하여 자수 도안으로 담고자 한다. 책을 써가는 와중에 또 다른 아이디어가 떠오른다면 목차는 현재 보다는 더 다채롭게 변할 것이다.

과제

번 호	
과목명	
제출자	
제출일	

1. 경쟁도서 1권 선정하자.

   1.1 경쟁 도서에 대해 읽기를 실행한 후, 다음 빈칸을 채우시오.

〈경쟁 도서 〉
책제목:
저자명:
출판사:

경쟁도서의 장점	단점

절 취 선

   1.2 경쟁도서의 목차를 작성하고, 특징을 설명하시오.

2. 선정한 경쟁도서를 바탕으로, 경쟁도서와 비교 될 나의 아이디어를 작성해보자.

   책의 제목:

   책의 목차:

   책의 내용:

경쟁 도서에 대한 분석 과정을 거쳐 나의 책에 대해 제목과 목차를 정하는 단계를 진행하였다. 현재 본문 글을 쓰지 않은 상태에서 제목을 정한 것이므로 일종의 가제가 될 것이다. 좋은 제목이 생각나면 이후에도 얼마든지 변경할 여지가 있다는 뜻이다. 목차도 마찬가지다. 집필 중에 변경하면서 진행하면 된다.

이러한 경쟁 도서 분석 작업을 하면서 책의 제목의 중요성에 대해 생각해 본적이 있는가. 사실 책의 제목을 어떻게 정하느냐에 따라 그 책이 많은 사람에게 선택되어 읽히느냐가 결정되기도 하므로 매우 중요하다.

제목과 목차의 중요성

"나미야 잡화점의 기적", "왜 나는 너를 사랑하는가", "와일드", "남쪽으로 튀어", "불안", "7막7장", "연금술사" 등 좋은 제목은 사람들의 이목을 끄는 효과가 있다. 다음에 거론된 책 제목을 살펴보면, 한 단어의 명사로 된 제목, 의문형 제목, 명령형 제목 등이 존재하는 것으로 보아 제목 정하는데 제약은 없는 듯 하다.

"나미야 잡화점의 기적"
"왜 나는 너를 사랑하는가"
"와일드"
"남쪽으로 튀어 "

"불안"
"7막7장"
"연금술사"

서점이나 도서관에 가보면 수 많은 책과 마주하게 된다. 이러한 책 가운데 눈에 띄는 책을 뽑아 살펴보게 된다. 이때 어떤 책이 눈에 띄는가. 우선은 제목이 마음에 들어야 할 것이다.

"7막 7장"을 써서 유명해진 홍정욱은 어릴적 서점에서 책의 제목을 모두 외워버릴 기색으로 뚫어지게 책제목을 훑었다고 한다. 이런 행동은 읽을 책을 고르는 첫번째 동작이리라. 그러니 책의 제목을 정하는 작업은 심사숙고 해야 할 일인 것이다. 물론 제목의 좋고 싫음은 개인차가 있다. 그러나 소수가 좋아할 제목보다는 대다수의 독자가 선호하는 제목으로 정하는 것이 좋을 것이다.

파올로 코엘료의 소설 "꿈을 찾아 떠나는 양치기 소년"은 독자들의 관심을 끌지 못했다. 그러다가 내용은 동일하게 가고 제목만 변경하여 다시 출판하게 되었는데, 베스트셀러가 되었다. 제목을 "연금술사"로 바꾼것이다. 김진명 작가의 "플루토늄의 해방"도 마찬가지 경우이다. 후에 "무궁화 꽃이 피었습니다"로 바꾼 후 베스트셀러가 된 것이다. 원 제목을 변경하여 성공한 사례는 이 외에도 많을 것이다.

알랭드 보통의 "불안"의 경우 누구나 겪을 법한 불안함에 대해 다양한 글을 담고 있다. 나는 박사학위를 받을 즈음 불안한 마음이 가득했다. 원하는 교수 자리를 얻을 수 있을까에 대한 불안이었다. 취업 준비 시기에 누구나 겪는 일이리라. 이러한 시기에 우연히 서점에 들렀다가 "불안"이라는 제목의 책이 눈에 들어왔고, 그 자리에서 읽기 시작했다.

바로 한권을 앉은 자리에서 다 읽을 수 있는 종류는 아니었다. 한 문장을 읽고 한참을 생각하게 하는 내용들로 가득했던 것이다. 이 책을 구입해 며칠 동안 읽었는데, 담백하고, 자료 중심의 내용을 읽으면서 나를 사로잡았던 불안이 사라지고 있는 것을 느꼈다. 많은 사람들이 지위고하를 막론하고 불안한 상황에 처하게 된다. 책 제목 "불안"은 그런 의미에서 많은 사람에 의해 선택되어질 가능성이 높다. 따라서 좋은 내용을 담은 책은 그 제목도 심사숙고하여 지을 필요가 있다. 그래서 필요한 사람들의 눈에 띄어 본래의 좋은 기능을 하지 않겠는가.

제목과 마찬가지로 목차도 매우 중요하다. 평범한 제목의 목차보다는 흥미를 끌 만한 제목이 좋을 것이다. 다음은 "수노타, 수놓다" 책 목차의 일부이다.

파트 2. 꽃과 식물
동백꽃
앵초
벚꽃

이와 같은 형태의 목차는 식물 도감 책에서나 볼 법하다. "수노타, 수놓다"는 자수 도안과 관련된 책으로 책 제목과 목차를 읽고, 이 책을 구입할 것인지를 선택해야 하는 소비자 입장에서는 좀더 흥미를 끌 만한 형태로 변경하는 것이 좋을 것이다. 다음은 변경한 목차이다.

파트 2. 자연스러운 꽃과 식물을 수놓다
동백섬의 동백꽃
창가의 앵초
광안리 해수욕장의 벚꽃

"파트 2. 꽃과 식물"보다는 "파트 2. 자연스러운 꽃과 식물을 수놓다"라고 표현함으로써 자수와 관련된 목차임을 바로 알 수 있다. 그리고, 세부 목차로 "동백꽃"보다는 공간적인 의미를 부여해서 "동백섬의 동백꽃"으로 작명하여, 제목만 읽어도 좀 더 구체적인 상상이 가능하도록 하였다. 그냥 동백꽃을 떠올리는 제목 보다는 동백섬이라는 공간 안에 존재하는 동백꽃을 생각할 수 있게 한다. 이런 관점에서 앞서 결정했던 본인이 집필하게 될 책의 제목과 목차를 다듬어 보기 바란다.

책의 제목은 표지 위에 올려진다. 보통 표지 다음에 바로 목차가 오지 않고 저작권 표시 페이지가 위치하게 된다. 다음은 "한비야의 중국견문록"에 있는 저작권 표시 예이다.

〈한비야의 중국견문록의 저작권 표시 예〉
• 한비야의 중국 견문록
• 저자: 한비야 지음
• 출판일: 2001.12.21
• 펴낸곳: 푸른숲

- 제작/판매: (주)와이즈북

All rights are reserved.

Produced in Korea.

No part of this book may be reproduced in any form without permission in writing from the publisher.

"한비야의 중국견문록"의 저작권 표시 페이지에서도 볼 수 있듯이, 보통 저작권 표시 페이지에는 책의 제목, 저자명, 출판일, 펴낸곳, 제작처, 판매처 등이 표시되어 있다. 그리고 저작권법에 의해 보호받는 저작물이므로 무단 복제 및 무단 전제를 금한다는 글을 써둔다. 여러분이 작성할 책에도 표지와 목차 중간에 오는 페이지에 저작권 표시 페이지를 넣자.

그렇다면 저작권이란 무엇일까. 영어 단어로 copyright이고, 인간의 창작에 의해 표현된 저작물에 대한 독점적인 권리를 의미한다. 여기서 저작물이란 서적, 작사, 작곡, 캐릭터 등이 해당된다. 이러한 저작물에 대한 저작권은 창작의 완성과 동시에 권리가 발생한다. 저작권에 포함된 저작재산권의 경우 특별한 규정이 있다면 예외가 되겠지만, 일반적으로는 저작자의 생존 기간은 기본이고 사망 후 50년간 존속하게 된다. 유명한 가수 마이클 잭슨이 사망하였으나 그의 딸이 아버지의 저작권에 의해 발생되는 재산을 계속 받고 있는 것이다. 1998년에는 저작권 보호 기간 연장법이 통과되면서 사후 50년 보장에서 70년 보장으로 연장되어 저작재산권이 더욱 강화되었다.

앞서 책 쓸 대상 정하기, 기존 도서 분석하기, 제목, 목차 정하기 등에 대한 내용을 다루었다. 이 모든 과정이 책 쓰기에 있어서 기획 단계의 작업에 해당된다. 책 쓰기를 기획하고 쓰기 작업을 실천에 옮기는데 있어서 지금까지 살펴본 내용에 몇 가지 항목을 더하여 집필 계획을 세우는 것이 좋겠다.

집필 계획, 출간 계획서 작성하기

이제 집필 계획을 잘 세워 쓰기 작업을 실천하자. 다음은 집필 계획에 들어갈 항목이다.

컨셉
제목
경쟁도서 분석
경쟁도서 분석 결과 내 책에 반영할 점
집필 스케쥴

위의 집필 계획에 들어갈 항목에서 대부분은 앞선 내용에서 살펴보았고, 여기서는 맨 마지막에 있는 집필 스케쥴을 짜보자. 다음은 집필 스케쥴의 예이다. 사람들마다 집필 계획에 대한 형태는 각양각색일 것이다. 목차를 구성하고 있는 제목들을 꼭지라고 부른다. 이 꼭지를 단위로 집필 계획을 세워보면 좋다. 예를 들어 동백꽃 꼭지는 4월 2주차까지 마친다고 정하는 것이다.

꼭지	4월				5월			
제목	1주	2주	3주	4주	1주	2주	3주	4주
동백꽃								
앵초								
벚꽃								
화장대								
목욕탕								
책상								

목차를 미리 정해 놓으면 좋은 점이 많은데, 목차를 이루고 있는 꼭지의 개수에 따라서 집필 양을 배분할 수 있어 좋다. 예를 들어, 60페이지 분량의 책을 쓰고자 정했다 치자. 목차를 정하고 꼭지의 개수를 세어보자. 위의 예로 보면 꼭지가 6개이므로 60/6으로 단수 계산해서 한 꼭지에 10페이지 분량이 나온다. 즉, 동백꽃 꼭지는 4월 2주차까지 마치는데, 10페이지 분량을 써야한다는 계획을 세울 수 있는 것이다.

집필 계획서 작성을 마치고 나면 이제 본격적으로 책 쓰기에 돌입해야 할 것이다. 집필 계획서 대로 진행하면 될 것인데, 이러한 집필 계획서는 나중에 책을 출간 할 때 출간 계획서 작성할 때도 유용하게 쓰인다. 출간 계획서는 책을 집필 한 후 출판사에 출간 의뢰를 할 때 첨부하여 보낼 용도이다. 출판사는 이러한 출간 계획서와 글의 내용을 바탕으로 출판 계약 여부를 결정한다. 그러니 출간계획서는 출판 단계에서 작업해야 할 것이다. 그러나 집필 전 단계인 집필 계획하기 과정에서 출간 계획서도 같이 써보는 것이 더 좋다. 경쟁 도서 분석과정을 통해 내 책의 컨셉과 목차를 결정한 후 본격적으로 집필 하는 것이 책의 내용을 균형되게 작성할 수 있고, 이러한 내용이 주가 되는 것이 출간계획서인 것이다. 따라서 기획 단계에서 출간계획서도 작성해 보자. 다음은 출간계획서의 한 형태이다.

출간계획서	
• 작성일: 년 월 일	• 작성자:
• 제목	
• 저자 프로필	
• 타깃 독자층	
• 핵심 컨셉	
• 목차	
• 분석	
• 경쟁도서 분석 (장, 단점)	

집필 계획서에서 썼던 내용과 거의 유사하다. 더해진 부분이 있다면 저자 프로필 부분과 핵심 컨셉 부분이다. 저자 프로필의 경우 기존 도

서에서 힌트를 얻어 작성해 보자. 다음은 "발명 특허 지식재산권"에서 저자 소개 예이다. 저자의 사진과 이름을 비롯하여 주요 업무를 작성하였고, 홈페이지 주소와 이메일 주소를 입력한 형태이다. 사실 "발명 특허 지식재산권"은 대학 교재용으로 작성된 책이어서 매우 단순화 된 형태로 저자 프로필을 작성하고 있다.

저자 소개

김분희(Kim, Boon-Hee)
컴퓨터공학 박사
공학인증 교과목 담당
동명대학교 교수
http://blog.tu.ac.kr/bhkim
bhkim@tu.ac.k

저자 프로필의 또 다른 예를 살펴보자. "칼의 노래"로 유명한 김훈 작가는 다음과 같이 저자 프로필을 작성하고 있다. 출생한 년도를 작성하고, 출생 장소를 입력하고 나서, 소설가라고 표현하지 않고 자전거 레이서라고 쓴 부분이 특이하다. 그리고 본인이 쓴 책의 이름을 나열한 형태로 작성하고 있다.

김훈
1948년 서울 출생. 자전거 레이서. 장편소설 "빗살무늬 토기의 추억", "칼의 노래", "현의 노래", "개", "남한산성", "공무도하", "내 젊은 날의 숲", "흑산", 소설집 "강산무진", 산문집 "풍경과 상처", "자전거 여행", "내가 읽은 책과 세상", "바다의 기별" 등이 있다.

저자 프로필의 또 다른 예를 살펴보자. "사색이 자본이다"를 쓴 김종원은 다음과 같이 작성하였다. 사색과 관련된 책이라서 이 책을 완성한 개기와 활동 상황 등을 설명하는 글로 채우고 있고, 이전에 쓴 책의 제목을 나열하는 형태로 소개하고 있다.

"사색할 줄 모르는 사람은 세상의 노예로 살아가게 된다"
세상의 룰을 바꾼 세기의 천재들을 연구하는 과정에서 그들의 경쟁력이 그들안에 있는 사색가적인 능력에 있다는 사실을 알게 되었다. 그 후 5년간의 치열한 연구와 집필 끝에 비로소 대한민국 최초의 "사색입문서"를 완성했다.
"당신이 당신의 눈 그리고 가슴과 머리로 생각할 수 있도록 돕습니다"라는 캐치프레이즈를 걸고, 대한민국 최초의 "사색 헬퍼"로 활동하고 있다. 또한 사색의 본질은 사람이라고 굳게 믿고, 각종 방송과 대학, 단체에서 사색의 힘에 대한 강연을 진행하며 상처받고 아픈 사람들의 마음을 치유하는 일에 열정을 바치고 있다.
지은 책으로는 "그럼에도 우리는 행복하다", "삼성 임원은 어떻게 일하는가", "가장 낮은 데서 피는 꽃", "삼성가 여자들" 등 31권이 있으며 주요 저서들은 중국, 대만 등에서 번역 출간되었다.

앞서 3명의 저자 프로필을 살펴보았다. 별도의 형식이 없고, 자유롭게 작성하면 된다는 생각이 든다. 멋진 프로필 사진은 모두 공통적으로 들어가 있었는데, 이 또한 꼭 있어야 하는 것은 아니다. 이 책을 쓴 저자에 대한 정보를 효과적으로 표현하는데, 중점을 둬서 작성하면 되겠다.

출간 계획서의 핵심 컨셉 항목의 경우 일종의 기획 의도를 작성하는 곳으로 생각하면 되겠다. 이 책을 쓰고자 하는 의도가 무엇인지를 작성하고, 특히 경쟁 도서와의 차별화되는 점을 집중적으로 기술한다. 다음은 "수노타, 수놓다"의 핵심 컨셉을 작성한 예이다.

〈수노타, 수놓다〉

– 핵심 컨셉 :

이 책을 쓰고자 하는 의도는 기존의 자수 도안의 형태가 너무나 고정적이라 다양함을 제공할 필요가 있다는 것에서 시작되었다. 기존의 책은 장미꽃의 도안을 하나 제시하고, 어울리는 색의 실, 바늘 등을 알려주는 형식인 것이다. 똑같은 장미꽃이어도 사람에 따라서 원하는 모양을 선택할 수 있는 선택권이 주어질 필요가 있는 것이다. 따라서 이 책에서는 장미꽃이라는 주제가 정해졌다면, 이에 대한 다양한 모습의 도안을 제공하여 선택의 폭을 넓혔다. 똑 같은 책을 보고 수를 놓는 모든 사람이 똑같은 모양 자수를 완성한다면, 너무나 개성 없는 결과를 얻게 될 것이다. 따라서 개성이 중요시 되는 사람들의 수요를 반영하여 이 책을 쓰고자 한다. 더불어 자연스러움, 다양함, 아기자기함을 반영한 도안을 제공하고자 한다.

과제

번 호	
과목명	
제출자	
제출일	

1. 본인의 출간계획서를 작성하시오.

출간계획서	
• 작성일: 년 월 일	• 작성자:
• 제목	
• 저자 프로필	
• 타깃 독자층	
• 핵심 컨셉	
• 목차	
• 경쟁도서 분석 (장, 단점)	

절 취 선

제6장

책 쓰기 노하우

-집필하기-

집필 순서 정하기

원고를 쓸 때 점검 할 사항

일단 초고를 완성하고, 퇴고, 탈고의 수순을 밟자.

출간 의뢰하기

학습 목표

- 집필 순서 정해서 수행할 수 있다.
- 원고를 쓸 때 점검 할 사항에 대해 고민해본다.
- 일단 초고를 완성하고, 퇴고, 탈고의 수순을 밟자.
- 출간 의뢰하기를 실천해보자.

책의 기획 단계를 마쳤다면 본격적으로 책 쓰기 단계인 집필하기에 돌입해야겠다. 책을 쓰기 위해 컴퓨터를 켜고 아래한글이나 워드와 같은 프로그램을 실행시킬 것이다. 기획 단계에서 정한 책의 제목과 목차가 입력되어 있고, 목차의 순서대로 글을 쓰기 시작할 것이다. 책의 첫 줄을 쓰기 시작하자. 술술 써지는가? 대부분의 사람들은 첫 줄 쓰기부터 어려움에 봉착한다. 한 줄 쓰는 것도 이렇게 어렵나 싶다. 이러다가 책으로 완성하는 것은 더욱 어려울 것 같아 막막해진다. 실제 책을 쓰는 전문가들도 첫 줄 쓰기가 매우 어렵다고 한다. 첫 줄 쓰기의 부담에 대해 쓴 책이 나와 있을 정도이다. 그러니 내가 어려워하는 것은 당연한 일. 그렇다고 힘들어 포기하는 것은 어리석은 일. 그러면 일반적인 책의 첫 줄은 어떻게 시작했는지 살펴보는 일로 시작해보자.

책의 첫 줄

- **김훈 "칼의 노래"**
  버려진 섬마다 꽃이 피었다.
- **박완서 "그 많던 싱아는 누가 다 먹었을까"**
  늘 코를 흘리고 다녔다.
- **조정래 "정글만리"**
  오시느라고 수고하셨습니다. 전 전대광입니다."
- **이외수 "칼"**
  나는 이제 마흔 살이 되었다네."
- **니코스 카잔차키스 "그리스인 조르바"**
  항구 도시 피레에프스에서 조르바를 처음 만났다.

김훈의 "칼의 노래"에서는 "버려진 섬마다 꽃이 피었다."라는 문장으로 시작하고 있다. 황폐한 섬에 화려한 꽃이 핀 모습을 상상하게 하는 문구이다. 박완서의 "그 많던 싱아는 누가 다 먹었을까"에서는 "늘 코를 흘리고 다녔다."라는 문장으로 시작했다. 한 아이가 허름한 옷을 입고 항상 코를 흘리고 다니는 모습이 연상된다. 이 두 사례는 어떠한 구체적인 이미지가 떠오르는 글로 시작한 경우이다.

조정래의 "정글만리"에서는 "오시느라고 수고하셨습니다. 전 전대광입니다."라는 글로 시작하였다. 처음 만나는 누군가에게 자신을 소개하는 대화체로 시작한 것이다. 이외수의 "칼"은 "나는 이제 마흔 살이 되었다네."라는 문장으로 시작되었다. 듣는 사람에게 나에 대한 정보를 말하는 형태의 글이다. 이 두 사례는 일종에 화자가 있고, 그의 입에서 나오는 말을 그대로 옮겨 놓는 형태로 첫 줄을 시작하고 있다.

니코스 카잔차키스의 "그리스인 조스바"는 "항구 도시 피레에프스에서 조르바를 처음 만났다."이다. 이 책의 주인공인 조르바를 만났던 장소에 대해 소개하는 형태로 첫 줄을 쓰고 있다.

앞에서 본 5가지 책의 첫 줄을 보면서 다양한 형태의 시작 글을 만날 수 있었다. 기존 책들의 첫 줄을 알아보면서 분석해보고 자신이 쓰는 책의 첫 줄에 어울릴 만한 형태를 정해보는 것은 어떨까 한다. 이렇게 첫 줄 쓰기를 완성하였다면, 그 다음부터는 술술 풀리는 경우가 많다. 물론 아닐 수도 있겠지만, 글 쓰기는 고된 작업의 연속이라 기존의 책을 통해 배우는 과정이 이어진다면 성공적인 마무리가 가능할 것이다.

책의 첫 줄 쓰기도 이렇게 어려웠다. 그런데 전체 책을 완성하는 것은 더욱 어려운 일이다. 그래서 체계적인 접근이 필요하다. 그래서 책 쓰기 전문가들은 집필 순서를 미리 정해놓으라고 조언한다.

집필 순서 정하기

다음은 대표적인 집필 순서이다. 사람에 따라 또한 그 사정에 따라 순서가 조금씩 달라지겠지만 대체적으로 다음의 틀을 기준으로 진행되곤 한다. 앞서 기획단계에서 이미 작업한 일로는 경쟁도서 분석하기, 제목 정하기, 목차 정하기이다. 여기에 집필의 단계에서 정해진 목차에 부합하는 사례를 만드는 작업과, 샘플 꼭지를 만드는 작업이 진행되고,

이후 본격적으로 각 꼭지별 집필에 들어가게 되는 형태로 진행하면 되겠다.

경쟁 도서 분석하기

▼

제목 정하기

▼

목차 정하기

▼

꼭지에 부합하는 사례 만들기

▼

샘플 꼭지 만들기

▼

본격적으로 각 꼭지별 집필하기

다음과 같이 목차를 정했다고 생각하자. 이 예에서 표기된 파트 1, 파트 2, 파트 3은 별도의 목차 제목은 아니고 유사한 목차끼리 묶기 위한 용도에서 작성한 상위 개념의 제목이라 생각하면 되겠다. 실제로는 준비물, 기본 스티치, 동백섬의 동백꽃, 창가의 앵초, 광안리 해수욕장의 벚꽃, 화장대에 있는 물건, 목욕탕에 있는 물건, 책상 위에 있는 물건이라는 제목이 세부 목차이다.

파트 1. 자수 준비하기

준비물

기본 스티치

파트 2. 자연스러운 꽃과 식물을 수놓다

동백섬의 동백꽃

창가의 앵초

광안리 해수욕장의 벚꽃

파트 3. 아기자기한 사물을 수놓다

화장대에 있는 물건

목욕탕에 있는 물건

책상 위에 있는 물건

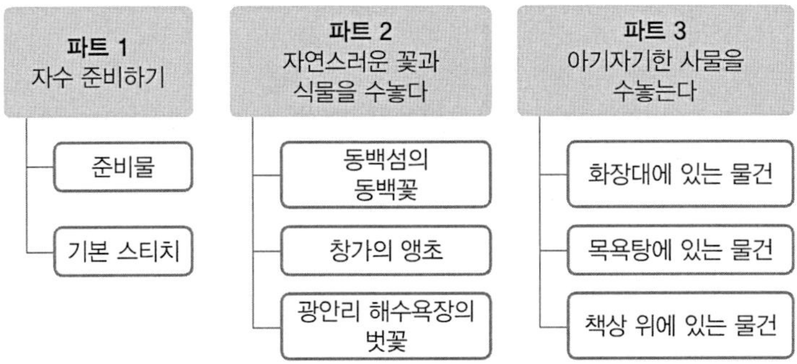

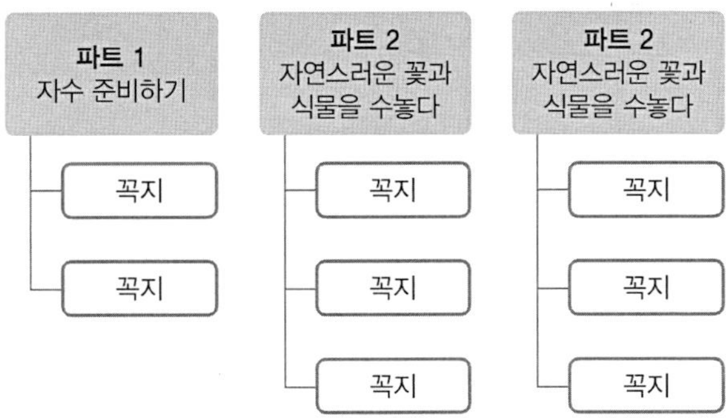

이러한 세부 목차에서 준비물, 기본 스티치, 동백섬의 동백꽃, 창가의 앵초, 광안리 해수욕장의 벚꽃, 화장대에 있는 물건, 목욕탕에 있는 물건, 책상 위에 있는 물건은 각각 꼭지라 부른다. 그러면 본격적으로 각 꼭지에 부합하는 사례를 만들어 보자. 예를 들어 "동백섬의 동백꽃" 꼭지에 쓰여질 사례를 모으는 것이다. 각 꼭지 별로 바로 글쓰기에 돌입하기 보다는, 그 꼭지에 어울리는 글감을 모으는 자료 수집의 과정을 거친 이후 글쓰기를 진행하는 것이 좋겠다. 다음은 실제 모은 사례이다. 도안의 밑그림이 될 자료를 모은 것이다.

"동백섬의 동백꽃" 꼭지 사례 모으기

이와 같이 각 꼭지 별로 구분하여 부합하는 사례를 모으는 작업을 한다. 이러한 작업이 끝나면 본격적인 글 쓰기 작업의 시작이 될 샘플

꼭지를 만든다. 샘플(sample) 꼭지란 전체 책의 내용을 진행하기에 앞서 표본이 될 꼭지를 의미한다. 이러한 샘플 꼭지를 만든 후 다른 꼭지들은 이 형식을 그대로 따르면 될 것이다. 다음은 "수노타, 수놓다" 책의 샘플 꼭지인 "동백섬의 동백꽃"을 작성한 사례이다.

"수노타, 수놓다" 샘플 꼭지 " 동백섬의 동백꽃" 사례

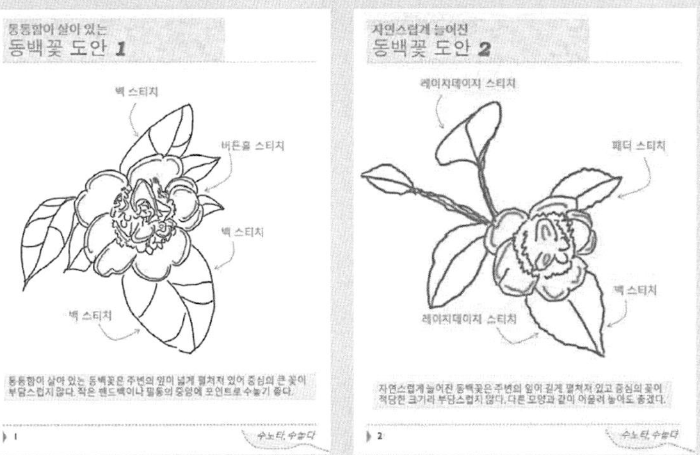

샘플 꼭지를 완성하였으면, 이제 본격적으로 모든 꼭지에 대한 글 쓰기에 돌입하자. 샘플 꼭지를 다른 꼭지들의 작성에 있어서 하나의 틀로써 정하여 작성하면 되겠다. 모름지기 책은 첫 장부터 마지막 장까지 일관성 있게 작성해야 한다. 그러니 샘플 꼭지 만드는데 심혈을 기울일 수 밖에.

지금까지 집필 순서를 정해서 실천하는 내용에 대해 다루었다. 다음은 집필하는 글의 내용에 대해 점검 과정을 거치며 작성하라는 내용이다. 원고 쓰기에 있어서 이러한 과정을 거쳐야 완성도 높은 글을 쓸 수 있다.

원고를 쓸 때 점검 할 사항

원고 쓸 때 점검 할 사항을 정해두는 것이 좋다. 글을 쓰는 중간 중간 혹은 어느 정도 완성한 후 이러한 점검 사항을 거쳐 수정 보완하게 되고, 좀 더 짜임새 있는 원고를 완성 할 수 있는 것이다. 다음은 김태광의 "마흔, 당신의 책을 써라"에서 원고를 쓸 때 점검할 사항에 대해 말하고 있는 항목이다.

1. 서론, 본론, 결론이 명확한가?
2. 적절한 사례를 들었는가?
3. 원고량이 적절한가?
4. 저자의 생각, 지식, 경험이 담겨있는가?
5. 글의 완성도가 높은가?
6. 재미와 지적 호기심이 충족되는가?
7. 에세이처럼 술술 읽히는가?

위와 같은 형태로 각자의 원고 점검 기준을 정하고, 샘플 꼭지와 함께 책상 앞에 붙여두고, 글 쓸 때 항상 참조하자. 다음의 원고 점검 기준에는 “마흔, 당신의 책을 써라”에서 말하고 있는 기준에 “인용한 글은 적절한가”라는 항목을 한 가지 더해 보았다.

원고 점검 기준	샘플 꼭지
1. 서론, 본론, 결론이 명확한가? 2. 적절한 사례를 들었는가? 3. 원고량이 적절한가? 4. 저자의 생각, 지식, 경험이 담겨있는가? 5. 글의 완성도가 높은가? 6. 재미와 지적 호기심이 충족되는가? 7. 에세이처럼 술술 읽히는가? 8. 인용한 글은 적절한가?	

원고 쓸 때 점검 사항으로 글의 내용 중에 인용한 항목이 있다면, 그 인용문이 적절한 지를 살펴볼 필요가 있다. 인용이란 남의 글 가운데 필요한 부분을 가져다 쓰는 것을 말한다.

책에는 인용 문구가 적절하게 들어가면 좋다. 유명인의 강연 내용이나, 명언 등의 좋은 글이 내가 쓰고 있는 책의 내용과 부합된다면 적절히 인용할 필요가 있다. 책에는 이러한 인용이 적절하게 배치된다면, 인용이 전혀 없는 책에 비해서 아무래도 독자의 입장에서는 배울게 많은 책이 될 수 있다. 이런 인용 문구들은 책을 읽는 사람으로 하여금 나의 주장이 객관적인 근거하에 작성되었음을 간접적으로 보여주는 역할을 한다. 따라서 적절한 인용이 된 책은 밑줄 그어가며 기억할 만한 가치가 있는 책으로 여겨질 수 있다. 물론 그런 효과와 상관 없이도 인용 문구의 활용은 책 쓰는 사람에게는 매우 가치 있다. 어떠한 주장을 함에 있어 나의 생각만으로 담는다면, 한 두 페이지로 끝날 수 있지만 인용문을 삽입하면 인용문에 대한 저자의 생각까지 포함하여 열 페이지도 거뜬히 채울 수 있는 것이다. 이렇듯 인용문은 책을 쓰는 저자의 입장에서는 매우 중요하다.

사례

목차를 만들고 나서 해당 꼭지에 들어갈 사례를 찾아 모으고, 실제 글을 쓸 때 적절한 위치에 인용하자. 집필 순서에 따라 책의 전체 내용을 완성하는데 집중하자. 즉, 일단 초고를 완성하라는 것이다.

과제

번 호	
과목명	
제출자	
제출일	

1. 여러분이 만들려고 하는 책의 샘플 꼭지를 만들어보자. 완성한 샘플 꼭지는 잘 보이는 곳에 붙여두자. 샘플 꼭지를 붙여둔 모습을 사진으로 담아 아래 상자에 붙여보자.

샘플 꼭지 사진

일단 초고를 완성하고, 퇴고, 탈고의 수순을 밟자.

책을 쓰는데 있어서 초고를 완성하는 것으로 일단락이 되고, 그 이후 작업은 출판사의 역량에 따라 빠르게 진행된다고 생각할 수 있다. 다음 사례를 통해 초고 완성은 책 쓰기의 시작에 불과함을 알 수 있을 것이다. "남태평양 이야기"로 퓰리처 상을 받았던 제임스 미치너는 "소설"이라는 책에서 문학과 출판을 소재로 한 소설을 썼다. 이 소설의 이름이 "소설"이다. 소설가로 나오는 주인공은 자료 조사를 위해 많은 시간을 보내고 소설 쓰기에 착수한다. 초고(草稿, draft)를 완성하는데 긴 시간이 흘렀고, 출판사에 보내게 된다. 그런데, 출판사에서는 책의 내용에 대한 변경 사항을 줄줄이 요구해 왔다. 출판사의 요구 사항대로 내용을 변경하려면 초고 완성 시간보다 더 많은 시간이 걸릴지도 모른다. 실제 "소설"에 나오는 주인공의 경우도 그러했고, 피가 바짝바짝 마르는 시간을 보냈다. 이렇듯 원고를 수정하고 모자란 부분을 보완하는 과정을 퇴고라 한다. 퇴고의 과정을 마치고 나면 드디어 책 쓰기 작업이 끝나는 탈고(脫稿, Completion of Manuscripts)에 이르게 되고, 마침내 출판이 결정된다.

보통 저자들은 탈고 이후 몇 달간은 아무 일도 못할 정도로 지쳐 있는 상태가 될 것이다. 많은 사람들이 초고를 완성했으면 99% 끝났다고

여기는 경우가 많다. 그러나 실제로는 50%정도 완성했다고 보면 될 것 같다. 실제 글의 내용을 수정 보완하는데, 초고를 쓴 만큼의 시간을 보낼 각오를 해야 한다는 것이다. 아무리 유명한 작가여도 초고는 형편없는 경우가 많다고 한다. 그러니 퇴고는 완성도 높은 글을 쓰는 과정인 것이다. 실제 유명 작가들도 자신의 초고에 대해 형편없다고 자평하는 경우가 많다. 우리처럼 일반인은 오죽하겠는가. 그리고 실제 퇴고 작업은 다음과 같이 여러 번 반복될 가능성이 높다. 고쳤는데, 다시 보니 또 고칠 부분이 생길 수 있는 것이다.

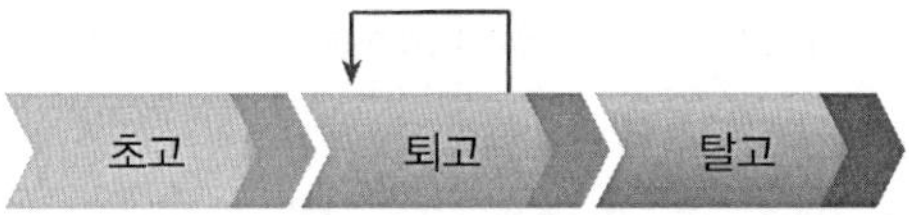

많은 저자들의 퇴고의 과정에서 롤러코스트를 타듯 내용에 큰 변화가 생기기도 한다. 간혹 열심히 집필해 온 내용이 현재 시점에서는 불필요해 보이는 경우가 있는 것이다. 이럴 때는 과감히 필요 없는 부분을 지우고, 다시금 쓰기 작업에 돌입할 필요가 있다. 물론 이런 결정을 하기가 매우 망설여질 것이다. 얼마나 어렵게 쓴 내용인데, 아까워서 지우지 못하겠다고 생각할 수 있다.

현명한 사람이라면 과거의 결정이 미래를 지배해서는 안되는 것이다. 한 권의 책으로 구성되는데 있어 불필요해 보이는 부분이 있다면, 과거 열심히 노력해서 쓴 글이라 할 지라도 과감히 버리자. 이 부분을 버리지 못하면, 나중에 한 권의 책으로 구성했을 때 내용의 연결 등에 있어서 이 부분 때문에 매끄럽지 못할 수 있다. 한번의 잘못된 결정 후

한 권의 책으로 출간되고 나면 다시 그 내용을 바꾸기는 어렵다. 이미 출판된 이 책의 내용은 가까운 미래에도 남아 매끄럽지 못한 덩어리 내용이 오점으로 존재할 것이다.

간혹 외장만 갖추면 될 것 같은데 짓다 말고 방치한 건물을 볼 수 있다. 그 동안 들인 어마어마한 비용을 날려 버릴 텐데 왜 그런 선택을 했을까. 현시점에서 비용을 더 들여도 그 돈마저 손해 보는 상태이기 때문일 것이다. 경제학에서는 이렇게 날려버린 가치를 매몰비용(sunk cost)라 한다. 매몰비용이 아까워 계속 진행한다면 더 큰 손해가 따르므로 아깝다 생각 말고 과감히 버릴 줄 알아야 한다. 책을 쓰고 있는 과정에도 이미 작성한 덩어리 내용이 전체의 흐름과 어울리지 못한다면 과감히 버리자. 혹은 나중에 다른 책을 쓸 때 이용할 수 있겠다 싶으면 별도의 파일로 모아 두는 것도 좋겠다.

정교한 퇴고의 과정을 거치면서 책은 내용면에서 더 이상 고칠 것이 없다고 판단되는 시점이 오게 된다. 이 과정을 거쳐 탈고를 하고, 출판사에 보내지고, 편집 디자인 작업이 완성된 후 보통 교정 작업을 하게 된다. 글의 내용 가운데 빠진 부분이 있다면 추가하고, 불필요한 부분이 있다면 삭제하는 등이 교정 작업이라 하겠다. 보통 책의 내용을 A4 용지로 인쇄 후 빨간펜으로 교정 부호를 써서 수정하는 작업이 진행된다. 다음은 대표적인 교정 부호이다.

교정 부호	의미
	수정 빠진 글자 보충 띄운다
	지운다(지운자리 위에 고쳐 쓴다)
	삭제
	붙인다
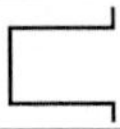	오른쪽으로 옮긴다
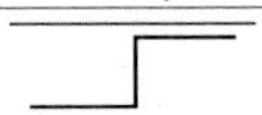	줄 바꾼다
	문장빠진 부분을 보충한다

이 외에도 많은 교정 부호들이 있으나 자주 사용하는 것 위주로 소개하였다. 다음은 인쇄한 글에 대해 교정 부호를 이용하여 글의 내용에 대한 수정 지시를 한 예이다.

> 인터브랜드(www.interbrand.com)의 2012년 조사한 최고의 글로벌 브랜드 순위를 보여주고 있다. 1위는 코카 콜라로수년간 1위를 고수하고 있다. 2위부터 10위까지 다음과 같다. 애플, IM, 구글, 마이크로소프트, GE, 맥도날드, 인텔, 삼성, 도요타, 우리나라 기업으로는 삼성이 진정 9위에 오르면서 부렌더를 가치가 높아졌다.

위의 교정 부호에 따라 고쳐보면 다음과 같다. 인터브랜드 앞의 교정 부호는 오른쪽으로 옮기라는 의미이므로 이를 반영했다. 코카콜라 사이의 교정부호는 띄어 쓴 것을 붙여 쓰라는 뜻이고, 수년간 앞의 교정 부호는 한 칸 띄어쓰기를 의미한다. 그리고 10위까지 다음에 나열하면이라는 글을 추가하고, 애플을 한 줄 내려서 표현한다. 그리고 IM의 중간에 B를 추가하여 IBM으로 교정한다. 진정이라는 글은 빼고, 부렌더를은 지우고 브랜드의로 바꾼다.

인터브랜드(www.interbrand.com)의 2012년 조사한 최고의 글로벌 브랜드 순위를 보여주고 있다. 1위는 코카콜라로 수년간 1위를 고수하고 있다. 2위부터 10위까지 나열하면 다음과 같다.
애플, IM, 구글, 마이크로소프트, GE, 맥도날드, 인텔, 삼성, 도요타, 우리나라 기업으로는 삼성이 9위에 오르면서 브랜드의 가치가 높아졌다.

전체 페이지에 대해 교정 기호를 이용한 교정 작업 결과물은 빨간 펜에 의한 교정 기호들로 가득할 것이다. 이렇게 만들어진 수정 사항은 다시금 출판사로 보낸다. 그러면 전문 편집 디자이너에 의해 교정 기호대로 수정하는 작업이 진행되곤 한다. 완성도 높은 책을 만들기 위해서는 이 정도의 수고는 감수해야 할 것이다. 출판사를 통하지 않고 개인이 전자책으로 출판하고자 하는 경우에도 스스로 이러한 책의 교정 작업을 진행해야 한다. 그래야 오탈자가 거의 없는 반듯한 결과물을 얻게 될 것이다.

과제

번 호	
과목명	
제출자	
제출일	

1. 다음 내용에 대해 교정 기호를 이용하여 고치시오.

20세기 중반 미국이나서유럽의 선진국들은 공장에서 많은 상품을 산했지만 팔리지 않아 큰 문제였다. 급기야 많은 기업들이 도산하였고 대공항 사태를 겪게 되었다. 경제학자 케인즈(John M. Keynes, 1883~1946)는 노동자의 고용이 안정되고 임금이 높으면 소비가 늘어 대공항의 위기를 극극복할 수 있다고 말했다. 선진국에서는 앞 다투어 케인스주의를 채택하였다. 안정적 고용과 고임금은 경제의 동력이라 여기던 시기를 지나, 1970년대 이후 선진국에서는 노동자들이 잘 살게 되었으나 경제가 침체되는 시기가 도래하였다. 고용의 안 정으로 소비가 늘어난다고는 하지만 한계가 있기 마련인 것이다. 기업의 입장에서는 이윤이 낮아지는 결과를 초래하게 된 것이다. 또한 세계화의 기류에 따라 한 나라의 경제는 그 나라 안으로 제한된 것이 아니라서 경제를 예측 할 수 있는 변수도 매우 많아지게 되었다. 이러한 경제상황은 신자유주의 체계로 넘 어가는 계기가 되었고, 세계적인 변수에 따라 경제의 상황도 변화가 심하고 예측이 힘들어지게 됨으로써 안정된 고용을 보장할 수 없는 형태로 변화되어 갔다.

이러한 선진국에 비해 한국의 경우 짧은 기간동안 케인스주의 경제체제를 지나 신자유주의의 영향권으로 넘어가게 되었다. 우리나라의 케인스주의 안징저 고용은 1980년대 말부터 1990년대 중반까지였고, 1997년 11월 외환위기를 통해 IMF의 구제금융을 받으면서 급격히 신자유주의의 영향권으로 넘어갔다. 결국 한국

절 취 선

국은 간의 케인스주의 시기를 보내면서 보편적인 사회 복지를 정립하기도 전에 신자유주의 체제로 넘어가면서 그 부작용은 사회 전체를 삐걱거리게 만들고 있다. 신자유주의를 받아들일 준비가 부족한 상태에서 비정규직이 늘어나는 상황으로 내몰리면서 있는데, 이것이 오늘날 한국에서 벌어지고 있는 이해할 수 없는 비정규직 차별 상황을 낳고 있다.

출간 의뢰하기

집필 작업 즉 초고 작성이 끝났다면, 일반적으로는 출판사에 출간 의뢰하는 작업으로 넘어간다. 출간 의뢰는 완성한 초고 파일과 출간 계획서를 약간 수정하여 의뢰서의 형태로 작성하여 이메일로 보내면 된다. 출간 계획서에서 집필 스케줄 항목 정도만 빼면 될 것이다. 이메일을 통해서 보내는 방법 이외에 직접 출판사로 가서 인쇄한 초고와 출간 의뢰서를 제시하는 경우도 있겠다. 다음은 이메일로 보낸 예이다.

다양한 출판사들이 존재하는데, 그 중 책의 분야와 관련된 출판사에 집필한 파일과 출간 의뢰서를 첨부하여 메일로 출간 의뢰 신청을 했다. 집필한 파일 전체를 보냈는데, 혹자는 그러다 아직 출간 전인 내용을 중간에서 도용하는 것 아니냐는 의견도 있다. 그러나 메일로 보내고, 읽은 증거가 남아있으니 오히려 안전을 보증하는 방법이라는 생각이 든다. 메일의 내용은 다음과 같이 간단히 작성하였다.

"최고출판사 담당자님 안녕하세요.

저는 동명대학교 김분희입니다.

공학인증 관련한 교과목인 발명과 특허 과목의 교재를 출간하고자 합니다.

저는 발명과 특허 과목을 매 학기 1~2분반 강의하고 있습니다.

한 학기에 학생 수는 40~100명 정도 됩니다.

첨부한 파일에 대해 출간 가능한지 검토하신 후 빠른 답변 부탁 드립니다.

핸드폰은 받지 않는 경우가 많으니 이메일로 답변해주셨으면 합니다."

위와 같은 메일 내용과 첨부한 초고 파일, 출간 계획서를 확인한 출판사 측에서 다음과 같은 답변이 왔다.

" 메일로 처음 뵙겠습니다.

최고출판사 기획팀 팀장 홍길동이라고 합니다.

우선, 저희에게 귀한 원고를 보내 주셔서 감사합니다.

원고를 주셨기에, 콘텐츠를 검토할 수 있는 시간이 필요합니다. 내일부터 시작한다면, 출간 가능 여부는 1주일 후인 7월 4일까지 알려드릴 수 있습니다. 바로 가능 여부를 말씀드리지 못하는 이유는, 교수님께서 만든 콘텐츠에 어떤 장점이 있는지, 혹 어떤 부분이 약한지를, 즉 독자가 원하는 책으로 구현할 수 있을지를 판단하는 시간이 필요하기 때문입니다."

메일로 출판 의뢰를 하였고, 그 답변을 주는데 1주일 정도의 검토 시간이 필요하다는 내용이었다. 이러한 검토 시간은 일반적인 관점으로 보면 매우 짧은 편이다. 보통은 1개월 정도의 시간이 소요되곤 한다. 1주일 만에 답변을 받은 것은 아마도 다음 학기 수업에 사용 할 교재로써 출판 하려다 보니 출판사의 배려가 있었던 듯하다. 출간 검토 기간이 끝나고 다음과 같은 의견을 보내왔다.

"교수님의 원고를 살펴본 결과, 특허에 관한 기본 내용 및 법령에서부터 실제 특허 취득을 위한 방법론까지 제시하는 과정이 흥미롭긴 합니다. 다만, 다음과 같은 사항에 대한 수정이 필요한 것으로 보입니다.

1. 컨텐츠 구성

발명과 특허라는 제목으로 원고를 작성하셨기에 발명과 특허를 적당한 비율로 나누어 구성해야 할 것 같습니다. 주로 특허에 대한 내용으로 진행되어 발명에 대한 문제 인식과 발명 창출 방법에 대한 장이 별도로 구성되어야 할 것으로 보입니다.
그리고, 문단/글줄이 꽤 깁니다. 구조적/시각화할 필요가 있으며 현재는 내용의 종속 구조가 잘 보이지 않으니 제목 체계/관련 내용의 종속 체계 정리가 필요합니다.
특허 명세서에 대해 중간 중간 예가 나오는데 예시로 든 내용들이 흐름에 따라 체계적으로 나오면 좋겠다는 생각이 듭니다.

2. 시장 사이즈를 확대하기 위한 컨텐츠 재구성 필요
본 주제의 시장 규모는 교수님께서도 아시다시피 공학인증에서 채택하여 개설되는 과목은 많지 않습니다. 전체 교양에서 개설되는 발명, 특허 관련 과목까지 아우를 수 없다면 크게 시장 수요는 없을 것으로 판단합니다. 경쟁력을 갖추기 위해서는 1번에서 언급한 집필 목적을 분명히 하고 그에 따라 컨텐츠를 재구성해야 합니다.
발명(50%) → 특허 / 출원(30%) → 공학 윤리(20%) 순으로 컨텐츠를 추가하고 재구성한다면 훨씬 더 교수님의 책을 다른 학교에서 채택할 가능성(시장 사이즈 확대)이 높아지리라 생각합니다."

이러한 의견에 따라 실제로 발명 부분을 별도의 장으로 만드는 작업을 추가했다. 아이디어를 만들어 내는 방법 등에 대해 별도로 구성하였고, 긴 문장을 짧고 명확하게 수정하였다. 시장 사이즈를 고려한 내용 확대는 출판사의 입장에는 부합하나 과목에 부합하는 교재로써는 적당하지 않아서 고려하지 않았다. 그 외엔 대체로 출판사의 조언에 따라 수정하였다. 이러한 의견에 따라 교정하는 작업을 거치면서 책으로써의 틀이 잡혔고, 결국 "발명 특허 지식재산권"이라는 제목으로 2013년 출간하게 되었다. 이렇듯 전문가들의 의견을 반영하면 그 전의 내용에 비해 훨씬 구조화되고 읽기 수월한 책을 만들 수 있는 것 같다. 따라서 전문 출판사의 의견을 묻는 과정은 중요한 일정이라 여겨진다.

전자책을 작성하고, 개인 출판을 하는 경우는 이러한 출판사 의견을 받는 과정이 필요 없다. 그러나 내가 작성한 글의 수준을 높이기 위해서는 전문가의 검토 과정이 필요하다. 이러한 의뢰 과정에서 실제 출판사에서 종이책으로 출판하자는 답이 올 수도 있다. 그러한 행운이 따른다면, 이러한 의뢰는 굳이 전자책이 아닌 종이책으로 출간하는 기회를 얻을 수도 있는 일석이조의 과정이라 하겠다. 출판사에 의뢰하는 단계를 생략하고 싶다면, 주변 지인이게 검수를 받는 것도 좋다. 아무래도 책을 쓴 사람의 눈으로는 보이지 않는 면이 보일 수 있고, 다양한 의견을 모아 내 책의 완성도를 높이는데 반영한다면 훨씬 완성도 높은 책을 쓸 수 있는 것이다.

제7장

책 쓰기 노하우

-EPUB 이해하기-

EPUB의 핵심 HTML

HTML 기본 구조(문서의 골격이 되는 태그)

실전 HTML 문서 만들기

자주 사용하는 HTML 태그 알아두자

색상 표현 방식

특수 문자 입력하기

글꼴 꾸미기(FONT 태그)

물리적인 글꼴 꾸미기

학습 목표

- EPUB의 핵심인 HTML의 기본 문법에 대해 이해한다.
- 색상 표현 방식을 이해하고 적용할 수 있다.
- 특수 문자 입력을 실행할 수 있다.
- 글꼴 꾸미기 기능을 이해한다

지금까지는 집필 과정에 대한 내용이었다. 초고를 완성하고 퇴고 과정을 거쳐 탈고하였다면, 즉, 집필 과정을 완료했다면 이제는 그 내용을 가지고 전자책 만드는 과정으로 넘어가야 한다. 일반적으로 종이책이나 전자책을 제작하려면 특수한 프로그램이 필요하다. 종이책의 경우 Indesign, Quark Express, Page Maker와 같은 프로그램을 많이 이용한다. 전자책의 경우도 마찬가지로 이러한 프로그램을 이용하여 만들 수 있다. 그런데 이와 같은 프로그램은 구입 금액이 만만치 않다. 이러한 부담 때문에 전자책 만들기를 포기할 생각이라면 무료로 다운받아 쓰는 시길(SIGIL), 유페이퍼와 같은 프로그램을 이용할 수 있다. 인터넷을 찾아보면 의외로 무료 EPUB 제작 프로그램이 많이 있다.

- **종이책**
  - Indesign, Quark Express, Page Maker 등으로 편집
- **전자책**
  - Indesign, Quark Express, Page Maker
  - EPUB 제작 프로그램
  - 시길(SIGIL)
  - 유페이퍼

집필 과정을 마친 책의 원본 파일은 보통 아래한글이나 워드와 같은 워드프로세서를 이용하여 만들었을 것이다. 이 원본 파일을 전자책으로 만들려면 EPUB 형식으로 변환해야 한다. 이때 EPUB 파일로 쉽게 만들어주는 프로그램을 활용하면 된다. 이 장에서는 이러한 프로그램을 이용하기 이전에 EPUB의 실제 구성 형태를 파악하고자 한다. 쉬운 툴을 활용하더라도 전자책 제작의 원리인 EPUB에 대해 알아둘 필요가 있는 것이다. 7장에서 9장까지의 내용은 모두 이러한 EPUB 파일을 구성하는 기술들에 대한 사용법 즉 문법에 대해 살펴보고자 한다. 그런데 7장에서 9장의 내용이 어렵게 여겨진다면, 바로 10장으로 넘어가도 좋다. 전자책을 만드는데 있어서는 어렵게 EPUB 파일을 구성하는 기술들을 일일이 알아야만 하는 것은 아니다. 앞서 말했듯이 전자책을 쉽게 만들어주는 툴이 있으니 이를 이용해서 전자책을 만들 수 있는 것이다. 그러나 EPUB 파일을 구성하는 기술에 대한 이해를 바탕으로 전자책을 만든다면, 전자책 제작 전문가로 인정받을 수 있을 것이다. 전자책 제작에 있어서 국제 표준이라 할 EPUB에 대해 이해한다면, 시중

의 EPUB 제작 프로그램 사용은 그리 어렵지 않다.

7장에서 9장까지는 EPUB을 구성하는 기술에 대한 문법 사항을 다루고 있다. 우선 이 장에서는 EPUB의 기본 구성인 HTML에 대해서 기초적인 내용 위주로 살펴보겠다. HTML에 대해 이해하는 사람은 EPUB에 대해 80% 정도는 알고 있다고 해도 과언이 아닐 만큼 핵심 기술이다.

EPUB의 핵심 HTML

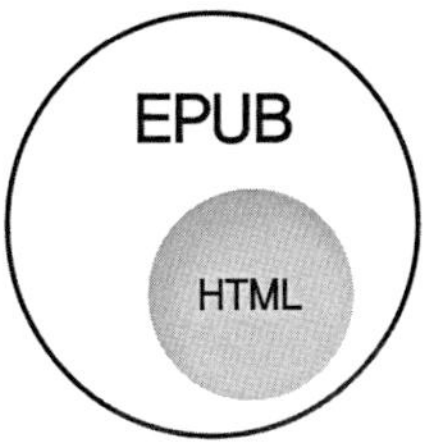

HTML은 Hyper Text Markup Language의 약자이다. Hyper Text는 Hypertext로 연이어 쓸 수도 있고 하이퍼텍스트라 부른다. 여기서 text는 단순히 글자를 의미하는데 반해 hypertext는 글자에 링크 등의 개념이 포함된 단어이다. 웹 사이트에서 어떤 글씨나 그림을 클릭했을 때 다른 웹 사이트로 넘어가는 경우가 있는데, 이것을 링크(link)라 한다. Markup은 마크업이라 읽는데, 여성들이 화장할 때 메이크업이라고 하는 단어와 유사한 뜻으로 쓰인다고 생각하면 된다. 즉, 여성이 자신의 얼굴에 메이크업 함으로써 예뻐지듯이, 하이퍼텍스트의 색상 등을 달리해서 꾸미는 것을 마크업이라 생각하면 된다. 이러한 하이퍼텍스트를 마크업하는데 필요한 언어가 HTML이라 할 수 있다. 우리가 자주 이용하는 웹 사이트들은 보통 이러한 HTML 언어를 기반으로 제작되었다.

HTML은 인터넷 웹 페이지를 구성하는 기본 파일 형식이다. 웹 페이지를 볼 때 마이크로 소프트의 Internet Explorer나 구글의 Chrome과 같은 다양한 웹 브라우저를 이용한다. HTML은 다양한 웹 브라우저와 호환성이 좋아서 웹 페이지 구현 언어로 널리 이용되는 범용성의 특성을 가졌다. HTML은 이러한 호환성과 범용성의 특성으로 인해 전자책의 기본 형식인 EPUB 문법에서도 핵심 기술로써 적용되고 있다.

HTML언어는 수많은 태그(tag)로 구성되어 있다. 일반적으로 "price tag"라 하면 가격표를 의미한다. 옷을 구매해 보면 가격표 이외에도 메이커를 표시하는 "name tag"인 이름표 등이 붙어 있다. 이러한 태그는 옷에 대한 정보를 부가적으로 표시해 주는 역할을 한다.

컴퓨터 용어로써의 태그는 정보의 처음과 끝을 나타내는 부호를 의미한다. 어떠한 정보에 대해서 처음과 끝에 태그를 붙이는 것이다. 이 태그에 포함된 내용에 따라 원래의 정보에 대한 부가정보를 제공 할 수 있다. HTML에서 태그는 이 두 가지의 의미를 모두 포함하고 있다. 즉, 태그는 정보의 처음과 끝을 나타내는 부호이다. 그리고 태그는 원래 정보에 대한 부가 정보를 제공한다. HTML을 공부한다고 하면 태그의 사용법을 배운다라는 의미로 해석할 수 있다. 이러한 태그는 다양한 이름이 있고, 각 이름마다 다른 기능이 부여되어 있다. 그리고 태그의 이름은 〈 와 〉 사이에 위치해 있다. CENTER라는 태그는 해당 정보에 대해 중앙으로 정렬의 기능을 수행한다. 예를 들어, 다음과 같이 가화만사성이라는 정보를 문서의 중앙으로 정렬하고자 한다면, 해당 정보의 앞 뒤에 중앙 정렬과 관련된 태그를 작성하면 된다.

〈CENTER〉가화만사성〈/CENTER〉

CENTER 태그는 해당 기능이 끝나는 지점에 동일한 이름의 태그를 사용하곤 한다. 해당 태그의 끝을 의미하기 위해 동일한 이름을 사용하지만, 그 이름 앞에 슬래시(/) 표시를 해줌으로써 구분한다.

태그에 대해 더 살펴보자. 앞서 본 "price tag"와 같이 옷에 붙어있는 가격표에는 가격만 표시되어 있는 것은 아니다. 옷을 세탁하는데 있어서 유의점, 옷감의 종류, 제조연월일 등의 속성이 표기되어 있다. 마찬가지로 HTML 태그에서도 그 내부에 원하는 속성을 입력 할 수 있다.

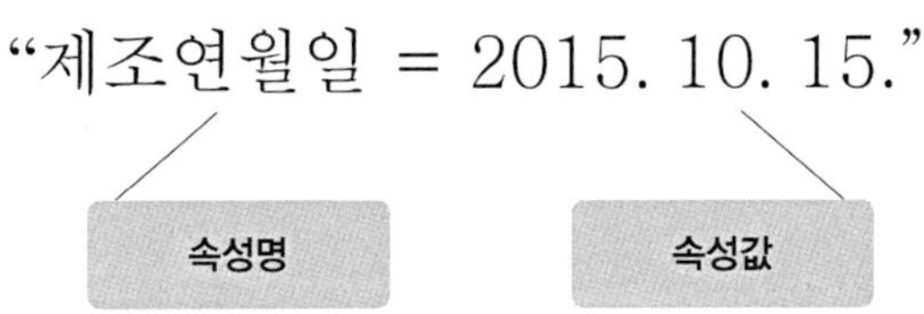

제조연월일과 같은 속성명은 문법상 정해져 있다. 속성값은 속성명에 입력 할 수 있는 형태의 값이면 된다. 즉, "속성명=속성값"의 형태로 표기한다.

예를 들어, HTML 태그 가운데 BODY 태그를 이용해 속성명 입력 방법을 알아보자.

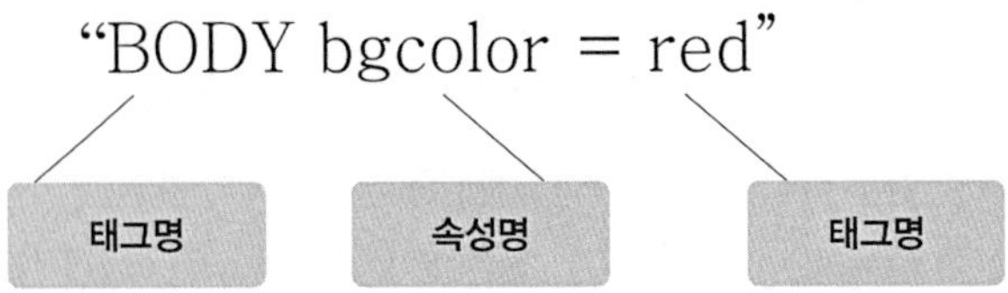

BODY 태그 내에 포함된 속성을 표현하기 위해서는 BODY라는 태그명 다음에 한칸 띄우고 속성명을 입력한다. 여기서는 문서의 배경 색상인 background color를 뜻하는 속성명 bgcolor를 사용했고, 그 값으로 빨강색을 의미하는 red를 입력했다. 즉, 배경 색상을 빨강색으로 하겠다는 의미이다. bgcolor라는 속성명은 HTML 문법 상에 정해져 있다. 이 bgcolor 속성의 값은 필요에 따라 바꿀 수 있다. red, blue, yellow 등의 색상명 가운데 배경 색상으로 적합하다고 생각되는 값을 입력하면 되는 것이다.

HTML 기본 구조 (문서의 골격이 되는 태그)

HTML 기반의 문서가 되려면 기본 골격이 되는 태그들을 갖추어야 한다. 이 문서가 HTML 문서임을 표현하는 HTML 태그가 있다. HTML 문서의 시작과 끝에 HTML의 시작 태그와 끝 태그를 입력한다. 그리고 HEAD 태그가 있다. HEAD는 영어로 머리를 뜻하듯 HTML 문서의 머리 부분을 의미한다. BODY 태그는 영어로 몸을 뜻하듯 HTML 문서의 주된 내용이 표기되는 몸체 부분을 의미한다. 사람들이 눈으로 웹 문서를 보는 부분에 있어서 표현되는 글, 그림, 링크 등은 대부분 BODY 태그 내부에 표현한 것이다. HEAD 태그는 직접적으로 사람들이 보는 웹 문서의 내용과는 연관이 없다. 그러나 중요한 역할을 하고 있다. 예를 들어 TITLE 태그를 HEAD 태그 내에 포함할 수 있는데, 해당 웹 페이지를 대표할 수 있는 제목을 작성한다. HEAD 태그에는 STYLE 태그를 포함할 수 있다. STYLE 태그는 문서의 스타일을 결정한다. 사실 문서의 스타일은 일반 태그 내에서도 직접적으로 정의할 수 있다. 그러나 HEAD 태그 내에 입력하는 STYLE 태그를 이용하면, 문서 전체 스타일에 일관성 있게 영향을 줄 수 있다. 이러한 STYLE 태그에 대한 구체적인 문법은 CSS(Cascading Style Sheet)를 다루는 다음 장에서 다룬다.

```
<html>
        <head>
        <title></title>
        <style></style>
        </head>
<body>
</body>
</html>
```

예제로 보여주고 있는 HTML 코드에서 태그 명은 소문자로 표현하고 있다. 그러나 이러한 HTML 코드를 설명하고 있는 글에서는 대문자로 표기하고 있다. 즉, 태그 명에 대해서 하나는 소문자로 썼고, 하나는 대문자로 썼다. 이와 같은 사실을 발견한 사람들은 눈썰미가 좋을 듯하다. 각설하고, 이러한 사실로 미루어 짐작해보면 HTML을 구성하는 태그는 대소문자의 구분이 없이 작성해도 된다는 것이다. HTML은 대소문자 구분이 없으니 본인의 스타일에 따라 선택적으로 사용하면 된다. 그러므로 다음과 같이 대문자로만 태그를 작성하여도 되고, 대문자와 소문자를 혼용하여 작성하여도 좋다.

대문자로 작성한 태그	대문자, 소문자 혼용하여 작성한 태그
<HTML> <HEAD> </HEAD> <BODY> </BODY> </HTML>	<html> <HEAD> </HEAD> <body> </body> </html>

위에서 살펴본, HTML, HEAD, BODY 태그를 골격이 되는 태그라 한다. 즉, HTML 문서에서 기본으로 꼭 갖춰야 할 태그인 것이다. 따라서 HTML 문서를 작성한다면 이 태그들은 먼저 입력해 놓고, 세부적인 사항에 대해 계획하면 되는 것이다. 이러한 골격이 되는 태그는 사실 생략되기도 한다. 게시판과 같이 사람들에 의해 게시물의 수가 계속 변하는 형태에서 요구되어 지원되고 있다. 기술의 발전에 따라 편의성이 요구되고, 이러한 요구에 부합된 형태로 발전되기 마련인 것이다. 그러면 이러한 시점에서 골격이 되는 태그가 필요 없어진 것이라고 생각할 수도 있다. 그러나 그건 아니다. 코드 작성의 편의를 위해 임시방편으로 생략 가능하다는 것일 뿐이다. 골격이 되는 태그는 그 역할이 많기 때문에 기본적으로는 생략하지 않는 습관을 들여야 한다.

```
<html>
    <head>
        <title></title>
        <style></style>
    </head>
    <body>
    </body>
</html>
```

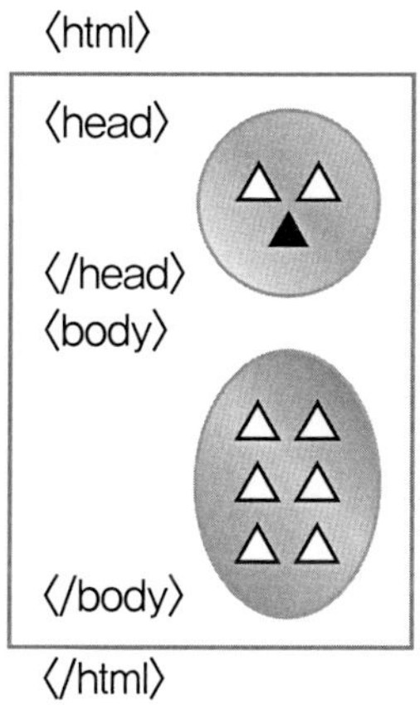

BODY 태그 내에 문서를 꾸미기 위한 다양한 태그를 활용 할 수 있다. 그런데 꾸미고자 하는 내용에 대해 여러 가지 기능의 태그를 적용

하고자 할 경우가 있다. 앞서 봤던 예에서 처럼 가화만사성이라는 내용을 중간 정렬하기 위해 CENTER 태그를 이용했다. 그런데, 이 가화만사성이라는 내용에 밑줄이 그어지는 기능이 더해졌으면 좋겠다. 그렇다면 처음에는 다음과 같이 가화만사성 앞 뒤에 CENTER 태그의 시작태그, 끝 태그를 입력할 것이다.

```
〈CENTER〉
가화만사성
〈/CENTER〉
```

이 상태에서 밑줄이 그어지는 기능인 U 태그를 더한다. 그러면 다음과 같은 코드가 작성될 수 있다.

```
〈CENTER〉
〈U〉
	가화만사성
〈/U〉
〈/CENTER〉
```

혹은 다음과 같은 코드로 작성될 수 있다.

```
〈U〉
〈CENTER〉
	가화만사성
```

```
〈/CENTER〉
〈/U〉
```

그러나 다음과 같은 형태의 코드는 HTML 문법 상 틀린 표현이다.

```
〈CENTER〉
〈U〉
        가화만사성
〈/CENTER〉
〈/U〉
```

혹은 다음과 같은 코드로 작성된 형태도 HTML 문법 상 틀린 표현이다

```
〈U〉
〈CENTER〉
        가화만사성
〈/U〉
〈/CENTER〉
```

즉, 보석을 넣은 작은 상자에 뚜껑을 닫고, 조금 더 큰 상자에 넣어 다시 뚜껑을 닫고, 제일 큰 상자에 다시 넣어 뚜껑을 닫은 것 처럼, HTML 태그에 있어서도 복합적으로 사용할 때는 시작 태그와 끝 태그의 위치를 잘 정해야 한다.

〈CENTER〉
  〈U〉
    〈가화만사성〉
  〈/U〉
〈/CENTER〉

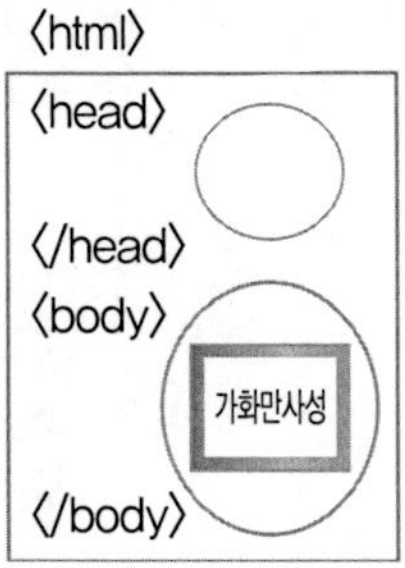

즉, 다음과 같은 형태는 옳지 않은 표현 방법이다.

〈CENTER〉
  〈U〉
    〈가화만사성〉
〈/CENTER〉
〈/U〉

〈U〉
〈CENTER〉
  〈가화만사성〉
〈/U〉
〈/CENTER〉

다음은 태그의 사용 규칙으로 익혀두면 위와 같은 실수는 범하지 않을 것이다.

태그 사용 규칙

- 〈태그명〉〈/태그명〉과 같이 여는 태그와 닫는 태그가 쌍으로 사용된다.
  - 닫을 때는 태그명으로만 닫는다.
- 태그명과 속성명, 속성명과 속성명 사이는 한 칸씩 띄운다. 그 외 공백을 두어서는 안 된다.
  - 속성명과 값은 = 부호를 사용하여 표시한다.
  - 값이 두 단어 이상일 경우는 “” 로 묶어서 표시한다.
- 속성이 있는 태그가 있고 없는 태그가 있다.
  - 속성을 반드시 하나 이상 사용해야 하는 태그도 있고 생략해도 되는 태그가 있다.
  - 여는 태그만 독립적으로 존재하는 태그도 있다.
- 태그를 중첩해서 사용할 경우 먼저 열어준 태그를 나중에 닫아준다.

실전 HTML 문서 만들기

HTML 문서를 작성한 후 실행해서, 원하는 형태로 만들어졌는지 확인할 필요가 있다. 그러기 위해서 다음과 같은 순서로 HTML 문서를 만들고 실행해 보자. 먼저 전체 입력 내용을 숙지하여, 메모장 프로그램에 동일하게 작성한다. 메모장 프로그램은 일반적인 컴퓨터에는 기본으로 설치되어 있다.

```
<HTML>
<HEAD>
</HEAD>

<BODY>

<CENTER>
  <U>
     가화만사성
  </U>
</CENTER>

</BODY>
</HTML>
```

전체 입력 내용 원본

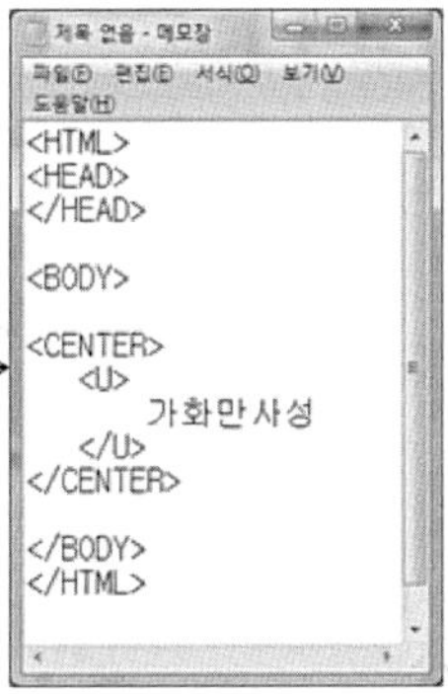

1. 메모장에 똑같이 입력

메모장을 이용한 문서 작성이 끝났으면 저장하자. 저장할 때 파일 형식을 "모든 파일(*.*)"으로 변경하고 시작하자. 파일 이름은 one.html로 하고 "저장" 버튼을 클릭하자. One이라는 파일 이름은 원하는 다른 이름으로 정해도 된다. 그러나 파일의 확장자는 html로 고정해야 한다. 따라서 파일 이름을 first로 저장하고자 하는 사람도 확장자는 html로 고정해서 first.html로 하자. 이러한 과정을 거쳐 저장된 파일을 마우스로 더블클릭하여(double click) 실행하자. 이 파일을 실행했을 때 웹 브라우저가 자동으로 실행된다. 실행 결과는 다음과 같이 문서의 내용인 “가화만사성” 에 밑줄이 그어져 있고, 중앙에 정렬된 모습일 것이다.

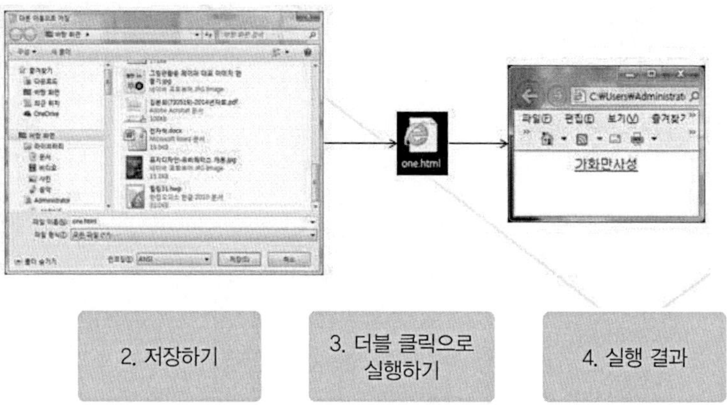

자주 사용하는 HTML 태그 알아두자.

수많은 HTML 태그 가운데 자주 사용하는 태그에 대해 정리해보자. 물론 자주 사용하는 태그가 사람에 따라 다르겠지만, 보편적으로 즐겨 사용하는 태그로 CENTER, U, B, P, BR 등이 있다. CENTER는 앞서 살펴 보았듯 내용을 중간 정렬하는 기능이다. U 또한 앞서 살펴보았는데, Underline의 약자로 내용에 밑줄을 그어주는 역할을 한다. B는 Bold의 약자로 글씨를 두껍게 만들어준다. P는 Paragraph의 약자로 문단을 변경해주는 역할을 한다. 문단(paragraph)은 문장을 크게 나눈 단락을 의미하는데, 행이 바뀌게 되는 특징이 있다. BR은 line break의 약자로 P와 마찬가지로 줄 바꿈 기능을 수행한다. P와 BR은 모두 줄 바꿈의 기능이 수행되지만, 사용해 보면 약간의 차이가 있다. 그리고 일반적인 태그는 시작 태그와 끝 태그가 한 쌍으로 있는 반면 P와 BR의 경우 줄 바꿈 할 바로 그 위치에 시작 태그만 입력하면 된다.

```
〈CENTER〉 〈/CENTER〉
〈U〉 〈/U〉
〈B〉 〈/B〉
〈P〉
〈BR〉
```

과제

번 호	
과목명	
제출자	
제출일	

1. 다음의 원본 내용에 대해서 자주 사용하는 태그로 꾸며보시오.

   1.1 원본 내용은 다음과 같다.

> 공변자무발전(恐變者無發展)은 변화를 두려워하는 자 발전이 없다는 뜻이다. 우리는 하루가 다르게 새로운 기술이 나오는 시기에 살고 있다. 전자책 또한 현재의 시점으로 보자면 대중의 입장에서는 새로운 기술이겠다. 대한민국 사람들은 새로운 기술의 변화에 빠르게 적응하는 것으로 유명하다. 사실 지금까지 어렵게 배워 익힌 기술은 계속해서 이용하고 싶을 것이다. 물론 이미 익힌 기술이 무용지물이 되지는 않겠지만 새로운 변화를 받아들여야 살아남을 수 있는 것이 현실이다. 이왕이면 남들보다 앞서 받아들인다면 금상첨화겠다. 예전에 코닥(kodak)은 카메라 필름과 관련되어 매우 강한 회사였다. 그러나 디지털 카메라의 등장과 더불어 사람들의 선택에 많은 변화가 있는 시기가 도래했고, 이러한 변화를 감지하여 빠르게 수용하고 시대흐름에 맞는 새로운 사업으로의 전환이 필요했던 시기를 코닥은 놓치고 말았다. 최근에 코닥이 예전의 명성을 찾기 위해 노력을 하고 있다는 뉴스를 접하게 되었는데, 좀더 빨리 변화되었다면 어땠을까 라는 생각이 들었다. 저자가 되고자 하는 꿈을 목표로 정했다면, 지금

절 취 선

까지 해본적 없는 전자책 만들기라는 새로운 과제에 대해 두려울 수 있다. 이러한 두려움이 앞선다면 이렇게 말하고 싶다. 공변자무발전.

1.2 위의 원본 문서에 대해, 자주 사용하는 태그 (CENTER, U, B, P,BR)를 활용하여 자유롭게HTML 문서 만드시오.

1.3 위의 원본 문서에 대해 P와 BR 태그를 적용해 보고 차이를 파악하라.(힌트. P와 BR 각각에 대해 한번만 적용한 경우, 여러 번 적용한 경우를 모두 확인해보면 그 차이를 파악할 수 있다.)

앞의 과제에서 1.2 번의 답은 다음과 유사 할 것이다. 다음과 똑같이 만들 필요는 없고, 자유롭게 작성하면 되겠다.

```
〈HTML〉
〈HEAD〉
〈/HEAD〉
〈BODY〉
〈CENTER〉공변자무발전(恐變者無發展) 〈/CENTER〉〈P〉
공변자무발전(恐變者無發展)은 변화를 두려워하는 자 발전이 없다는 뜻이다.〈P〉〈P〉〈P〉
우리는 하루가 다르게 새로운 기술이 나오는 시기에 살고 있다.
〈BR〉〈BR〉〈BR〉〈BR〉〈BR〉〈BR〉
전자책 또한 현재의 시점으로 보자면 대중의 입장에서는 새로운 기술이겠다.
〈P〉
대한민국 사람들은 새로운 기술의 변화에 빠르게 적응하는 것으로 유명하다.
〈BR〉
사실 지금까지 어렵게 배워 익힌 기술은 계속해서 이용하고 싶을 것이다. 〈BR〉
물론 이미 익힌 기술이 무용지물이 되지는 않겠지만 새로운 변화를 받아들여야 살아남을 수 있는 것이 현실이다. 〈BR〉
이왕이면 남들보다 앞서 받아들인다면 금상첨화겠다. 〈BR〉
예전에 코닥(kodak)은 카메라 필름과 관련되어 매우 강한 회사였다. 〈BR〉
그러나 디지털 카메라의 등장과 더불어 사람들의 선택에 많은 변화가 있는 시기가 도래했고, 이러한 변화를 감지하여 빠르게 수용하고 시대흐름에 맞는 새로운 사업으로의 전환이 필요했던 시기를 코닥은 놓치고 말았다. 〈BR〉
최근에 코닥이 예전의 명성을 찾기 위해 노력을 하고 있다는 뉴스를 접하게 되었는데, 좀더 빨리 변화되었다면 어땠을까 라는 생각이 들었다. 〈BR〉
저자가 되고자 하는 꿈을 목표로 정했다면, 지금까지 해본적 없는 전자책 만들기라는 새로운 과제에 대해 두려울 수 있다. 〈BR〉
이러한 두려움이 앞선다면 이렇게 말하고 싶다. 〈P〉〈BR〉
```

```
<U>공변자무발전.</U>
</BODY>
</HTML>
```

그리고 1.3의 답은 다음과 유사할 것이다. 1.2의 답안에서처럼 P와 BR을 문장의 끝에 적절히 작성해 본다.

> P는 여러 번 입력해도 한번 입력한 것과 같았다. 즉, 문단 변경을 위해 줄 바꿈을 수행하는 기능인 것이다. 그러나 BR의 경우 그 자체가 줄 바꿈의 의미이다. 따라서 BR를 여러 번 입력하면 입력한 만큼 줄 바꿈 기능이 수행되는 것이다. 즉, 키보드의 엔터키를 여러 번 누르는 것과 같은 효과를 볼 수 있는 것이다.

1.3의 답안을 작성하기 위해 다음과 같이 문장의 끝에 P를 여러 번 작성한 경우 BR을 여러 번 작성한 경우를 테스트 한다.

```
공변자무발전(恐變者無發展)은 변화를 두려워하는 자 발전이 없다는 뜻이
다.<P><P><P>
우리는 하루가 다르게 새로운 기술이 나오는 시기에 살고 있다.
<BR><BR><BR><BR><BR><BR>
```

그리고 다음과 같이 P와 BR를 한번 씩 적용한 경우를 테스트 한다.

> 전자책 또한 현재의 시점으로 보자면 대중의 입장에서는 새로운 기술이겠다.
> 〈P〉
> 대한민국 사람들은 새로운 기술의 변화에 빠르게 적응하는 것으로 유명하다.
> 〈BR〉

이렇게 테스트 한 결과로 P는 여러 번 입력해도 한번 입력한 것과 같고, BR은 그 자체가 줄 바꿈의 의미로 BR를 여러 번 입력하면 입력한 만큼 줄 바꿈 기능이 수행된다는 사실을 파악할 수 있다. ,

지금까지는 자주 사용하는 HTML에 대해 살펴봤다. 이러한 태그 이외에도 색상에 대한 표현은 기본적으로 알아야 한다. 글자 색을 빨강으로 바꿔서 강조하고 싶을 때, 표의 제목 부분의 바탕 색을 달리 표현하고 싶을 때처럼 수요가 많은 항목이므로 HTML에서 색상 표현 방법은 기본적으로 알아야 한다.

색상 표현 방식

HTML에서 색상을 표현하는 방법은 영어 표현의 색상명을 이용하는 것이다. 예를 들면 검정색을 쓰고 싶다면 black라는 영어 단어를 쓰는 것이다. 마찬가지로 빨강색을 사용하려면 red라는 영어 단어를 쓰면 될 것이다. 그런데 영어 색상명을 몰라도 색상 표현이 가능하다. 16진수 RGB값을 이용하는 것이다. 우리가 보통 쓰는 숫자는 10진수 표기법이다. 즉 0~9라는 10가지 값의 조합으로 수를 표현하는 것이다. 16진수는 0~9까지 10개의 수와 A, B, C, D, E, F 영문자 6개를 더 이용한다. 즉 16진수는 0~F까지의 값의 조합으로 수를 표현하는 것이다. 컴퓨터에서는 색을 표현할 때 RGB값을 혼합하여 표현한다. R은 RED, G는 GREEN, B는 BLUE의 약자이다.

- **HTML 문서에서 색상 표현 방식**
  - 영문의 색상명
  - 16진수 RGB 값
  - 16진수 RGB 값
- **R(red) 2자리**
  - G(green) 2자리
  - B(blue) 2자리

16진수로 RGB 각각 2자리 수로 표현한다. R을 2자리의 16진수 값을 임의로 부여해 보면 12, G는 5F, B는 99의 형태로 부여 할 수 있는 것이다. 이 값을 한 뭉치로 나열하고, 맨앞에 # 기호를 붙이면 16 진수 RGB값 표현이 완성된다. 좀 전의 예로 보자면 #125F99가 된다.

제일 큰 수로 표현해 보면 #FFFFFF이 되겠는데, 흰색이다. 제일 작은 수로 표현해 보면 #000000인데, 검정이다. 또 R부분의 값만 최대값으로 하고 나머지는 최소값으로 표현하면 #FF0000인데, 빨강색이다. G

를 최대값으로 나머지는 최소값으로 표현하면 #00FF00인데, 초록색이다. 마찬가지로 B를 최대값으로 나머지는 최소값으로 하면 #0000FF인데, 파랑색이다.

다음은 HTML에서 사용되는 주요 색상명과 그에 부합하는 16진수 RGB 값이다.

색상명	16진수 RGB값
• white	• #FFFFFF
• black	• #000000
• gray	• #808080
• red	• #FF0000
• green	• #008000
• blue	• #0000FF
• yellow	• #FFFF00
• purple	• #800080

BODY 태그에는 속성명으로 bgcolor가 있는데, background color 즉 배경 색상을 의미하며 속성값으로 색상명이나 16진수 RGB 값을 입력할 수 있다.

색상명을 적용한 예

```
<HTML>
<HEAD>
</HEAD>

<BODY bgcolor=blue>

</BODY>
</HTML>
```

16진수 RGB값을 적용한 예

```
<HTML>
<HEAD>
</HEAD>

<BODY bgcolor=#FF0000>

</BODY>
</HTML>
```

특수 문자 입력하기

HTML에서 특수문자를 사용할 때는 문자 코드를 이용한다. 문자 코드는 &와 ; 사이에 해당 특수문자에 부합하는 코드를 입력하면 된다.

&　　　　;

©
™
&hbsp;

예를 들어 © 를 입력하면 copyright 즉 저작권을 의미하는 특수 문자가 입력된다. ™ 를 입력하면 trademark 즉 상표를 표시하는 특수문자가 입력된다. 그리고 매우 자주 사용할 특수 문자로 줄 바꿈 없는 공백 문자는   이다. nbsp는 No-Break Space의 약자로써 줄 바꿈 없는 공백을 의미한다. 즉 키보드의 스페이스 바를 한번 눌렀을 때 생기는 공백을 의미한다 하겠다. HTML의 경우 여러 개의 스페이스 바로 넓은 공백을 표시하고 싶어도 하나의 스페이스 바로 인식된다. 따라서 넓은 공백을 표시하려면 공백을 의미하는 특수 문자를 이용해야 한다. 그래서   는 매우 자주 사용되는 특수문자이다.

다음은 특수문자를 입력한 HTML 코드 예이다.

```
〈HTML〉
〈HEAD〉 〈/HEAD〉
〈BODY〉
&copy; 〈p〉
&trade; 〈p〉
동명   대학교〈p〉
동명     대학교 〈p〉
동명       대학교 〈p〉
〈/BODY〉
〈/HTML〉
```

위의 HTML 코드를 실행해 보면 다음과 같다.   특수문자가 들어간 곳을 확인해 보면, 그 개수만큼 공백이 생긴 것을 알 수 있다.

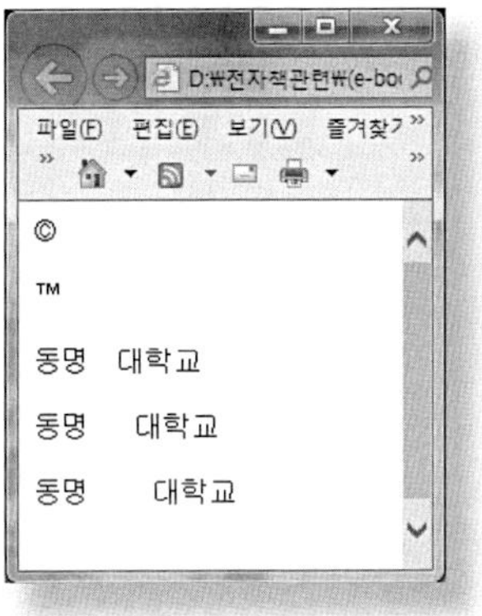

글꼴 꾸미기(FONT 태그)

font 태그는 글자의 색이나 글자체 등을 변경 할 때 사용한다. font 태그 내에서 사용하는 속성은 주로 다음과 같다.

FONT 태그 내에서 사용하는 속성 이름	설명
COLOR	글자 색을 변경
FACE	글꼴 설정
SIZE	글자 크기 설정

color 속성은 글자 색을 변경하는데 이용된다.

〈font color=blue〉

color 속성에 blue라는 색상명을 사용하였으므로 해당 글자는 파란색으로 변한다.

〈font face=굴림체〉

face 속성에 굴림체라는 글씨체 이름을 작성하였으므로 해당 글자는 굴림체로 변경된다.

〈font size=5〉

size 속성에 5으로 입력하였으므로 해당 글자는 5에 해당하는 사이즈로 변경된다. 사이즈의 경우 size 속성 없이 font 태그를 사용한다면 글자의 기본 크기인 3으로 정해진다. 이 기본 사이즈에서 다른 사이즈로 변경하고자 할 때 size 속성을 활용한다.

내 컴퓨터에 어떤 글씨체가 있는지 알고 싶다면, C 드라이브에 Windows 폴더 안에 Fonts 폴더를 살펴보면 된다. 각자 컴퓨터에 설치되어 있는 폰트는 상이할 수 있다. 굴림, 굴림체, 굵은안상수체, 궁서, 궁서체, 나눔고딕, 궁서체, Arial 등의 이름으로 HTML에서 사용할 수 있다.

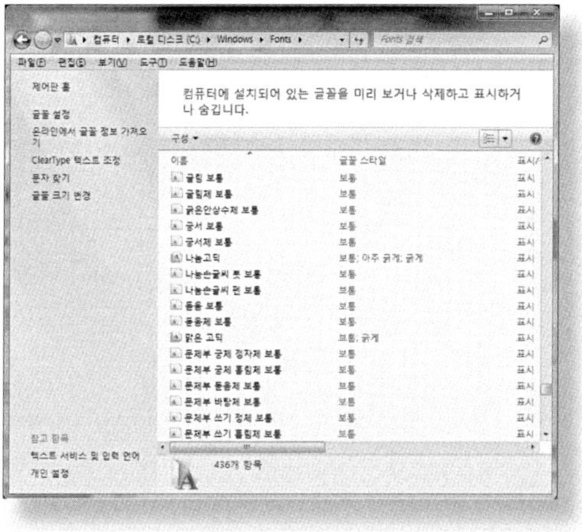

예를 들어 본인의 컴퓨터에 Adobe Arabic 글씨체가 설치되어 있고, font 태그에서 해당 글씨체를 이용하고자 한다면 다음과 같이 별도의 블록 표시를 해준다. 즉, 글씨체 이름에 스페이스 바가 포함되어 있는 경우는 별도의 블록 표시를 해줘야 된다는 뜻이다. 사실 모든 값에 이런 블록 표시를 해주는 것이 좋다.

〈FONT FACE= “ Adobe Arabic ” 〉

과제

번 호	
과목명	
제출자	
제출일	

1. 다음 원본의 내용을 FONT 태그를 활용하여 꾸며 보시오.

   1.1 원본 내용은 다음과 같다.

사색(思索)은 어떤 것에 대해 깊이 생각함을 의미한다. 어떤 것이란 정치, 경제와 같은 무거운 문제뿐만 아니라 개인적인 소소한 일상도 포함될 것이다. 어쩌면 소소한 일상 쪽이 더 가까 것 같은데, 너무 바빠서 사색의 시간을 갖기 힘든 것 같다. 우연히 지인의 초대로 저녁 식사를 대접받았는데, 야외에서 갓 구운 고기와 채소를 먹는 순간 눈이 크게 떠질 정도로 맛있음을 느꼈다. 맛있는 저녁을 먹고 난 후 맥주를 마시면서 행복이란 무엇일까 라는 생각에 빠져들었다. 멍하게 맥주를 마시고 있는 저에게 옆에 앉아있던 친구가 툭 쳐서 현실의 저로 다시 돌아왔다. 친구 왈, “너 사색 중이었구나” 란다. 내가 사색 중이었나 라는 갸우뚱한 심정에서 제자리로 돌아왔다. 잠깐의 사색의 시간을 갖고 나니 내 삶을 돌아보게 되었다는 깨달음을 얻었다. 그래서 이런 즐거운 시간을 자주 만들어야겠다라는 결심을 하게 되었다. 이처럼 바쁜 삶 속에서 여러분들도 사색의 시간을 틈틈이 가지기 바란다. 이런 시간을 통해 좋은 아이디어가 나오기도 하는 것이다.

책 쓰기의 강박에서 잠깐씩이라도 벗어나 사색의 시간을 갖다 보면 새로운 글쓰기 활력을 얻게 될 지도 모른다. 창의적인 아이디어가 중요한 직업일 수록 여행이나 취미와 같은 다양한 활동을 많이 해야 한다고 한다. 여기서 보태면 사색의 시간을 많이 가져야 한다. 책 쓰기도 창의적인 일이므로 이와 같은 활동이 도움이 될 것이다.

1.2 위의 원본 내용에 FONT 태그를 활용하여 꾸며 보시오.

앞의 과제에서 1.2 번의 답은 다음과 유사 할 것이다. 다음과 똑같이 만들 필요는 없고, 자유롭게 작성하면 되겠다.

```
〈HTML〉
〈HEAD〉
〈/HEAD〉
〈BODY〉
〈CENTER〉사색(思索) 〈/CENTER〉〈P〉
〈FONT COLOR=RED SIZE=5〉사색(思索)〈/FONT〉은 어떤 것에 대해 깊이 생각함을 의미한다. 〈BR〉
어떤 것이란 정치, 경제와 같은 무거운 문제뿐만 아니라 개인적인 소소한 일상도 포함될 것이다. 〈BR〉
어쩌면 소소한 일상 쪽이 더 가까운 것 같은데, 너무 바빠서 사색의 시간을 갖기 힘든 것 같다. 〈BR〉
우연히 지인의 초대로 저녁 식사를 대접받았는데, 〈BR〉
야외에서 갓 구운 고기와 채소를 먹는 순간 눈이 크게 떠질 정도로 맛있음을 느꼈다. 〈BR〉
〈FONT COLOR=BLUE FACE="궁서체"〉맛있는 저녁〈/FONT〉을 먹고 난 후 맥주를 마시면서 행복이란 무엇일까라는 생각에 빠져들었다. 〈BR〉
멍하게 맥주를 마시고 있는 저에게 옆에 앉아있던 친구가 툭 쳐서 현실의 저로 다시 돌아왔다. 〈BR〉
친구 왈, "너 사색 중이었구나"란다. 내가 사색 중이었나 라는 가우뚱한 심정에서 제자리로 돌아왔다. 〈BR〉
잠깐의 사색의 시간을 갖고 나니 내 삶을 돌아보게 되었다는 깨달음을 얻었다. 〈BR〉
그래서 이런 즐거운 시간을 자주 만들어야겠다라는 결심을 하게 되었다. 〈BR〉
이처럼 바쁜 삶 속에서 여러분들도 사색의 시간을 틈틈이 가지기 바란다. 〈BR〉
이런 시간을 통해 좋은 아이디어가 나오기도 하는 것이다. 〈BR〉
책 쓰기의 강박에서 잠깐씩이라도 벗어나 사색의 시간을 갖다 보면 새로운 글쓰
```

```
기 활력을 얻게 될 지도 모른다. 〈BR〉
창의적인 아이디어가 중요한 직업일 수록 여행이나 취미와 같은 다양한 활동을 많이 해야 한다고 한다. 〈BR〉
여기서 보태면 사색의 시간을 많이 가져야 한다. 책 쓰기도 창의적인 일이므로 이와 같은 활동이 도움이 될 것이다.〈BR〉
〈/BODY〉
〈/HTML〉
```

이 HTML 문서를 실행해 보면 다음과 같다.

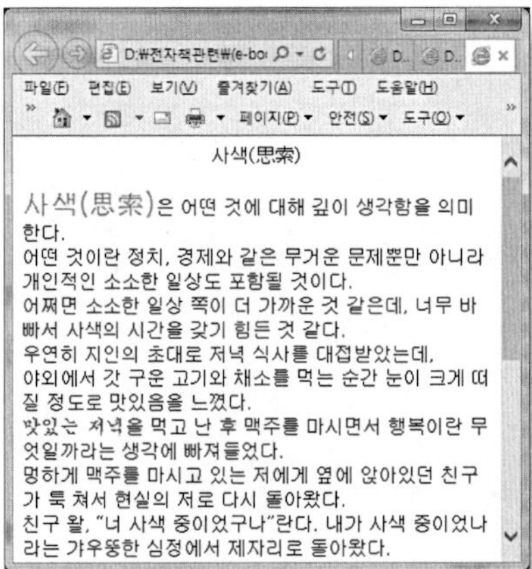

물리적인 글꼴 꾸미기

글꼴 꾸미기와 관련된 별도의 태그가 존재한다. 다음 태그들은 물리적인 글꼴 태그라 불린다.

태그 명	설명
B	굵은 글씨
U	밑줄
I	이탤릭체
SUP	위첨자
SUB	아래첨자
STRIKE	취소선

B는 bold의 약자로써 글씨를 굵게 해준다. 사람들이 볼드체라고 부르는 그러한 형태의 글자를 형성한다. U는 underline의 약자로써 글씨에 밑줄을 그어준다. I는 italic의 약자로써 기울어진 글씨로 만들어준다. SUP는 superscript의 약자로써 위첨자를 만드는 기능이다. 즉 본래의 글씨보다 약간 위쪽에 올라 붙어 있고, 글씨 크기를 상대적으로 작게 만들어주는 것이다. SUB은 subscript의 약자로써 아래첨자를 만드는 기능이다. 즉 본래의 글씨보다 약간 아래쪽에 내려 붙어있고, 글씨 크기를 상대적으로 작게 만들어주는 역할을 한다. STRIKE는 strike through의 약자로써 취소선을 표시하는 역할을 한다.

과제

번 호	
과목명	
제출자	
제출일	

1. 다음 원본의 내용을 물리적인 글꼴 태그들을 활용하여 꾸며 보시오.

 1.1 원본 내용은 다음과 같다.

강풀의 순정만화. 20대 말 서울 생활 중 우연히 연극을 보게 되었다. 대학로는 연극 보러 몰리는 인파로 항상 북적이는 곳이다. 복잡한 곳을 그리 좋아하지 않는 성격이라서 잘 가지 않는 곳인데, 동생이 준 티켓이 있어 어렵게 들렀다. 그때 본 연극이 강풀의 순정만화였다. 평소 영화를 봐도 액션이 최고라 생각하는 취향으로 처음엔 시큰둥해 하며 봤다. 그런데 볼수록 매력 있는 콘텐츠였다. 강풀은 유명 만화가다. 그러나 그도 무명 시절이 있었다. 만화를 출판하고자 노력했으나 번번히 거절당했다고 한다. 그러다가 인터넷에 직접 올려야겠다는 결정을 실행에 옮겼고, 지금의 성공을 이뤘다.

 1.2 위의 원본 내용에 물리적인 글꼴 태그들을 활용하여 꾸며 보시오.

앞의 과제에서 1–2 번의 답은 다음과 유사 할 것이다. 다음과 똑같이 만들 필요는 없고, 자유롭게 작성하면 되겠다.

```
〈HTML〉
〈HEAD〉
〈/HEAD〉
〈BODY〉
〈CENTER〉〈U〉강풀의 순정만화〈/U〉〈/CENTER〉〈P〉
강풀의 순정만화. 〈STRIKE〉20대 말 서울 생활〈/STRIKE〉 중 우연히 연극을 보게
되었다.
대학로는 연극 보러 몰리는 인파로 항상 북적이는 곳이다.
복잡한 곳을 그리 좋아하지 않는 성격이라서 잘 가지 않는 곳인데,
동생이 준 티켓이 있어 어렵게 들렀다. 그때 본 연극이 〈B〉강풀의 순정만화〈/B〉
였다.
평소 영화를 봐도 액션이 최고라 생각하는 취향으로 처음엔 시큰둥해 하며 봤다.
그런데 볼수록 매력 있는 콘텐츠였다.
〈I〉강풀은 유명 만화가다.〈/I〉 그러나 그도 무명 시절이 있었다.
만화를 출판하고자 노력했으나 번번히 거절〈SUP〉당했다고 한다.〈/SUP〉
그러다가 인터넷에 직접 올려야겠다는 결정을 실행에 옮겼고, 지금의 성공을 이
뤘다.
〈/BODY〉
〈/HTML〉
```

이 HTML 문서를 실행해 보면 다음과 같다.

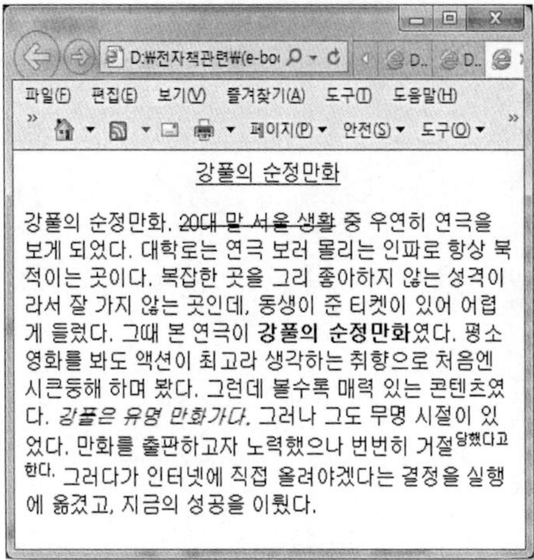
파일(F) 편집(E) 보기(V) 즐겨찾기(A) 도구(T) 도움말(H)
페이지(P) 안전(S) 도구(O)
강풀의 순정만화
강풀의 순정만화. 20대 말 서울 생활 중 우연히 연극을 보게 되었다. 대학로는 연극 보러 몰리는 인파로 항상 북적이는 곳이다. 복잡한 곳을 그리 좋아하지 않는 성격이라서 잘 가지 않는 곳인데, 동생이 준 티켓이 있어 어렵게 들렀다. 그때 본 연극이 강풀의 순정만화였다. 평소 영화를 봐도 액션이 최고라 생각하는 취향으로 처음엔 시큰둥해 하며 봤다. 그런데 볼수록 매력 있는 콘텐츠였다. 강풀은 유명 만화가다. 그러나 그도 무명 시절이 있었다. 만화를 출판하고자 노력했으나 번번히 거절당했다고 한다. 그러다가 인터넷에 직접 올려야겠다는 결정을 실행에 옮겼고, 지금의 성공을 이뤘다.

제8장

책 쓰기 노하우
-HTML 문법 적용하기-

목록 만들기

그림 입력하기

링크 만들기

표 만들기

별도 영역 만들기(SPAN)

가로선 그리기(HR)

제목 정하기

학습 목표

- 목록 만들기를 실행 할 수 있다.
- 그림과 표를 구성할 수 있다.
- 링크의 개념을 이해하고, 실행할 수 있다.
- 별도 영역 만들기 기능을 수행할 수 있다.
- 가로선을 적절히 적용할 수 있다.
- 제목의 의미를 생각해보고, 구성할 수 있다.

7장에서는 HTML에 대해 다뤘다. 이 장에서는 책을 만드는데 있어서 유용하게 쓰이는 HTML에 대해 좀 더 알아보고자 한다.

책을 쓰다 보면 목록을 표현해야 할 경우가 종종 발생한다. 다음은 HTML로 목록 만들기에 대한 내용이다.

목록 만들기

목록은 도서 목록, 상품 목록 등의 형태로 쓰이는 말로써 어떤 물품의 이름을 정해진 순서로 적는 것을 의미한다. 예를 들어 다음과 같이 2015년 홍길동의 독서 목록을 만들 수 있다. 이 독서 목록을 순서와 상관없이 책 이름 앞에 특정 기호를 붙여서 만들기도 하고, 숫자나 영문자 등의 순서가 있는 기호를 이용하여 만들 수도 있다. 즉, 목록에는 순서가 있는 목록과 순서가 없는 목록으로 나뉠 수 있다.

〈2015년 홍길동의 독서 목록〉

- 불안
- 7막7장
- 연금술사
- 남쪽으로 튀어
- 그리스인 조르바
- 나미야 잡화점의 기적
- 왜 나는 너를 사랑하는가

〈2015년 홍길동의 독서 목록〉

⊙ 불안
⊙ 7막7장
⊙ 연금술사
⊙ 남쪽으로 튀어
⊙ 그리스인 조르바
⊙ 나미야 잡화점의 기적
⊙ 왜 나는 너를 사랑하는가

〈2015년 홍길동의 독서 목록〉

1. 불안

2. 7막7장

3. 연금술사

4. 남쪽으로 튀어

5. 그리스인 조르바

6. 나미야 잡화점의 기적

7. 왜 나는 너를 사랑하는가

〈2015년 홍길동의 독서 목록〉

a. 불안

b. 7막7장

c. 연금술사

d. 남쪽으로 튀어

e. 그리스인 조르바

f. 나미야 잡화점의 기적

g. 왜 나는 너를 사랑하는가

HTML에서도 이러한 목록을 만드는 역할의 태그가 있다. OL 태그와 UL 태그가 목록으로 만들어주는 역할을 한다. OL은 ordered list의 약자로 순서가 있는 목록을 만드는 역할을 한다. UL은 unordered list의 약자로 순서가 없는 목록을 만든다. OL이든 UL이든 세부 목록 들은 LI 태그에 의해 기술된다. LI는 list item의 약자로 목록의 각 개별 항목을 의미한다. 실제 위의 예를 HTML로 기술해보면 다음과 같다.

〈2015년 홍길동의 독서 목록〉

```
<UL>
<LI>불안</LI>
<LI>7막7장</LI>
<LI>연금술사</LI>
<LI>남쪽으로 튀어</LI>
<LI>그리스인 조르바</LI>
<LI>나미야 잡화점의 기적</LI>
<LI>왜 나는 너를 사랑하는가</LI>
</UL>
```

```
<2015년 홍길동의 독서 목록>
<UL TYPE=circle>
<LI>불안</LI>
<LI>7막7장</LI>
<LI>연금술사</LI>
<LI>남쪽으로 튀어</LI>
<LI>그리스인 조르바</LI>
<LI>나미야 잡화점의 기적</LI>
<LI>왜 나는 너를 사랑하는가</LI>
</UL>
```

순서 없는 목록인 OL을 기반으로 LI 항목들을 기술한 실행 결과는 다음과 같다.

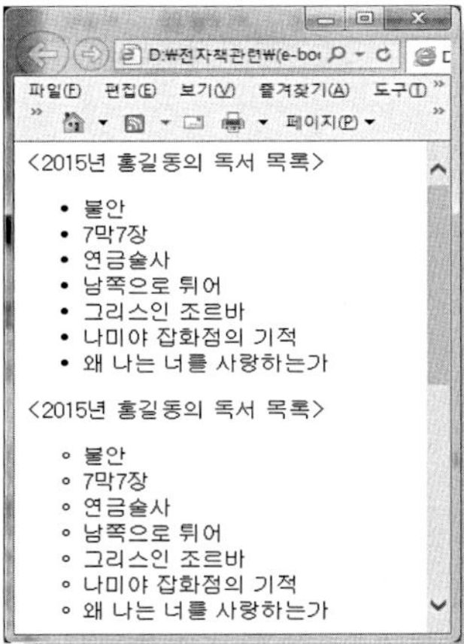

UL은 TYPE 속성을 기술 할 수 있다. TYPE 속성의 값으로는 disk, circle, square가 올 수 있다. 각각 순서 없는 목록 앞에 올 기호의 특정 모양과 연관된 이름으로 구성되어 있다. UL에 TYPE 속성 없이 기술하면 disk를 기입한 것과 동일한 결과를 볼 수 있다. 즉, 기본 값이 disk인 것이다.

```
〈2015년 홍길동의 독서 목록〉
〈OL〉
〈LI〉불안〈/LI〉
〈LI〉7막7장〈/LI〉
〈LI〉연금술사〈/LI〉
〈LI〉남쪽으로 튀어〈/LI〉
〈LI〉그리스인 조르바〈/LI〉
〈LI〉나미야 잡화점의 기적〈/LI〉
〈LI〉왜 나는 너를 사랑하는가〈/LI〉
〈/OL〉
```

```
〈2015년 홍길동의 독서 목록〉
〈OL TYPE=a〉
〈LI〉불안〈/LI〉
〈LI〉7막7장〈/LI〉
〈LI〉연금술사〈/LI〉
〈LI〉남쪽으로 튀어〈/LI〉
〈LI〉그리스인 조르바〈/LI〉
〈LI〉나미야 잡화점의 기적〈/LI〉
〈LI〉왜 나는 너를 사랑하는가〈/LI〉
〈/OL〉
```

순서 있는 목록인 OL을 기반으로 LI 항목들을 기술한 실행 결과는 다음과 같다.

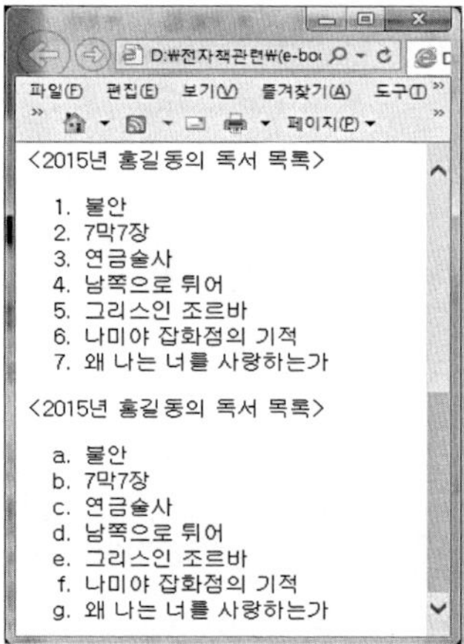

OL은 TYPE 속성을 기술 할 수 있다. TYPE 속성의 값으로는 1, A, a, I, i가 올 수 있다. 각각 순서 있는 목록 앞에 올 순서를 나타내는 기호와 연관된 이름으로 구성되어 있다. OL에 TYPE 속성 없이 기술하면 1을 기입한 것과 동일한 결과를 볼 수 있다. 즉, 기본 값이 1인 것이다. TYPE이 1이면 1,2,3,4의 형태로 순서가 정해진다. TYPE이 A이면 A,B,C,D의 형태로 순서가 정해진다. TYPE이 a이면 a,b,c,d의 형태로 순서가 정해진다. TYPE이 I이면 I, II, III, IV의 형태로 순서가 정해진다. TYPE이 i 이면 i, ii, iii, iv의 형태로 순서가 정해진다.

그림 입력하기

HTML 문서에 그림을 입력하기 위해서는 IMG 태그를 활용하면 된다. 입력할 그림 파일은 JPG나 GIF 포맷을 선택하자. JPG나 GIF의 경우 웹 브라우저의 종류에 상관없이 무난하게 입력된다. 그 외 포맷은 호환성 문제가 발생될 수 있으므로 되도록이면 JPG, GIF 포맷을 이용하자. 핸드폰을 이용한 사진을 이용하여 HTML 문서에 입력해보자. IMG 태그에는 Source를 의미하는 SRC 속성이 존재한다. 이 SRC 속성의 값으로 그림 파일의 이름을 입력하자. 현재 HTML 파일과 JPG 파일이 같은 폴더에 저장되어 있는 상태인데, 이 경우 그림 파일의 이름만 SRC 속성값으로 입력하면 된다.

```
〈HTML〉
〈HEAD〉
〈/HEAD〉
〈BODY〉
〈IMG SRC ="그림.JPG" 〉
〈/BODY〉
〈/HTML〉
```

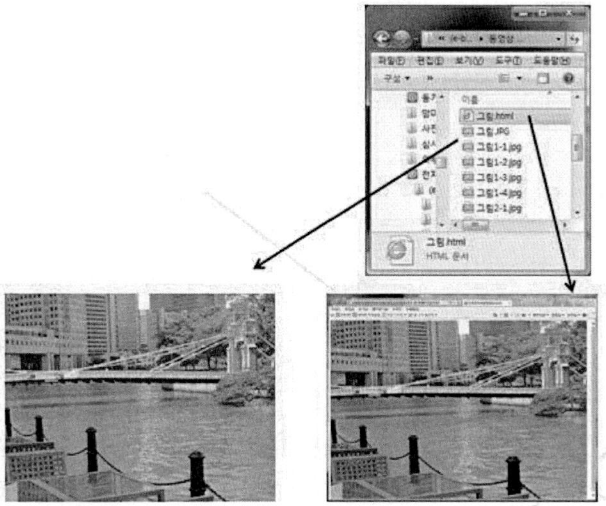

그림.JPG　　　　　　　　　　그림.html

HTML 파일과 JPG 파일이 다른 폴더에 있는 경우 입력하는 방법은 달라진다. 예를 들어 JPG 파일이 HTML 파일과 다른 위치에 있다면, 그림 파일이 있는 위치에 대한 경로를 파악해서 그림 파일 이름과 함께 작성해야 한다. 그림 파일이 C드라이브에 존재하는 IMAGES 폴더 내에 포함되어 있다면 다음과 같이 SRC 값을 입력해야겠다.

〈IMG SRC="C:\IMAGES\그림.JPG"〉

링크 만들기

웹 페이지를 살펴보면, 어떤 문장이나 그림은 마우스로 클릭할 수 있도록 되어있다. 이를 링크라 하는데, 일반적으로 마우스로 링크를 클릭했을 때 다른 웹 페이지로 넘어가는 형태이다. 링크는 하나의 웹 페이지와 다른 웹 페이지를 연결하는 도구로 사용하고 있다. HTML에서 이러한 링크를 만들기 위한 태그로 A가 있다. A 태그의 HREF 속성에는 클릭했을 때 열리는 페이지에 대한 위치 정보를 입력하면 된다.

예를 들어 동명대학교라는 글씨를 클릭했을 때 http://www.tu.ac.kr 사이트가 열리도록 A 태그를 작성해 보면 다음과 같다.

〈A HREF="http://www.tu.ac.kr"〉 동명대학교 〈/A〉

표 만들기

표는 영어로 table을 의미한다. 이러한 표는 어떤 내용을 일정한 형식에 따라 특정 영역에 표현할 수 있는 틀의 역할을 한다. 아래한글, MS 워드 등의 프로그램과 같은 종류의 워드프로세서들은 대부분 표 기능을 제공한다. HTML에서는 TABLE 태그가 표를 만들어 주는 역할을 한다. 실제 웹 사이트를 살펴보면, 이러한 표를 이용하는 경우가 많다. 일반적인 표처럼 눈에 보이는 선은 없는 투명한 선의 형태로 많이 이용하고 있다. 이러한 투명한 선 기반의 표를 많이 이용하는 이유는 표가 가지는 명확한 영역 구분의 역할 때문이리라.

웹 사이트를 이용하는 사람들은 때에 따라 화면의 크기를 키우기도 하고, 줄이기도 한다. 이러한 과정에서 글과 그림 등으로 이루어진 해당 웹 사이트는 안에 있는 내용들의 재배치 현상이 일어날 수 있다. 이러한 과정에서 웹 사이트 디자이너가 설정해 놓은 화면과는 다른 배치로 변화될 수도 있다. 이러한 현상은 디자이너의 입장에서 봤을 때 난감한 일이며, 초기 디자이너의 의도와는 다른 결과 화면을 제공하게 되는 상황에 봉착할 수 있는 것이다. 이때 투명한 선 기반의 표라는 틀을 촘촘히 만들고, 특정 영역에 글이나 그림을 정교히 배치하면 이러한 현상이 발생되는 것을 미연에 방지할 수 있다. 그리고, 원하는 위치에 정확히 그림이나 글을 서로 조합된 어울림으로 배치하는데 있어서 표는 매우 훌륭한 역할을 한다. 따라서 많은 웹 사이트에서 투명한 선 기반의 표를 기본 화면 레이아웃의 틀로써 많이 이용한다. 이에 HTML에서 제공하는 TABLE 태그의 기본 사항을 알아 볼 필요가 있겠다.

표를 만들기 위해서는 TABLE 태그를 이용한다. 표에는 행과 열로 구분되어 있는데, 행은 TR 태그, 열은 TD 태그를 이용한다. 그리고 행과 열로 구성된 표를 만드는데 있어서 기준은 행이 됨을 명심하자. 행을 먼저 결정하고, 해당 행에 포함된 열을 구성하는 순서로 표를 만든다. 예를 들어, 2행 3열의 표를 만든다고 생각해보자. 우선 TABLE 태그를 구성하고, 행을 먼저 만들자. 2행이라고 했으니 TR 태그를 차례로 두 번 작성한다.

```
<TABLE>
<TR>
</TR>
<TR>
</TR>
</TABLE>
```

이렇게 2행을 구성했으면, 3열을 각각의 행에 채우자. 하나의 행 마다 TD 태그 3개를 입력하면 되겠다. 즉, 1행에 3개의 열을 채우고, 2행에도 3개의 열을 채우면, 결과적으로 2행 3열의 표가 완성될 것이다.

```
<TABLE>
<TR>
<TD> </TD>
<TD> </TD>
<TD> </TD>
```

```
</TR>
<TR>
<TD> </TD>
<TD> </TD>
<TD> </TD>
</TR>
</TABLE>
```

이렇게 완성된 2행 3열의 표에는 6개의 칸이 만들어 졌을 것이다. 각 칸 마다 원하는 내용을 입력해보자. 그리고 기본 HTML 태그들을 완성하고, 저장하여 실행해보자.

```
<TABLE>
<TR>
<TD> 사과 </TD>
<TD> 포도 </TD>
<TD> 딸기 </TD>
</TR>
<TR>
<TD> 오이 </TD>
<TD> 배추 </TD>
<TD> 당근 </TD>
</TR>
</TABLE>
```

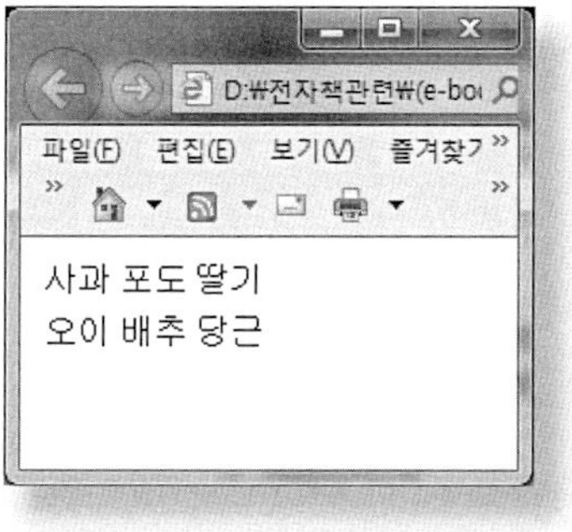

TABLE 태그의 BORDER 속성에 두께를 의미하는 숫자를 입력하면 표의 선이 나타난다. 예를 들어 다음과 같이 BORDER 속성에 1이라는 값을 입력해 보자.

```
〈HTML〉
〈HEAD〉
〈/HEAD〉
〈BODY〉
〈TABLE BORDER=1〉
〈TR〉
〈TD〉 사과 〈/TD〉
〈TD〉 포도 〈/TD〉
〈TD〉 딸기 〈/TD〉
〈/TR〉
〈TR〉
〈TD〉 오이 〈/TD〉
〈TD〉 배추 〈/TD〉
〈TD〉 당근 〈/TD〉
〈/TR〉
```

```
</TABLE>
</BODY>
</HTML>
```

해당 HTML 문서를 실행해 보면 다음과 같은 결과가 나온다.

별도 영역 만들기(SPAN)

SPAN은 영어 사전을 찾아보면 폭, 너비 등의 뜻으로 해석하고 있다. 공식적인 설명에서는 문서의 공통된 요소의 인라인 그룹이라고 표현하고 있다.

웹 문서를 보다 보면 특정 내용에 대해서는 별도의 색으로 강조하는 경우를 볼 수 있다. 전체 글에서 특정 너비 만큼은 강조될 부분이라 색상을 달리 하고 싶은 경우 별도의 영역으로 구분하고, 원하는 효과를 부여할 수 있다. SPAN 태그가 별도의 영역으로 만들어 주는 역할을 한다. SPAN의 시작 태그와 끝 태그 사이가 하나의 별도 영역으로 구분되는 것이다. SPAN 태그는 다음과 같이 사용하면 된다. STYLE 속성을 활용하면 글자 색 등으로 다른 글들과 구분되게 표현할 수 있다.

```
〈HTML〉
〈HEAD〉
〈/HEAD〉
〈BODY〉
자장은 공자의 제자입니다.
어느 날 자장이 참지 않으면 어떻게 되는지 공자에게 물었습니다.
공자가 말씀하시길, 왕이 참지 않으면 나라가 망하고,
형제가 참지 않으면 헤어져 살게 되고,
부부가 참지 않으면 자식이 외롭게 살고,
〈SPAN STYLE="color:red"〉친구 사이에 참지 않으면 우정이 멀어지고, 〈/SPAN〉
스스로 참지 않으면 근심이 가득할 것이라 했습니다.
참을 인(忍)은 칼날을 뜻하는 인(刃)과 마음을 뜻하는 심(心)이 합해진 말입니다.
요즘 화나는 일이 참 많습니다. 마음에서 비롯되는 화를 밖으로 표출되지 않도
록, 칼로써 막아내는 심정으로 참아봅시다. 외롭지 않고 근심 없는 내일이 당신
을 기다릴 겁니다.
〈/BODY〉
〈/HTML〉
```

위의 예를 실행해 보면 다음과 같다.

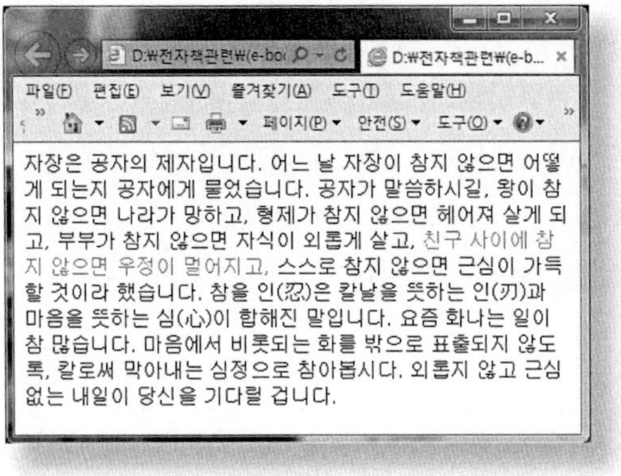

큰 영역 만들기(DIV)

DIV는 division의 약자로써 HTML 문서의 영역을 분할하는 역할을 한다. 공식적인 설명에서는 문서의 공통된 요소의 그룹이라고 표현하고 있다. 하나의 그룹을 지정하고, 동일한 스타일을 적용하는데 많이 사용한다. SPAN 태그보다는 큰 영역에서 주로 사용하고, SPAN 태그와는 달리 줄바꿈 기능이 포함되어 있다.

```
〈HTML〉
〈HEAD〉
〈/HEAD〉
〈BODY〉
안경. 영화 제목입니다.
〈DIV〉이 영화는 소박한 풍경을 배경으로 인간성 회복의 메시지를 담고 있습니
다. 누군가 안경을 쓰고 세상을 바라보지 말라고 한다면, 세상의 기준을 잣대삼
아 편견에 사로잡힌 채 세상을 바라보지 말라는 뜻일 겁니다. 주인공은 개인적
인 편견으로 섬마을 사람들의 본심을 알아보지 못했고 오해했습니다. 그러다 차
츰 오해가 하나하나 걷히고 영화 말미에는 안경을 벗어 던짐으로써 편견으로부
```

터 완전히 자유로워졌음을 상징적으로 보여주고 있습니다. 그 장면을 후련한 심정으로 보고 또 봤습니다. 두꺼운 마음속 안경을 벗어버립시다.
〈/DIV〉
쩡 소리와 함께 시야가 확 터질 것입니다.
〈/BODY〉
〈/HTML〉

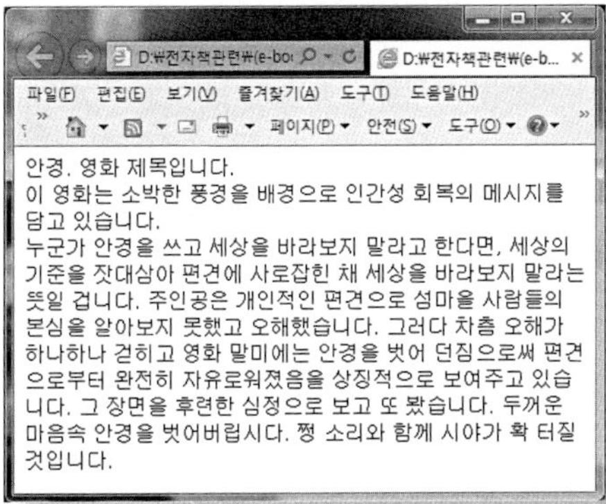

가로선 그리기(HR)

HR은 horizontal의 약자로 HTML 문서에서 수평의 가로선을 표현하는 태그이다. HTML 문서 내에 특정 영역에 수평선을 그어 그 경계로 위와 아래 글을 구분하는 역할을 한다. 그리고 BR 태그 처럼 끝 태그 없이 시작 태그만으로 그 기능이 수행된다.

```
〈HTML〉
〈HEAD〉
〈/HEAD〉
〈BODY〉
유명한 책 관촌수필을 읽다보면 이웃으로부터 대접받는 어른을 구분할 수 있게 됩니다. 나이가 들었다 해서 어른대접을 받을 수 있는 건 아니지요. 간혹 주변 분들을 보면 지위가 높다고, 나이가 많다고 존경받으려는 무개념 인간이 있습니다. 올바른 어른으로써 행동한다면, 주위로부터의 존경은 자동으로 따르는 법입니다. 우격다짐으로 존경받으려하고 약한 사람에게 강한 미숙한 인간 때문에 마음 다칠 필요는 없습니다. 개가 짖는 구나 한귀로 듣고 흘려보내며 미운 놈 떡 하나 더 준다는 생각으로 해달라는 요구대로 최선을 다해 해줍시다.

〈HR〉

그 순간 여러분이 오히려 성숙한 어른입니다.
〈/BODY〉
〈/HTML〉
```

위의 예를 실행한 결과는 다음과 같다.

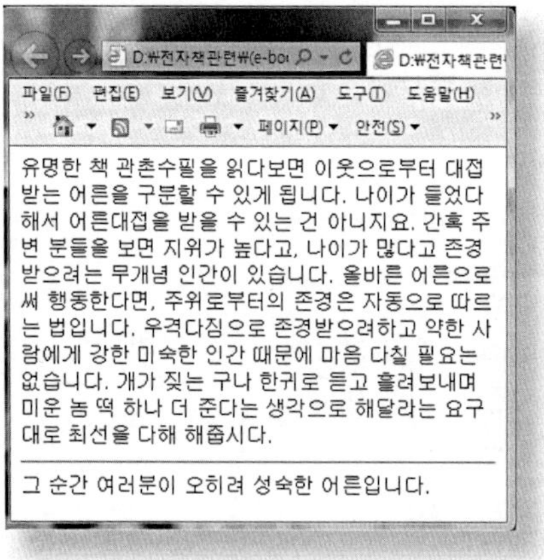

제목 정하기

H1의 H는 heading의 약자로 HTML 문서 내에서 제목에 해당되는 내용에 대해 적용할 수 있다. 제목의 역할을 하는 태그이다 보니 글자의 크기가 본문보다 커서 강조되는 효과가 부여된다. 그리고 제목이니까 제목이 끝나는 지점에서 본문의 글이 바로 오지 않고, 한 줄 내려서 본문이 오도록 하는 줄 바꿈 기능이 포함되어 있다. 제목을 나타내는 태그로 H1, H2, H3, H4, H5, H6이 있다. H1이 가장 큰 글씨이고, H6로 표현된 제목이 상대적으로 가장 작은 글씨 크기를 표현하고 있다. 그리고 H1으로 쓰여진 제목과 H2로 쓰여진 제목만을 비교해 보면 H1으로 작성된 제목이 상대적으로 상위 개념의 제목이다. 책을 보면 1장에 1절이 있다면 1장이 1절에 비해 상위 개념인 것과 마찬가지라 생각된다.

예를 들어 다음과 같이 1장의 제목이 상대성 원리인데, 1장 내에 1.1절로 수식 해석이 오고, 1.2절로 원리 분석이 올 수 있다.

1. 상대성 원리
   - 1.1 수식 해석
   - 1.2 원리 분석

이 경우를 H1과 H2로 표현한다면 다음과 같을 것이다. 장의 제목은 H1 태그를 이용하고, 절의 제목은 H2 태그를 이용한 것이다.

```
〈H1〉1. 상대성 원리〈/H1〉
  〈H2〉1.1 수식 해석〈H2〉
  〈H2〉1.2 원리 분석〈H2〉
```

실행 결과는 다음과 같다.

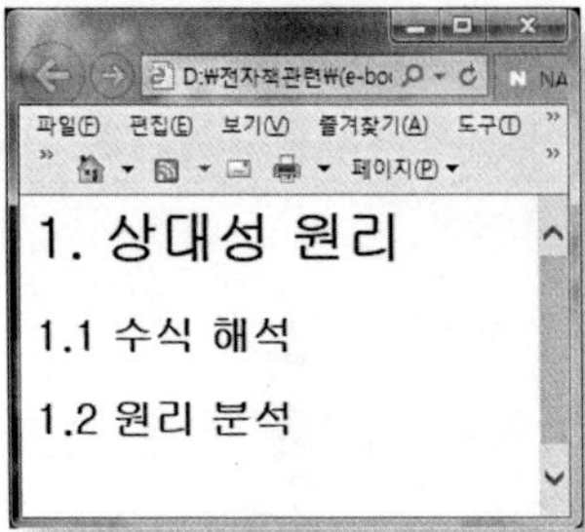

제9장

책 쓰기 노하우

-CSS 문법 이해하기-

태그 내부 입력형

문서 내에 별도 입력형

외부 문서 삽입형

선택자의 종류

글꼴 관련 스타일 속성

문단 관련 스타일 속성

여백 만들기

학습 목표

- CSS 문법에 대해 이해한다.
- 태그 내부 입력형, 문서 내에 별도 입력형, 외부 문서
- 삽입형에 대해 구분하여 적용할 수 있다.
- 선택자의 종류에 대해 알아보고 실행할 수 있다.
- 글꼴, 문단 관련 스타일 속성에 대해 이해한다.
- 여백을 적절히 만들 수 있다.

EPUB으로 전자책을 만드는데 있어서 가장 기본은 HTML으로 문서를 만드는 것이다. 또 하나는 CSS이다. CSS는 Cascading Style Sheet의 약자로 지속적인 디자인 틀로 해석할 수 있겠다. HTML의 경우 글꼴, 글자 크기 등의 세세한 사항을 해당 문장이나 글자에 일일이 설정해야 한다. 즉, HTML로 전자책의 글과 그림 등을 꾸미는 디자인 과정은 매우 반복적인 작업이다. 그리고, 어떤 페이지와 다른 페이지의 디자인에 있어서 일관성 유지가 매우 힘들다. 이에 HTML 문서에 지속적인 디자인 틀의 역할을 하는 CSS를 적용함으로써 전자책 전체 페이지에 일관성 있는 디자인을 적용하기 쉬워진다.

HTML 문서에 CSS를 입력하는 방법을 살펴보자. 그 방법에는 태그 내부 입력형, 문서 내에 별도 입력형, 외부 문서 삽입형이 있다.

먼저 HTML 태그 내부에 CSS 관련 코드를 입력하는 태그 내부 입력형에 대해 알아보자. HTML 태그 내부에 입력하려면 해당 태그의 STYLE 속성을 이용한다. 그리고 그 속성 값으로 속성명과 해당 값을 일정한 형식에 맞춰 입력한다.

종류	형식
태그 내부 입력형	〈태그 STYLE="속성:값; 속성:값;"〉
문서 내에 별도 입력형	〈STYLE TYPE="text/css"〉 〈!— 스타일내용 //—〉 〈/STYLE〉
외부 문서 삽입형	〈LINK REL=stylesheet HREF="외부 파일 경로" TYPE="text/css"〉

태그 내부 입력형

태그 내부 입력형은 주로 P, DIV, SPAN 태그에서 사용한다. 실제 사용 예를 보면 다음과 같다. P 태그 내에 STYLE 속성을 이용하여 CSS 관련 코드를 작성하게 된다. CSS의 대표적인 속성명으로 background가 있다. background는 배경 색상을 의미함으로 원하는 색상값을 입력하면 된다. 여기서는 16진수 RGB 값을 임의로 입력하였다. 속성명 다음에 : 기호가 오고, 속성값을 입력하고 나서는 마지막에 ; 기호를 입력하였다.

〈P STYLE="background:#ee9900;"〉

마지막에 붙이는 ; 기호의 경우 없어도 무방하다. 그런데, 스타일 속성을 여러가지 입력하고자 할 경우에는 필수이다. 다음과 같이 속성명 color를 추가할 경우 그 앞에 ; 기호를 입력하였다. 여러 개의 속성을 나열 할 경우 ; 기호를 이용하여 구분하는 의미가 포함되어 있다. color 속성의 경우 글자 색을 의미한다. 여기서는 색상값으로 색깔 명을 직접적으로 입력하였다.

```
〈P STYLE="background:#ee9900; color:blue"〉
다음 예제를 그대로 작성하여보자.
〈HTML〉
〈HEAD〉
〈/HEAD〉
〈BODY〉
〈P STYLE="background:#ee9900;"〉
남들처럼 토익, 자격증 등의 스팩 쌓기에 몰두했는데, 생각한 만큼 점수가 나오
지 않았다. 시간은 가고, 벌써 4학년인데 초조하다. 학원도 다녀봤지만 시간과
돈만 없앤 기분이다. 최근에는 취업을 위해 여러 곳에 이력 서를 냈는데, 번번히
탈락의 고배를 마셨다.
〈/P〉
강의 중간 쉬는 시간에 김모군과 오랜 대화를 나눴다.
〈/BODY〉
〈/HTML〉
```

작성한 HTML 문서를 실행해 보자. 스타일이 적용된 것을 확인 할 수 있다.

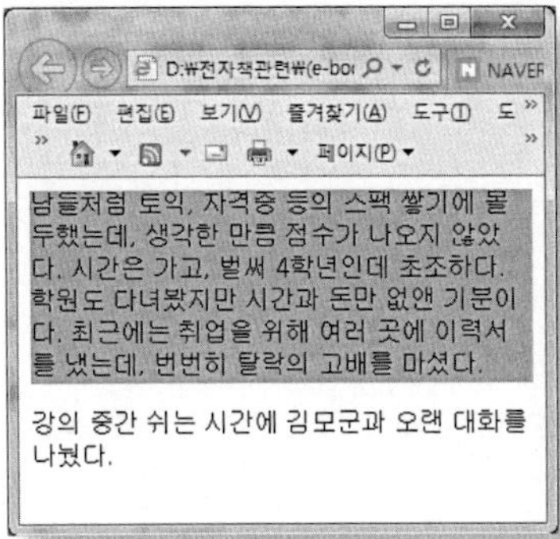

문서 내에 별도 입력형

문서 내 별도 입력형은 보통 HTML의 HEAD 태그 내에 STYLE 태그를 직접 입력한다. STYLE 태그의 TYPE 속성에는 text/css라는 값을 입력한다. 기본 입력형으로 해당 문서는 CSS를 기술하고 있음을 의미하고 있다. STYLE 태그 내에 〈!-- 기호와 //--〉 기호를 시작과 끝에 입력한다. 이는 기술하는 스타일 들이 지원되지 않는 브라우저가 있을 경우 무시하라는 의미로 기본적으로 작성하는 코드이다. 이러한 기호로 둘러 쌓여 있는 내부에 원하는 스타일을 입력한다. STYLE 태그 내에 기술하는 CSS 코드는 우선 본문에서 스타일을 적용할 태그 명을 쓴다.

이 태그 명은 특별히 선택자라 칭한다. 이 선택자 다음에 중괄호 기호인 { }이 오고, 그 안에 속성명과 속성값을 나열한다.

```
<STYLE TYPE="text/css">
<!—
        P{background:#ee9900; color:blue }
//—>
</STYLE>
```

이렇게 작성하면 본문의 해당 태그는 자동으로 작성된 스타일이 적용된다. 예를 들어 다음과 같이 본문에 P 태그를 작성하였다.

```
<P>
남들처럼 토익, 자격증 등의 스팩 쌓기에 몰두했는데, 생각한 만큼 점수가 나오지 않았다. 시간은 가고, 벌써 4학년인데 초조하다. 학원도 다녀봤지만 시간과 돈만 없앤 기분이다. 최근에는 취업을 위해 여러 곳에 이력서를 냈는데, 번번히 탈락의 고배를 마셨다.
</P>
<P>
강의 중간 쉬는 시간에 김모군과 오랜 대화를 나눴다.
</P>
```

그 실행 결과는 background와 글자 색이 적용된 형태이다. P 태그를 여러 번 작성하였으나 동일하게 스타일이 적용되었음을 확인 할 수 있다. 이렇게 HEAD 태그 내에 STYLE 태그를 작성하여 문서 내에서 별도로 입력된 형태는 한번 작성해 놓으면, 해당 문서 전체에 작성된 스타일이 영향을 미친다. 즉, 해당 문서 전체에 일관된 스타일을 적용 할 수 있는 것이다.

다음은 전체 예제이다. 그대로 작성해보자.

```
〈HTML〉
〈HEAD〉
〈STYLE TYPE="text/css"〉
〈!—
        P{background:#ee9900; color:blue}
//—〉
〈/STYLE〉
〈/HEAD〉
〈BODY〉
〈P〉
남들처럼 토익, 자격증 등의 스팩 쌓기에 몰두했는데, 생각한 만큼 점수가 나오
지 않았다. 시간은 가고, 벌써 4학년인데 초조하다. 학원도 다녀봤지만 시간과
돈만 없앤 기분이다. 최근에는 취업을 위해 여러 곳에 이력서를 냈는데, 번번히
탈락의 고배를 마셨다.
〈/P〉
〈P〉
강의 중간 쉬는 시간에 김모군과 오랜 대화를 나눴다.
〈/P〉
〈/BODY〉
〈/HTML〉
```

이 예제의 실행 결과는 다음과 같다. 스타일이 적용된 것을 확인할 수 있다.

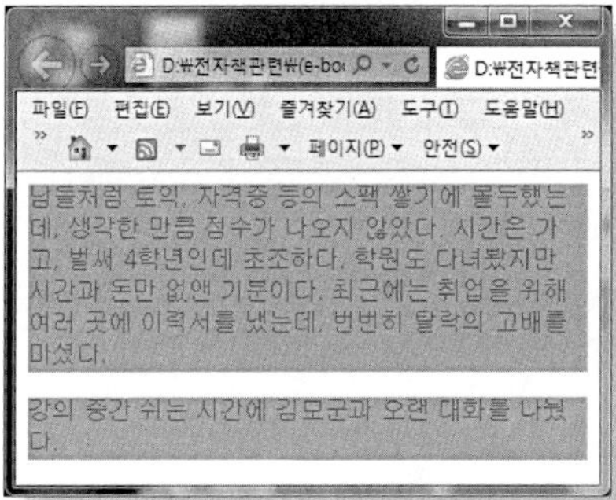

외부 문서 삽입형

외부 문서 삽입형은 CSS 내용만 별도 파일로 만들어서 사용하는 방법이다. CSS만 별도로 작성된 파일이므로 HTML 코드 내에서 해당 파일을 가져오는 코드가 필요하다. 이 코드는 다음과 같이 HEAD 태그 내에 포함 시킨다. LINK 라는 이름의 태그로 REL 속성에는 stylesheet 이라는 값을 입력하고, HREF 속성에는 별도 파일로 만든 css 파일 명을 입력한다. 그리고 TYPE 속성에는 text/css 라는 값을 입력한다.

```
〈HEAD〉
〈LINK REL=stylesheet HREF="CSS3.css" TYPE="text/css"〉
〈/HEAD〉
```

실제 CSS 파일의 내부에는 다음과 같이 스타일과 관련된 내용만 입력하였다.

P{background:#ee9900; color:blue}

이것이 HTML과는 별도로 css라는 확장자를 가진 파일로 작성된 것이다. 예제에서는 CSS3.css라 저장하였다.

CSS 파일과 HTML 파일을 모두 작성하였으면, 다음과 같이 작성된 HTML 파일을 실행해 보라. CSS 파일에서 기술한 대로 스타일이 적용된 것을 확인 할 수 있다.

```
〈HTML〉
〈HEAD〉
〈LINK REL=stylesheet HREF="CSS3.css" TYPE="text/css"〉
```

```
〈/HEAD〉
〈BODY〉
〈P〉
남들처럼 토익, 자격증 등의 스팩 쌓기에 몰두했는데, 생각한 만큼 점수가 나오
지 않았다. 시간은 가고, 벌써 4학년인데 초조하다. 학원도 다녀봤지만 시간과
돈만 없앤 기분이다. 최근에는 취업을 위해 여러 곳에 이력서를 냈는데, 번번히
탈락의 고배를 마셨다.
〈/P〉
〈P〉
강의 중간 쉬는 시간에 김모군과 오랜 대화를 나눴다.
〈/P〉
〈/BODY〉
〈/HTML〉
```

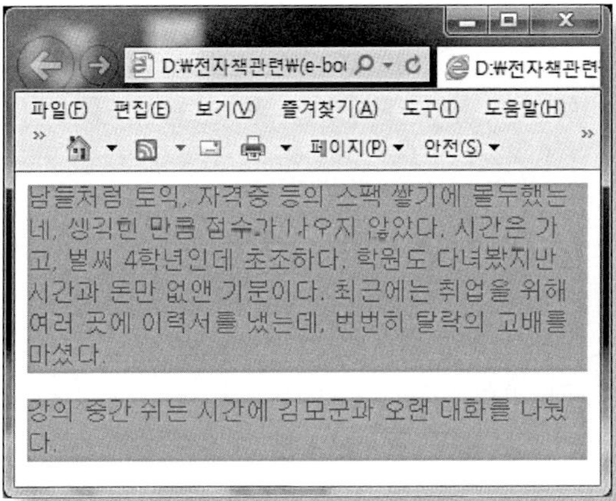

여기서 사용한 CSS3.css 파일과 CSS3.html 파일은 다음과 같이 같은 디렉토리에 존재한다.

예를 들어 해당 CSS 파일이 HTML 파일과 다른 위치에 저장되어 있다면 어떨까? LINK 태그에 포함된 파일의 기술 형태가 달라질 것이다. 앞선 예에서는 CSS 파일과 HTML 파일이 같은 위치에 존재하는 경우였다. 다음과 같이 HTML 파일이 있고, 그 밑에 별도 디렉토리에 CSS 파일이 있는 경우를 생각해 보자.

CSS 파일이 포함된 디렉토리의 이름이 CSSfiles라면 다음과 같이 표기 할 수 있겠다. 디렉토리 안에 파일이 존재하는 것으로 그 안에를 의미하는 기호가 필요한데, \ 기호나 / 기호를 이용하면 된다. 따라서 실제로 적용해 보면 다음과 같다.

〈LINK REL=stylesheet HREF="CSSfiles\CSS3.css" TYPE="text/css"〉

혹은

〈LINK REL=stylesheet HREF="CSSfiles/CSS3.css" TYPE="text/css"〉

그리고 다음과 같이 파일이 포함된 전체 위치를 기술하여도 된다. 해석해보면 C 드라이브 밑에 CSSfiles라는 디렉토리가 있고, 그 디렉토리 안에 포함된 CSS3.css 파일을 연결하겠다는 의미가 된다.

〈LINK REL=stylesheet HREF="C:/CSSfiles/CSS3.css" TYPE="text/css"〉

혹은

〈LINK REL=stylesheet HREF="C:\CSSfiles\CSS3.css" TYPE="text/css"〉

선택자의 종류

선택자(selector)란 CSS 입력 방법 가운데, 문서 내에 별도 입력형과 외부 문서 삽입형에서 쓰이는 용어로 스타일을 적용할 대상자를 말한다. 이러한 선택자를 이용한 표현 방법은 많은데, 그 중에서 태그 선택자, 클래스 선택자, 다수 선택자, 자손 선택자에 대해서 살펴보겠다.

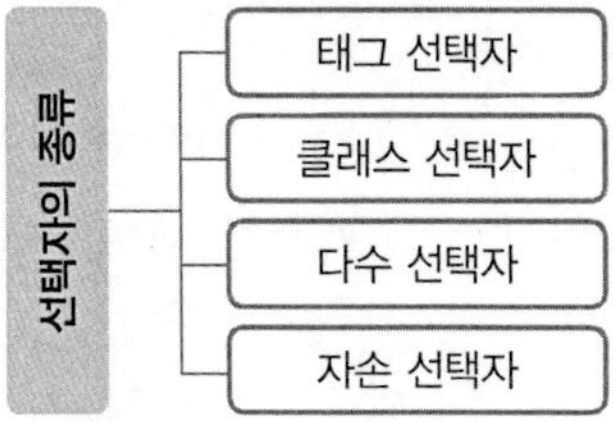

태그 선택자는 앞서 봤었던 예제의 용법과 같다. 즉, 태그명이 오고 { } 기호 사이에 속성명과 속성값을 작성하는 형태이다. 선택자 가운데 가장 일반적으로 사용하는 형태이다.

P{background:#ee9900; color:blue}

클래스 선택자

다음으로 클래스 선택자는 사용자가 직접 선택자의 이름을 만들어서 사용하는 방법이다. 이렇게 사용자가 직접 만든 이름을 클래스(class)라고 한다. 클래스 이름은 기존의 태그와 중복되지 않고, 영문자 기반으로 작성하면 된다. 또한 클래스 선택자의 경우 이름 앞에 . 기호를 붙인다. 이하 내용은 태그 선택자와 같다. 이렇게 정의된 CSS 스타일에 대해서 실제 적용하려면 해당 태그에 CLASS 속성을 입력한다. CLASS 속성의 값으로 STYLE 태그 내에서 기입했던 클래스명을 이용하면 된다.

```
〈HEAD〉
〈STYLE TYPE="text/css"〉
        클래스명{속성:값;}
〈/STYLE〉
```

```
〈/HEAD〉
〈BODY〉
〈태그 CLASS=클래스명〉
〈/BODY〉
```

클래스 선택자를 이용한 실제 예는 다음과 같다. 태그 선택자와 마찬가지로 HEAD 태그 내에 STYLE 태그를 활용하고 있다. wild라는 클래스 이름을 만들어 사용하고 있다. 이렇게 만든 CSS 스타일에 대해서 P 태그에서 적용하고 있다. P 태그 내의 속성으로 CLASS를 입력하고, 클래스명으로 앞서 만들었던 wild를 적용하였다. 따라서 P 태그가 적용되는 범위는 배경 색상이 16진수 RGB 값으로 #005566에 해당하는 짙은 청록색이 부여되었고, 글자는 흰색이 적용되었다.

```
〈HTML〉
〈HEAD〉
〈STYLE TYPE="text/css"〉
        .wild{background:#005566; color:white}
〈/STYLE〉
〈/HEAD〉
〈BODY〉
〈P CLASS=wild〉
남들처럼 토익, 자격증 등의 스팩 쌓기에 몰두했는데, 생각한 만큼 점수가 나오
지 않았다. 시간은 가고, 벌써 4학년인데 초조하다. 학원도 다녀봤지만 시간과
돈만 없앤 기분이다. 최근에는 취업을 위해 여러 곳에 이력서를 냈는데, 번번히
탈락의 고배를 마셨다.
```

```
</P>
강의 중간 쉬는 시간에 김모군과 오랜 대화를 나눴다.
</BODY>
</HTML>
```

위 예제를 실행해 보면 다음과 같다.

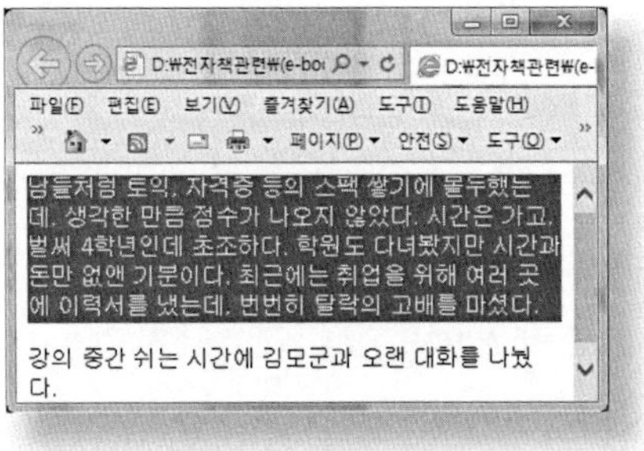

다수 선택자

다음으로 다수 선택자는 기존의 태그 선택자의 확장된 형태라 할 수 있다. 태그 연산자가 HTML 태그명을 이용해서 CSS 스타일을 만들었던 것처럼 다수 선택자의 경우도 마찬가지이다. 차이라면 하나의 태그가 아닌 여러 개의 태그에 동일한 스타일을 적용할 수 있다는 점이다.

예를 들어 보면 다음과 같다. STYLE 태그 내에 태그 선택자와 같은 형태로 기술되어 있다. 다만 다른 점은 태그 명을 여러 개 작성하였고 태그 명 간의 구분을 위해 , 기호를 적용하였다. 여기서 사용한 태그는 P와 U 태그인데, 실제 BODY 태그 내에서 P와 U 태그를 일반적인 방법으로 그대로 사용하였는데, P와 U의 본연의 기능 이외에 CSS 스타일이 적용된 것을 볼 수 있다.

```
〈HTML〉
〈HEAD〉
〈STYLE TYPE="text/css"〉
        P, U {background:#005566; color:white}
〈/STYLE〉
〈/HEAD〉
〈BODY〉
〈P〉
남들처럼 토익, 자격증 등의 스팩 쌓기에 몰두했는데, 생각한 만큼 점수가 나오지 않았다. 시간은 가고, 벌써 4학년인데 초조하다. 학원도 다녀봤지만 시간과 돈만 없앤 기분이다. 최근에는 취업을 위해 여러 곳에 이력서를 냈는데, 번번히 탈락의 고배를 마셨다.
〈/P〉
〈U〉강의 중간 쉬는 시간에 김모군과 오랜 대화를 나눴다. 〈/U〉
〈/BODY〉
〈/HTML〉
```

위 예제를 실행 결과는 다음과 같다.

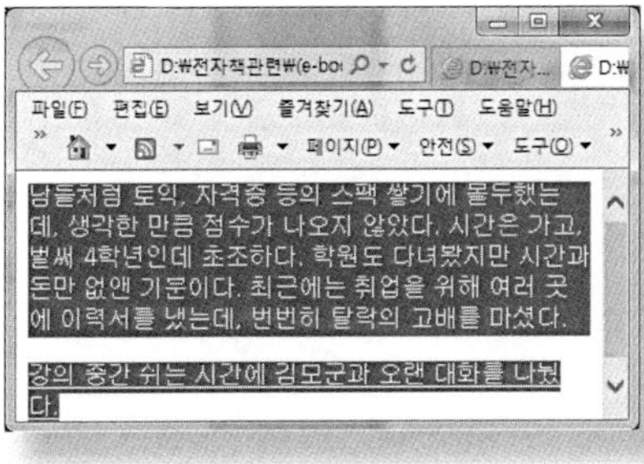

자손 선택자

마지막으로 자손 선택자는 앞선 다수 선택자와 유사해 보인다. 그러나 STYLE 태그 내에 기술하는 여러 개의 태그 간에, 기호 없이 적용되어 있음을 알 수 있다. 다음 예로 보자면 STYLE 태그 내에 태그1과 태그2가 나란히 작성되어 있다. 여기서 태그1은 태그2를 포함하고 있는 경우를 뜻한다. 즉 태그1 안에 태그2가 있는 경우 CSS 스타일이 적용됨을 의미한다.

```
<STYLE TYPE= "text/css">
        태그1  태그2 { 속성:값; }
</STYLE>
```

따라서 위와 같은 자손 선택자가 적용된 경우 BODY 태그 내에서는 태그1 내에 태그2가 있는 경우에 해당 CSS 스타일이 적용되는 것이다.

```
<BODY>
<태그1>
        <태그2>
        </태그2>
</태그1>
</BODY>
```

실제 예로써 살펴보면 다음과 같다. STYLE 태그 내부를 살펴보면 P U의 순서로 작성되었다. 즉 P 태그 내에 포함된 U 태그가 있는 경우 CSS 스타일을 적용하겠다는 의미이다. 따라서 BODY 태그 내에 기술한 형태를 보면 그냥 P 태그만을 사용한 경우는 어떠한 스타일도 적용되지 않음을 확인 할 수 있다. P 태그 내에 U 태그가 적용된 위치만 해당 CSS 스타일이 적용되었다.

```
〈HTML〉
〈HEAD〉
〈STYLE TYPE="text/css"〉
        P U {background:#005566; color:white}
〈/STYLE〉
〈/HEAD〉
〈BODY〉
〈P〉
남들처럼 토익, 〈U〉자격증 등의 스팩 쌓기에 몰두했는데,〈/U〉 생각한 만큼 점수
가 나오지 않았다. 시간은 가고, 벌써 4학년인데 초조하다. 학원도 다녀봤지만
시간과 돈만 없앤 기분이다. 최근에는 취업을 위해 여러 곳에 이력서를 냈는데,
번번히 탈락의 고배를 마셨다.
〈/P〉
〈P〉강의 중간 쉬는 시간에 김모군과 오랜 대화를 나눴다. 〈/P〉
〈/BODY〉
〈/HTML〉
```

위의 예를 실행한 결과는 다음과 같다.

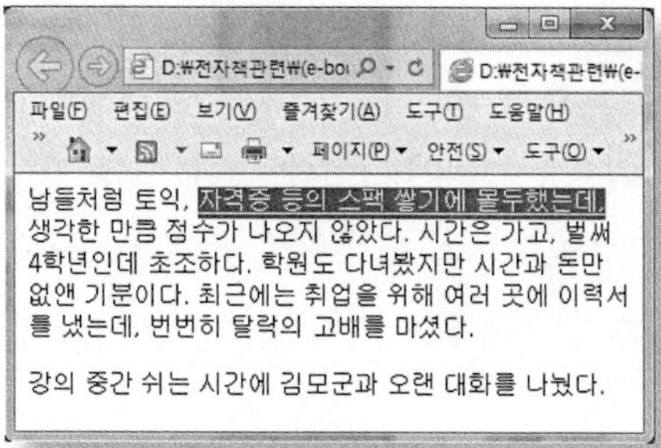

글꼴 관련 스타일 속성

글꼴과 관련된 스타일 속성에 대해 알아보자. 글자에 적용할 스타일로는 글자 크기, 글자체, 글자 굵기, 글꼴 모양, 텍스트 꾸미기, 글자 색상, 대소문자 구분 등이 있다.

글자에 적용할 스타일 종류

1. 글자 크기
2. 글자체
3. 글자 굵기
4. 글꼴 모양
5. 텍스트 꾸미기
6. 글자 색상
7. 대소문자 구분

먼저 글자 크기와 관련된 스타일 속성에 대해 알아보자. 글자 크기 속성명은 font-size이다. font-size 속성을 STYLE 태그 내에 적용해 보면 다음과 같다. 우리가 흔히 알고 있는 글자의 크기의 단위는 pt나 px로 여기에서도 그대로 사용하면 된다. BODY 태그 내에 U 태그를 적용하면 해당 글은 U 태그의 본연의 기능 외에도 글자 크기가 20pt로 커지게 된다.

```
<STYLE TYPE="text/css">
        U{font-size:20pt; }
</STYLE>
```

font-size 속성의 값은 숫자의 형태 뿐만 아니라 상대적인 값으로도 표현 할 수 있다. 글자 크기를 매우 작게 만들려면 xx-small을 쓴다. 글자의 크기 순으로 나열해 보면, xx-small, x-small, small, medium, large, x-large, xx-large와 같다. 다음 예에서와 같이 적용하면 BODY 태그 내에서 U 태그를 입력하였을 때 해당 글자는 매우 작은 사이즈로 표현될 것이다.

```
<STYLE TYPE="text/css">
        U{font-size:xx-small; }
</STYLE>
```

글자체와 관련된 CSS 스타일 속성 명은 font-family 이다. font-family의 속성값으로는 컴퓨터에 설치되어 있는 글씨체 이름을 작성하면 된다. 다음 예는 font-family의 값으로 궁서체를 지정하였다. 다음 예에서처럼 HTML 코드 내에 U 태그를 적용하면, 해당 글은 U태그의 고유 기능에 더하여 궁서체로 설정될 것이다.

```
〈STYLE TYPE="text/css"〉
        U{font-family:궁서체; }
〈/STYLE〉
```

글자 굵기와 관련해서는 font-weight가 CSS 스타일 속성명이다. font-weight의 속성값으로는 그 굵기에 따라 lighter, normal, bold, bolder 중에 하나의 값으로 정하면 된다. 수치로 표현 할 경우 100 단위로 100에서 900까지의 값 가운데 하나를 입력하면 된다. 다음 예와 같이 적용할 수 있고, 마찬 가지로 HTML 코드 내에 U 태그를 적용하면, 해당 글은 U태그의 고유 기능에 더하여 굵어질 것이다.

```
〈STYLE TYPE="text/css"〉
        U{font-weight:bolder; }
〈/S TYLE〉
```

글꼴 모양과 관련해서는 font-style이 CSS 스타일 속성명이다. fontstyle의 속성값으로는 normal, oblique, italic이 있다. oblique와 italic은 모두 기울임 효과를 준다.

```
<STYLE TYPE="text/css">
        U{font-style:italic; }
</STYLE>
```

텍스트 꾸미기와 관련해서는 text-decoration이 CSS 스타일 속성명이다. text-decoration의 속성값으로는 none, underline, overline, line-through가 있다. none은 미지정을 의미한다. underline은 밑줄을 의미한다. overline은 윗줄을 의미한다. line-through는 취소선을 의미한다. 예를 들어 U 태그에 text-decoration 속성으로 none을 정했다면, 실제 U 태그의 고유한 기능은 밑줄의 기능 조차도 실현되지 않는다.

```
<STYLE TYPE="text/css">
        U{text-decoration:none; }
</STYLE>
```

글자 색상과 관련해서는 이미 경험한 바와 같이 color가 CSS 스타일 속성명이다.

대소문자 구분과 관련해서는 text-transform이 CSS 스타일 속성명이다. 대소문자 구분 기능은 HTML 문서의 내용이 영문일 때 적용한다.

한글은 대소문자의 개념이 없으니 무용지물이겠다. text-transform 속성값으로는 capitalize, uppercase, lowercase가 있다. capitalize의 경우 첫 글자를 대문자로 만들고자 할 때 적용한다. uppercase의 경우 모두 대문자로 만들 때 사용한다. 반대로 lowercase는 모두 소문자로 만들 때 사용한다. 다음과 같이 text-transform 속성을 지정해 보자.

```
<STYLE TYPE="text/css">
        P{text-transform:uppercase; }
</STYLE>
```

실제 HTML의 BODY 태그 내에 다음과 같이 영어 문장을 모두 소문자로 작성한 후 실행해 보라. 모두 대문자로 바뀐 결과를 확인할 수 있을 것이다.

```
<P>i love tu~~</P>
```

지금까지 글꼴 관련 속성에 대해 살펴보았다. 다음은 글꼴 관련 속성 가운데 몇 가지를 대입한 예제이다.

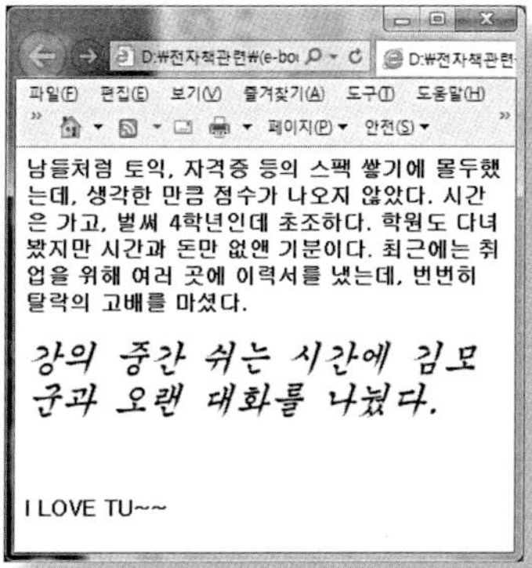

위의 결과물의 실제 HTML 코드 예제는 다음과 같다.

```
〈HTML〉
〈HEAD〉
〈STYLE TYPE="text/css"〉
        U{font-size:20pt; font-family:궁서체; font-style:italic; text-decoration:none}
        P{font-weight:bolder; text-transform:uppercase}
〈/STYLE〉
〈/HEAD〉

〈BODY〉

〈P〉
남들처럼 토익, 자격증 등의 스팩 쌓기에 몰두했는데, 생각한 만큼 점수가 나오지 않았다. 시간은 가고, 벌써 4학년인데 초조하다. 학원도 다녀봤지만 시간과 돈만 없앤 기분이다. 최근에는 취업을 위해 여러 곳에 이력서를 냈는데, 번번히 탈락의 고배를 마셨다.
```

```
</P>

<U>강의 중간 쉬는 시간에 김모군과 오랜 대화를 나눴다. </U> <BR><BR><BR>

<P>i love tu~~</P>

</BODY>
</HTML>
```

문단 관련 스타일 속성

문단 관련 스타일 속성에 대해 살펴보겠다. text-align 스타일 속성은 수평 정렬과 관련되어 있다. HTML 문서의 내용을 웹 브라우저의 사각형 틀 내에서 중간 정렬, 오른쪽 정렬, 왼쪽 정렬, 양쪽 정렬을 수행할 수 있도록 한다. 중간 정렬의 속성값은 center, 오른쪽 정렬의 속성값은 right, 왼쪽 정렬의 속성값은 left, 양쪽 정렬의 속성값은 justify이다.

- center
- right
- left
- justify

예를 들어, 문단을 오른쪽 정렬 기능을 수행하고자 한다면 스타일 속성을 text-align:right와 같이 부여하면 되는 것이다. 이를 DIV 태그에 적용해 보면 다음과 같다.

```
<DIV STYLE="text-align:right">
새 학기를 맞아 볼펜 한 자루를 샀습니다.
</DIV>
```

문단을 이루고 있는 글은 여러 줄로 표현되곤 하는데, 줄과 줄 간의 높이를 지정할 수 있다. CSS 스타일 속성 가운데 line-height가 그 역할을 수행한다. 이 속성의 값은 숫자로 표현하면 되겠다.

```
<DIV STYLE="line-height:2">
루이스 세풀베다의 소설책 연애소설읽는노인을 보면 단출한 삶이 부럽기까지 합
니다.
</DIV>
```

하나의 문단이 시작될 때 첫 번째 줄의 시작 글은 어느 정도 들여쓰기를 하곤 한다. 이러한 들여쓰기와 관련된 CSS 스타일 속성은 text-indent이다. 속성값은 숫자로 표현하면 된다.

```
<DIV STYLE="text-indent:40">
어쩜 필요하지도 않은 물건을 욕망하다 인생을 허비하고 있지 않은가
</DIV>
```

다음은 이러한 문단 관련 스타일 속성을 적용한 예이다.

```
<HTML>
<HEAD>
</HEAD>
<BODY>
<DIV STYLE="text-align:right">
새 학기를 맞아 볼펜 한 자루를 샀습니다.
집에 돌아와 필통을 살피니 비슷한 볼펜이 여러 자루 보입니다.
많은 사람들이 불필요한 많은 물건을 가진 것 같습니다.
</DIV>
<DIV STYLE="line-height:2">
루이스 세풀베다의 소설책 연애소설읽는노인을 보면 단출한 삶이 부럽기까지 합
니다. 주인공 이름은 안토니오 호세 볼리바르 프로아뇨인 노인입니다. 긴 이름과
는 반대로 그가 가진 것은 혼자살기에 딱 적당한 자그마한 오두막, 액자, 의자 없
는 식탁, 식기 한 벌, 연애소설책, 다용도 비누가 전부로 너무나 가볍습니다. 특
히 다용도 비누로는 머리도 감고 샤워도하고 식기도 씻더군요. 한동안 이 책에
빠져서 가볍게 살려고 노력했었습니다.
</DIV>
<DIV STYLE="text-indent:40">
어쩜 필요하지도 않은 물건을 욕망하다 인생을 허비하고 있지 않은가. 그렇게 인
생을 허비하느라 흐린 하늘의 푸르른 회색이 뿜어내는 우아함을 인식하지 못한
건 아닌가. 고드름을 발견하고 옛 추억에 빠지는 즐거운 경험의 시간을 버린 건
아닌가. 행복하기 위해 단출함을 실천하자. 덤으로 은행 잔고도 늘어날 것입니
```

다. 행복이 꼬리에 꼬리를 물 것이구요. 오늘 정말 행복해 라고 마음속으로 외쳐 봅시다.
</DIV>
</BODY>
</HTML>

위의 예를 실행한 결과는 다음과 같다.

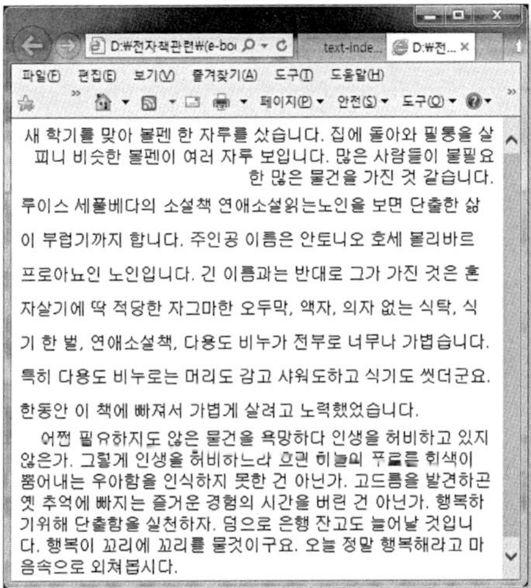

여백 만들기

작성하는 문단에 여백 기능을 부여할 수 있다. 여백과 관련해서는 다음과 같이 margin과 padding이 존재한다.

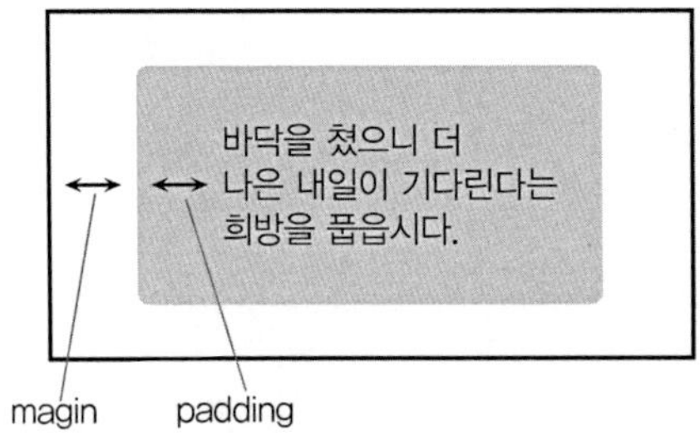

문단의 바깥쪽의 여백은 margin 속성이 담당한다. 구체적인 세부 속성으로는 margin-left, margin-right, margin-top, margin-bottom이 있다. 각각 왼쪽, 오른쪽, 위쪽, 아랫쪽 여백을 나타낸다.

- margin–left
- margin–right
- margin–top
- margin–bottom

문단의 안쪽 여백은 padding 속성이 담당한다. 구체적인 세부 속성으로는 padding-left, padding-right, padding-top, padding-bottom이 있다. 각각 왼쪽, 오른쪽, 위쪽, 아랫쪽 여백을 나타낸다.

- padding–left
- padding–right
- padding–top
- padding–bottom

실제 사용 예를 살펴보면 다음과 같다.

```
<DIV STYLE="margin–left:20;padding–left:0">
조지 오웰(George Orwell)의 소설 1984의 주인공은 윈스턴이라는 남자입니다.
</DIV>
```

다음은 여백과 관련된 코드를 적용한 실제 예이다.

```
<HTML>
<HEAD>
</HEAD>
<BODY>
<DIV STYLE="margin–left:20;padding–left:0">
조지 오웰(George Orwell)의 소설 1984의 주인공은 윈스턴이라는 남자입니다.
윈스턴은 어느 날 업무에 시달린 나머지 젤라틴처럼 녹초가 되었다고 합니다.
```

```
〈/DIV〉
〈DIV STYLE="margin-left:20;padding-left:10"〉
젤라틴(gelatin)은 젤리를 만드는 원료입니다. 윈스턴의 몸은 철저하게 일에 치여
서 젤리처럼 약해졌고 모든 피와 수액이 빠져나가고 신경, 뼈, 가죽만 남은 것 같
았다고 합니다.
〈/DIV〉
〈DIV STYLE="margin-left:0"〉
윈스턴만큼 녹초가 된 상태입니까. 윈스턴의 90%정도에 가까운 상태라구요. 그
렇다면 아직 윈스턴보다는 나은 상태라는 것에 위로 받았으면 합니다. 바닥을 쳤
으니 더 나은 내일이 기다린다는 희망을 품읍시다.
〈/DIV〉
〈/BODY〉
〈/HTML〉
```

위 예를 실행한 결과는 다음과 같다.

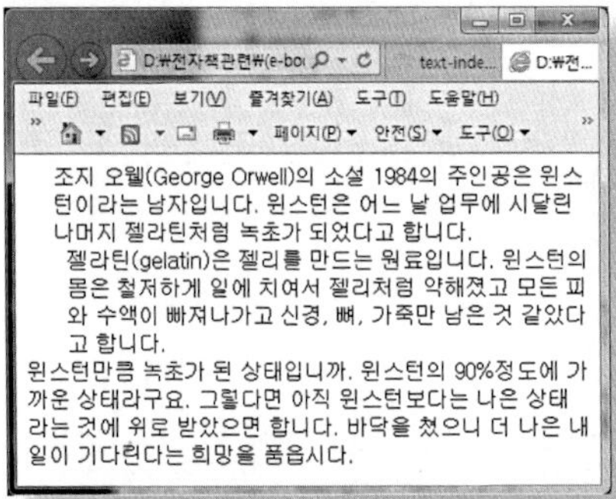

사실 배경 관련 속성, 목록 관련 속성, 하이퍼링크 관련 속성 등 HTML에서의 분류만큼 다양하다. 이 책에서는 HTML의 기본, CSS의

기본과 관련된 내용에 한정해서 다루고 있다. 그래서 글꼴, 문단과 관련된 스타일 속성에 대한 적용 방법을 CSS 대표격으로 알아봤으므로 그 외 속성에 대해서는 생략하도록 하겠다. 실제 대학에서는 컴퓨터 공학 계열의 학과에서 "웹 프로그래밍 기초"라는 전공 과목을 운영하곤 하는데, 이런 종류의 과목에서 HTML과 CSS를 본격적으로 다룬다. 이 책에서는 전자책 작성에 도움이 되는 차원에서 이해하는 정도의 분량만을 다루다 보니 전반적인 내용을 다루지는 않았다. 또한 이 책에서는 HTML과 CSS 문법을 직접적으로 적용하는 형태로 전자책을 만드는 것이 아닌 별도의 인터넷 기반 프로그램을 이용해서 만든다. 따라서 이 책에서 다루는 기초적인 내용만으로도 충분하다 하겠다. 사실 핵심적인 주요 내용은 다 다뤘다고 봐도 무방한 수준으로 판단하면 되겠다.

제10장

출판 노하우
-전자책 출판하기-

전자책 출판 사이트 회원 가입하기

내페이퍼 기능 살펴보기

관리 메뉴 살펴보기

전자책 등록하기

학습 목표

- 전자책 출판 사이트에 회원으로 가입하자.
- 내페이퍼 기능에 대해 살펴보자.
- 관리 메뉴에 대해 알아보고 사용할 수 있다.
- 전자책 등록하기를 수행할 수 있다.

대부분의 전자책 제작 사이트가 그 기능이 비슷하다. 그래서 하나의 사이트를 정하고, 그 기능을 익혀두면 다른 곳도 비슷하게 적용할 수 있다. 이 책에서는 전자책 제작을 도와주는 사이트 가운데 유페이퍼(uPaper)를 중점적으로 소개하고자 한다. 유페이퍼 홈페이지에 접속해 보면 다양한 전자책을 판매하고 있음을 확인 할 수 있다. 사이트를 이용하기 위해서는 로그인 메뉴 하단에 위치하고 있는 회원가입 버튼의 클릭으로 시작해야 한다. 회원에 가입한 후 아이디와 패스워드를 입력하여 로그인하면 본격적으로 유페이퍼 사이트를 이용 할 수 있다.

전자책 출판 사이트 회원 가입하기

회원가입 항목은 다른 사이트와 비슷하다. 아이디는 영문이 기본이고 숫자도 가능하다. 특수문자 가운데는 "_"가 가능하다. 그러나 한글은 지원하지 않는다. 기본적으로 3자 이상이어야 하고 20자 이내로 만든다. 패스워드는 4자 이상이어야 하고, 영문, 숫자, 특수문자를 골고루 사용할 수 있다. 대소문자를 구분하므로 주의해서 패스워드를 정하기 바란다. 패스워드는 되도록이면 영문, 숫자, 특수문자가 골고루 포함된 형태로 작성하는 것이 보안 상으로도 좋다. 본인 이름은 실명으로 작성한다. 실명으로 작성하여야 전자책 판매분에 대한 정산에 있어서 통장 입금이 이뤄질 때 본인 일치 여부를 확인 후 보내주기 때문에 중요하다. 그리고 이메일의 경우는 매우 중요하다. 수신 가능한 이메일 주소를 작성해야 한다. 간혹 아이디나 패스워드를 잊어버렸을 경우 재설

정해야 하는데, 이때 이메일을 통한 인증이 이뤄짐으로 이메일 주소를 정확히 기입한다. 전자책을 판매하는 경우 판매 내역과 같은 중요 메일도 보내짐으로 자주 확인하는 이메일 주소를 입력해두는 것이 유용할 것이다. 휴대폰 번호는 국가 코드인 82는 그대로 두고 뒷칸에 본인 확인용 연락처 번호를 정확히 입력하면 된다.

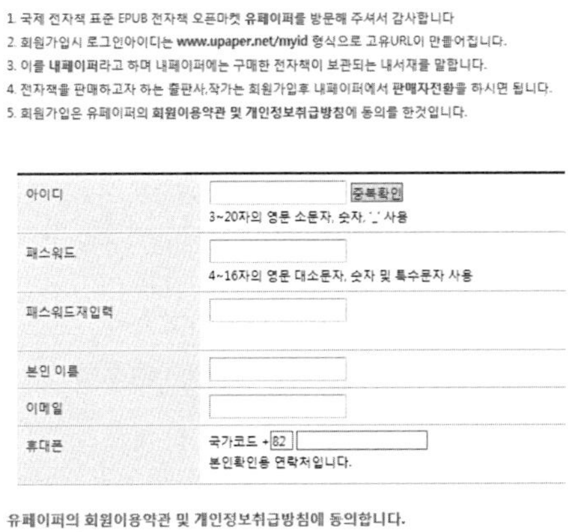

유페이퍼에 로그인 하면 다음과 같은 "전자책 판매자 등록하기" 버튼이 보인다. 전자책을 만들어 판매하고자 하는 회원이라면 이 버튼을 클릭하여 판매자로 등록하여야 한다.

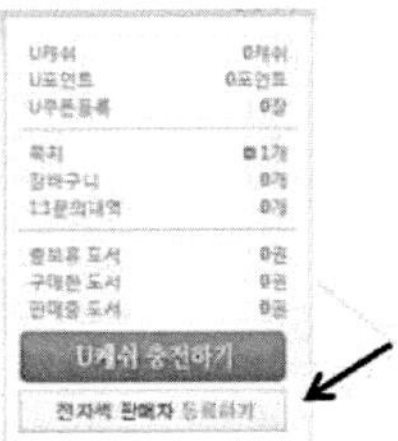

사업자 구분에서 "일반개인"으로 등록한다. 물론 출판사로 등록이 되어있는 법인 사업자라면 "법인(개인)사업자"를 선택한다. 이 책을 읽고 있는 대부분의 개인은 별도의 출판사 없이 개인적으로 전자책을 판매하려는 목적이므로 "일반개인"으로 등록하는 경우일 것이다.

일반개인으로 등록한 후 전자책을 제작하고 판매할 때 출판사명을 "유페이퍼"로 작성하면 된다. 전자책 판매에 대한 정산은 기본적으로 "일반개인"으로 등록한 경우 소득세와 주민세 3.3%를 공제한 후 입금된다. 소득세 신고의 경우도 유페이퍼에서 별도로 신청하니 신경쓰지 않아도 된다.

예금주 성명 항목에 실명을 기제하고, 정산 은행명과 계좌번호를 입력한다. 본인 실명으로 개설된 계좌만 가능하다. 판매 수수료는 30%로 정해져 있다. 다른 전자책 판매 대행 사이트들이 많은데, 30%면 매우 낮은 수준의 판매 수수료에 해당된다. 40~50% 정도의 수수료를 책정한 사이트들도 많다. 수익은 판매 수수료를 제하고 판매금액의 70%가 된다.

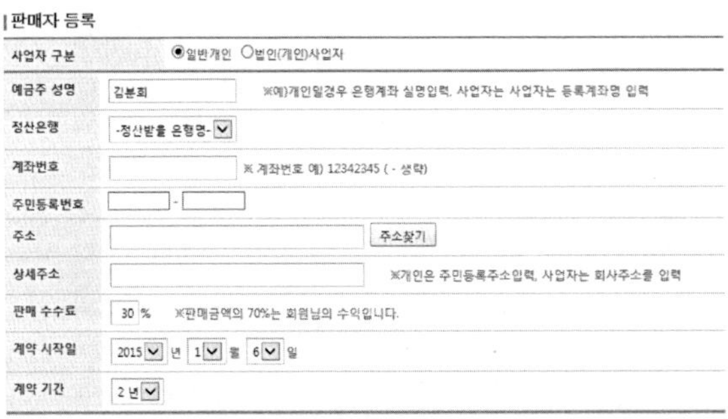

판매자 등록에 있어서 사업자 구분 항목에 "법인(개인)사업자"로 등록한 경우는 더욱 복잡해진다. 회사명, 사업자번호, 대표자명 등을 입력해야 한다. 그리고 사업자등록증 상에 기재되어 있는 업태와 업종을 입력해야 한다. 또한 전자책 담당자의 부서, 직책, 이름, 전화, 휴대폰 번호를 입력해야 한다.

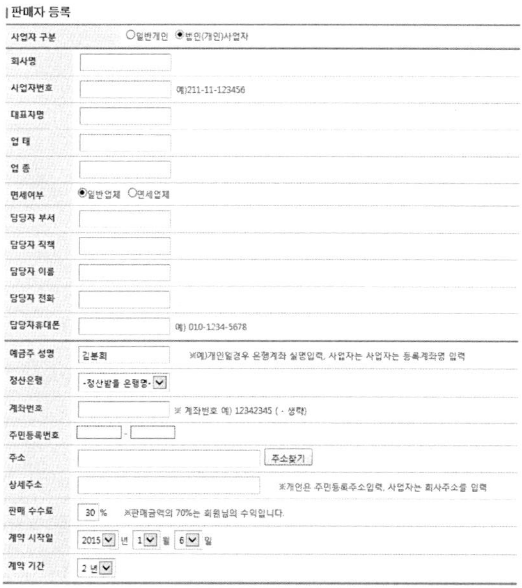

유페이퍼에는 이번 주 베스트셀러 기능이 있다. 한 주 동안 가장 많이 팔린 전자책에 대해서 1위부터 10위까지 정하고 있는데, 저자의 책인 "Pink Rabbit"이 2012년 12월 12일 기준으로 이번 주 베스트셀러 6위에 올랐었다. 주간 베스트셀러는 누구나 가능한 것으로 생각된다. 실제 주간 베스트셀러에 오른다면 본인의 이력 사항으로 추가 될 수도 있을 것이니 일석이조가 될 수 있지 않을까 하는 짧은 생각도 든다.

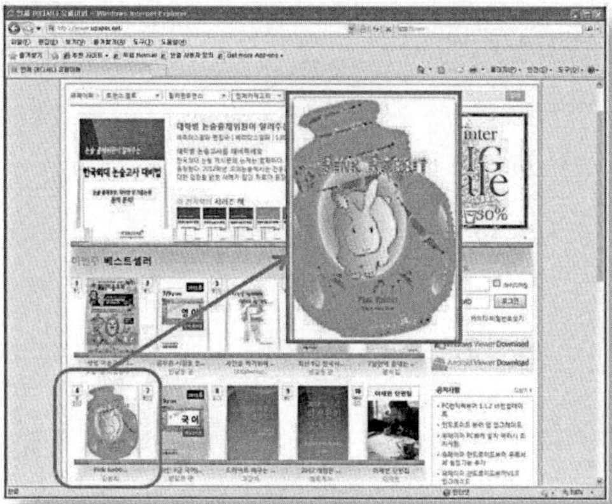

로그인이 완료되면, 아이디와 패스워드를 입력했던 자리에 "구매한 도서", "판매중 도서" 등에 대한 간략 정보가 표시된다. 즉 본인이 전자책을 구매한 적이 있다면 "구매한 도서" 항목에 카운팅 될 것이다. 그리고 본인이 판매중인 도서가 있다면 "판매중 도서" 항목에 카운팅 될 것이다. 이제 막 회원가입한 사람은 모두 0으로 카운팅 되어 있을 것이다. 아이디와 패스워드를 입력했던 자리 바로 위쪽에 "내페이퍼" 버튼이 있다. "내페이퍼" 버튼을 클릭하면 새로운 창이 뜨게 되고 회원가입한 당사자에 대한 상세 정보를 확인할 수 있다. 그리고, 전자책을 제작하고 등록하는데 필요한 메뉴를 포함하고 있다.

내페이퍼 기능 살펴보기

"내페이퍼"는 회원에 가입하면 자동으로 만들어지는 나만의 사이트이다. 구매한 전자책이 보관되는 내서재 기능이 있어, 네트워크가 연결된 상태에서는 언제나 다운로드 받아갈 수 있다. 현재 컴퓨터를 이용한 접속 뿐만 아니라, 스마트폰, 스마트 패드 등과 같은 기기에서도 지원되고 있다. "내페이퍼"에는 직접 제작하여 올린 전자책에 대한 관리 기능이 있어, 이 또한 마찬가지로 언제 어디서나 네트워크가 연결된 환경에서 관리 가능하다. 유페이퍼에는 다양한 무료 전자책이 제공되고 있다. 그래서 무료로 다운받은 전자책에 대한 관리도 "내페이퍼" 내에서 진행된다. 회원가입했을 때 아이디를 설정했을 것이다. 이 아이디를 기준으로 "내페이퍼" 사이트 주소가 결정된다. 내 아이디가 "wildnature"라면 "내페이퍼" 사이트 주소는 http://www.upaper.net/wildnature 이다. 따라서 자신의 사이트 주소를 기억했다가 다양한 홍보 수단으로 이용할 수 있겠다.

"내페이퍼" 버튼을 클릭했을 때 새로이 뜨는 창을 찬찬히 들여다 보자.

우선 오늘 방문 한 방문객의 수가 보인다. 메뉴로 즐겨찾기, 게시판, 쪽지함, 장바구니, U캐쉬, 관리, 웹에디터가 보인다. 그리고 중간쯤에 현재 판매중인 책들의 표지 리스트가 보인다. 저자가 관리 중인 책은 14권임을 알 수 있다. 실제 처음 회원가입을 하고 난 후 "내페이퍼"로 이동해보면 구매한 책이 없기 때문에 텅 비어진 상태일 것이다. 다른 사람들의 페이퍼나 유페이퍼 홈페이지를 통하여 전자책을 구매한다면 자동으로 추가된다.

관리하고 있는 책 중에 1권을 선택해서 클릭해보면 판매가격, 저자이름, 출판사명 등의 간단 정보가 보인다.

상세보기 버튼을 클릭하면 해당 책의 정보를 자세하게 볼 수 있다. 실제 구매를 원하는 사람에게 제공되는 정보를 그대로 보여주는 것이다. 그 내용에는 책 소개, 목차, 저자 소개 메뉴가 있다. 해당 항목에 대해 관련 내용을 채워두지 않는다면 메뉴는 있고 내용은 없는 형태가 될 것이다. 따라서 기본 메뉴인 책 소개, 목차, 저자 소개 항목에는 적합한 내용으로 채우는 것이 좋겠다.

관리 메뉴 살펴보기

"관리" 메뉴를 클릭해보면, 기본정보 관리와 페이퍼 관리 등의 기능이 존재한다. 우선 기본정보에 페이퍼 제목을 입력하기 바란다. 저자의 페이지에 최 상단은 "썸캔디스 페이퍼"라는 명칭이 크게 보인다. 이러한 명칭은 "기본정보 관리"의 "페이퍼 제목"에 입력한 내용이 반영된 것이다. 마찬가지로 상단 오른쪽에 있는 이미지는 "페이퍼 대표 이미지" 기능을 이용하여 그림을 입력한 것이다. 여러분들도 해당 페이퍼의 대표 이미지를 가로 80픽셀, 세로 87픽셀 이내로 된 그림파일을 만들어 올려보자. 그림 파일 포맷으로는 JPG나 GIF를 기본으로 사용한다. 그리고 나서 페이퍼 소개 글도 간단하게 채우고, "확인" 버튼을 클릭하면 기본정보가 저장된다.

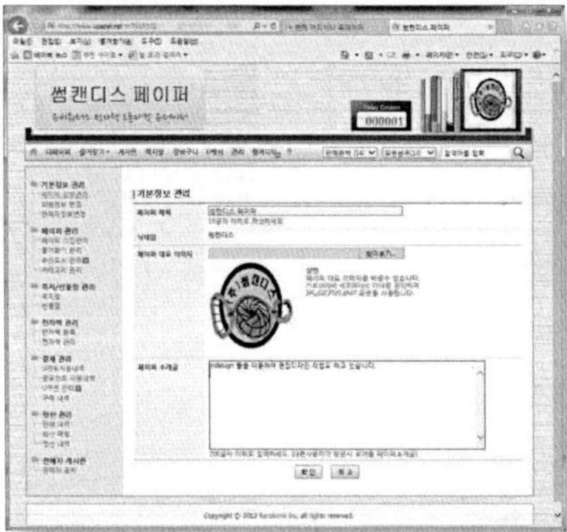

윈도우 운영체제 기반의 컴퓨터의 경우 "그림판" 프로그램은 기본으로 설치되어 있다. "그림판"의 기능 가운데 "크기 조정 및 기울이기" 메뉴를 활용하여 픽셀 단위의 그림 크기를 설정 할 수 있다. 80픽셀은 엄지 손가락 한마디 정도의 너비로 크기가 매우 작다. 이 정도의 사이즈로 "페이퍼 대표 이미지"를 만든다.

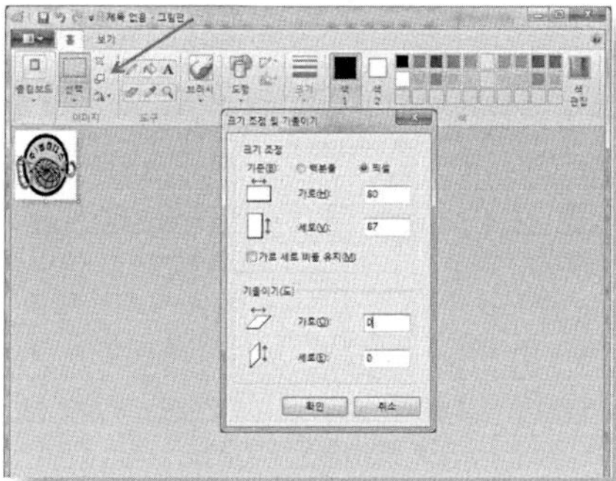

"판매자정보변경" 메뉴는 판매자의 정보를 관리하기 위한 목적에서 채워진 내용이다. 판매된 책에 대해 매달 정산이 이뤄지는데, 입금할 예금주명, 정산은행, 계좌번호 등을 입력하여야 한다. 개인 정보로써 주민등록번호와 주소 정보도 입력한 후 "등록하기" 버튼을 클릭하여 완성한다. 지금까지는 "기본정보 관리" 안의 세부 메뉴에 대해 살펴보았다. 여러 메뉴들이 있지만 대부분 내용을 읽어보면 알 수 있는 기능이다. 이 중에 가장 중요한 메뉴는 "전자책 관리"다.

전자책 등록하기

"전자책 관리" 메뉴에는 "전자책 등록" 메뉴와 "전자책 관리" 메뉴가 있다. 새로운 전자책을 유페이퍼 사이트에 등록을 하려면 "전자책 등록" 메뉴를 이용한다. "전자책 등록" 메뉴를 클릭하면 새로운 창이 뜬다. 해당 창에는 여러 개의 탭이 보인다. 작업중인 전자책, 제작완료 전자책, 판매대기 전자책, 판매중 전자책, ECN 발급 관리 등이다. 이 탭들 가운데 가장 앞에 있는 탭이 작업중인 전자책인데, 해당 페이지의 하단에 "전자책 등록" 버튼이 보인다. 전자책 만들기를 시도하려면 이 버튼을 클릭해야 한다.

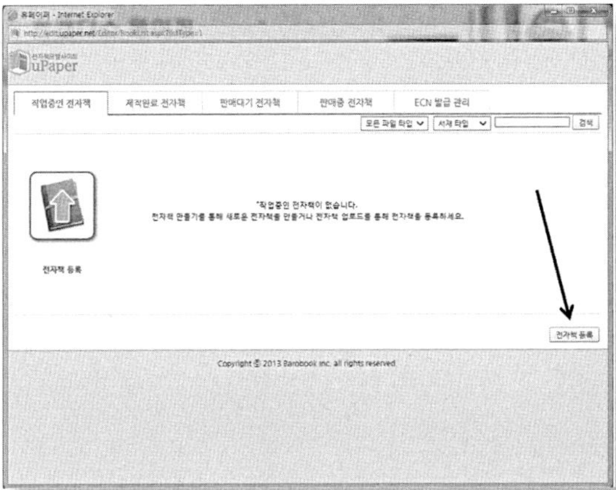

다음은 "전자책 등록" 버튼을 클릭 했을 때 나타나는 화면이다. 전자책 제목, 저자명, 출판사명, 출간일자, 카테고리, 전자책 소개, 저자 소개 등의 내용을 기입할 수 있다. 실제로 등록한 전자책이 판매될 때 전자책 소개, 저자 소개 항목의 내용을 소비자가 보게 된다. 따라서 전자책의 판매율을 높이기 위해 심사숙고 할 첫 작업이 전자책 소개, 저자 소개의 내용 채우기 일 것이다. 만약 저자 소개 부분을 대충 이름만 써 놓았다면, 실제 소비자들은 저자 소개 메뉴에 이름만 작성된 것을 보게 된다. 소비자는 이렇게 빈약한 정보를 보고 이 책을 살 것인가 말 것인가를 결정해야 하니 아무래도 노력을 기울여 작성하는 것이 좋을 듯 하다. 모든 내용을 기입하였으면, 하단에 있는 "다음 단계로" 버튼을 클릭한다.

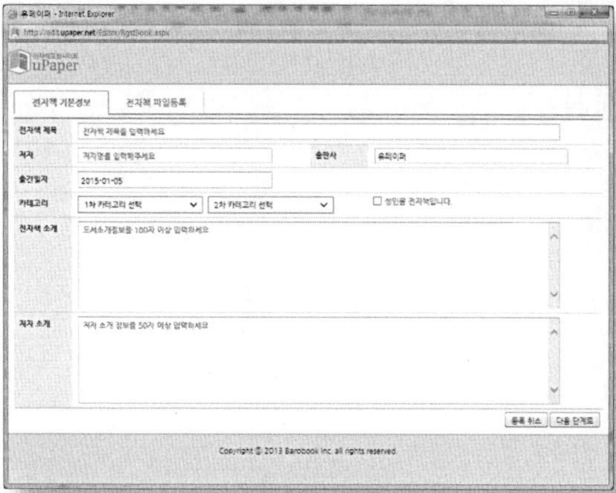

전자책 파일이 이미 존재 하는 경우 "전자책 업로드"에 체크한다. 그렇지 않은 경우는 "웹 전자책 에디터로 제작"을 선택한다. 기본적으로 처음 전자책을 만드는 경우 두 번째 항목인 "웹 전자책 에디터로 제작"을 클릭한다.

그리고 "EPUB 전자책 ISBN" 항목과 "EPUB 전자책 ECN" 항목은 필수값이 아니므로 비워둔다.

보통 출판사를 창업한 경우 자체적으로 책에 대한 고유 번호인 ISBN을 부여할 수 있다. 대부분 이 책을 읽고 있는 사람들은 출판사를 개업하지 않은 일반인으로 개인적으로 전자책을 출판하려는 것일 가능성이 높다. 이와 같이 개인 출판의 형태로 전자책만 등록하는 경우에는 이러한 ISBN 값은 생략해도 좋다.

책 표지를 만들어 놓았는가. 그렇다면 책 표지에 해당하는 그림파일을 이용하여 업로드 할 수 있다. 다음 화면에서 "EPUB 전자책 표지"

항목의 "찾아보기" 버튼을 클릭하여 여러분들이 가지고 있는 표지 그림 파일을 선택한다. 책 표지에 해당하는 그림 파일이 없는 경우라면 "표지 템플릿"을 활용하기 바란다. 유페이퍼에서 제공하는 몇 가지의 샘플 표지가 있어서 선택할 수 있도록 해놓았다.

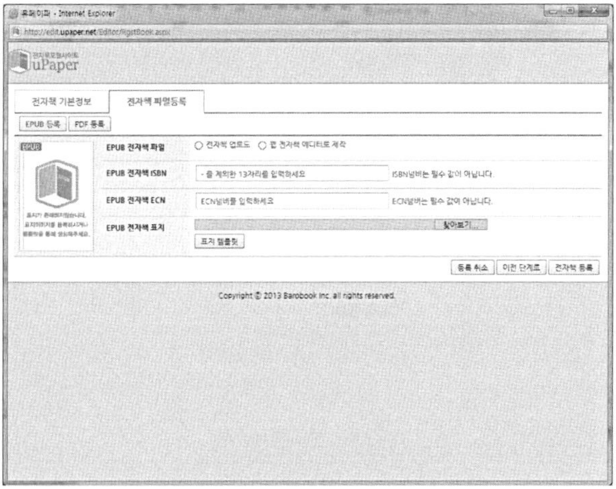

"표지 템플릿"을 클릭하면 별도의 창이 뜬다. 상단에 있는 기본 형태 가운데 마음에 드는 표지를 선택하면, 나의 전자책 표지에 반영 된다.

"판형 템플릿 이름"에 포함되어 있는 전자책 제목, 전자책 소제목, 전자책 저자, 출판사의 내용을 작성하고, 글꼴 크기나 글꼴 색상을 선택하여 변경해 보자. 다 작성하였으면 "미리보기" 버튼을 클릭한다. 반영된 내용이 왼쪽 화면에 보일 것이다. 이 표지 디자인을 그대로 이용하겠다면 "표지생성" 버튼을 클릭한다.

"표지생성"까지 마쳤다면 "전자책 파일 등록"이 있던 창의 하단에 있는 “전자책 등록” 버튼을 클릭하여 완성한다.

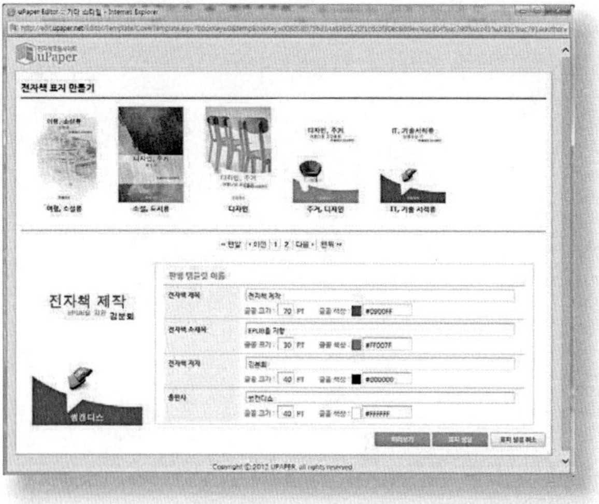

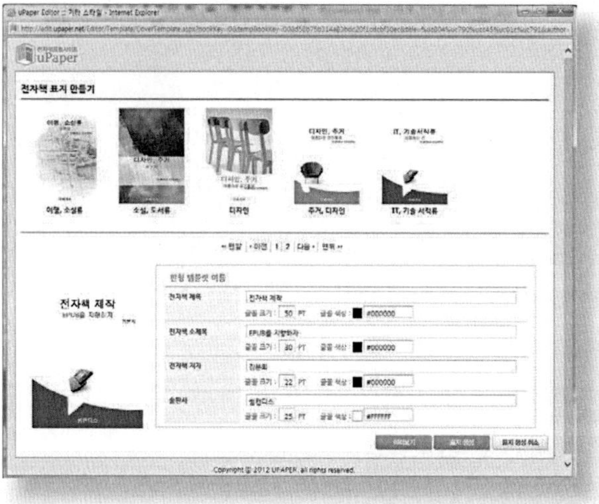

다음과 같은 화면이 나온다면 “EPUB 편집” 버튼을 클릭하여, 본격적으로 만들려고 하는 전자책의 내용을 채워 넣는 작업을 진행한다.

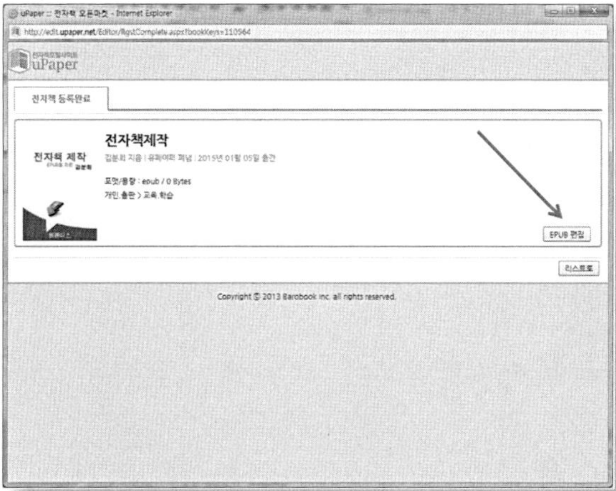

“EPUB 편집” 버튼을 클릭하여 전자책 제작 작업을 하다가 로그아웃 후 다음날 다시 로그인 하여 미완성된 작업을 마무리 하고자 한다면, “웹에디터” 버튼을 클릭한다.

작업 중인 파일의 표지가 보이고, 편집, 수정, 삭제 버튼이 보인다. 삭제는 작업하던 전자책 파일을 말 그대로 삭제한다는 의미이다. 작업하던 중인 책을 다시 열어서 편집하고자 한다면 "편집" 버튼을 클릭하면 된다. "수정"은 전자책 소개 등이 포함된 전자책 정보 수정을 하고자 할 때 이용한다.

"편집" 버튼을 클릭하면 왼쪽에 목차가 있고, 해당 목차에 대한 삭제와 편집의 기능을 수행하는 버튼이 있다. 목차에는 전자책을 만들기 시작하면 기본으로 들어가 있는 것이 "표지 페이지" 부분과 "판권 페이지" 부분이다. "표지 페이지" 부분은 말 그대로 책의 표지에 해당되는 부분이다. "판권 페이지" 부분은 책의 가격이 얼마인지 등에 대한 정보를 포함하고 있다. 하나의 책에는 표지와 판권 페이지만 있는 것은 아닐 것이다. 각자의 책의 목차에 해당되는 부분은 추가의 과정을 통하여 늘려서 사용하면 된다. 만일 다음과 같은 목차가 추가되어야 한다고 생각해보자.

파트 1. 자연스러운 꽃을 수놓다
파트 2. 아기자기한 사물을 수놓다
파트 3. 자수 준비하기

그러면 유페이퍼의 웹 에디터 상에는 다음과 같은 목차의 리스트를 추가하여 완성하면 되겠다.

표지 페이지
판권 페이지
파트 1. 자연스러운 꽃을 수놓다
파트 2. 아기자기한 사물을 수놓다
파트 3. 자수 준비하기

목차에서 "표지 페이지"를 선택하면, 이전에 만들었던 표지의 그림의 보인다. 표지 그림이 보이는 위치가 책의 내용을 작성하는 공간으로 상단에 보면 다양한 문서 꾸미기 버튼이 나열되어 있다. 글자를 굵어 보이게 하는 "B" 메뉴도 있고, 글자를 기울여 쓰도록 하는 "I" 메뉴도 있으며, 글을 중간 정렬하는 메뉴 등 다양한 문서 꾸미기 버튼이 나열되어 있는 것이다. 이러한 메뉴 위쪽에는 "작업내용 저장"이라는 이름의 버튼이 보인다. 이 웹 에디터를 이용하여 책의 내용을 입력하면서, 중간 중간 "작업내용 저장" 버튼을 클릭하여 저장하기 바란다. 간혹, 시스템의 문제로 열심히 작업한 내용이 사라지곤 하기 때문이다.

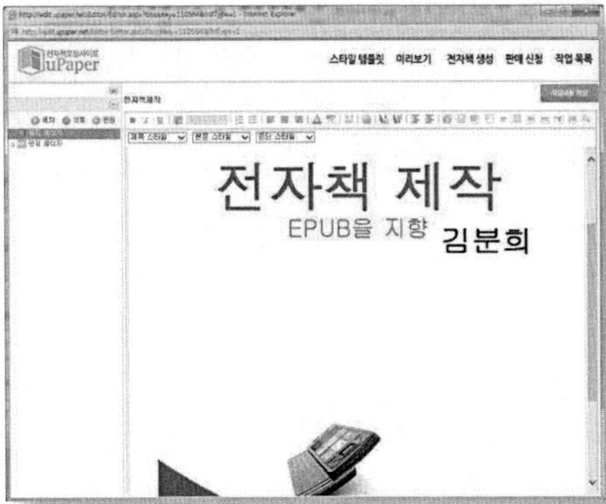

새로운 목차를 완성하고, 그 안의 내용을 다 채워 완성하였다면, 그 다음 할 일은 전자책 판매 단계일 것이다. 이 단계에 이른다면 여러분들이 완성한 전자책에 대해서 "전자책 생성" 메뉴를 클릭한다. 이 메뉴는 웹 에디터의 최 상단의 중간쯤에 위치해 있다. 이 "전자책 생성" 메뉴를 클릭하면 판매 신청을 하겠냐고 묻는 창이 뜬다. 여기서 "확인" 버튼을 클릭한다. 그러면 전자책 생성 단계로 진행하게 된다.

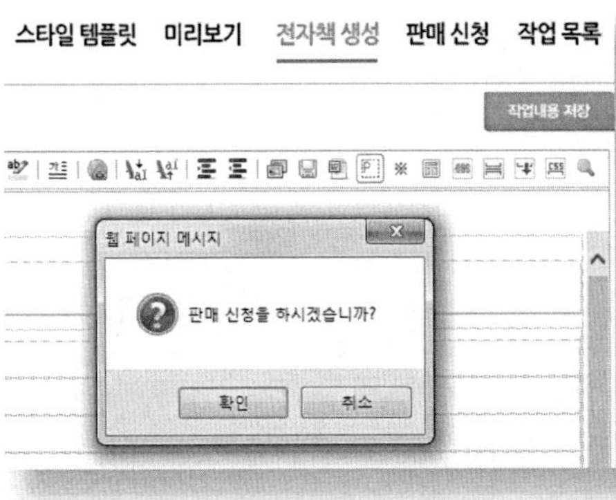

책이 포함될 카테고리를 정하는 등 필요한 항목을 입력한다. 판매가격 부분 옆에는 DRM 적용과 관련된 체크 박스가 있다. DRM 기술이 적용된 전자책을 만들고자 한다면, 이 부분을 체크하면 된다. DRM 기술이 적용되지 않은 전자책을 만들고자 한다면 체크하지 않으면 된다. 그리고 나서 하단에 있는 "판매제휴사 선택" 버튼을 클릭한다.

"판매제휴사 선택" 버튼을 클릭했을 때 여러분이 생성한 전자책의 판매처를 선택할 수 있다. 물론 유페이퍼 사이트에서만 판매할 수도 있겠지만 예스24나 알라딘 같은 유명 사이트에서도 판매하려면 해당 제휴사명에 체크하면 된다. 판매되는 곳이 많을 수록 내 전자책이 판매될 기회가 늘어날 가능성이 높겠다. 이러한 판매 제휴사에 대한 선택이 완료했다면 "판매신청 완료" 버튼을 클릭한다.

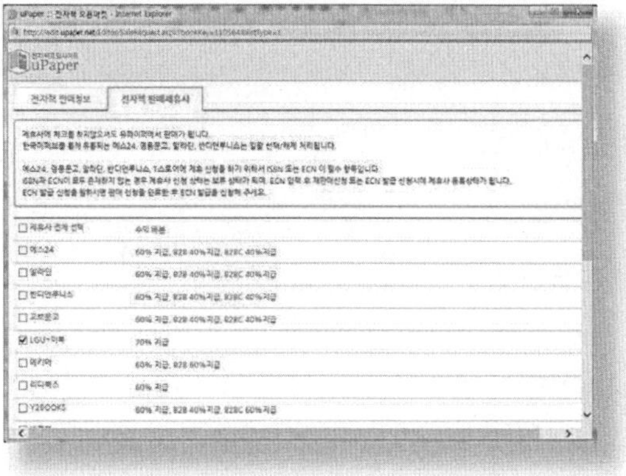

"판매신청 완료" 버튼까지 클릭하고 나면, 전자책 생성과 판매 신청의 과정은 끝난 것이다. 이러한 과정이 끝났다 하여 여러분이 만든 전자책이 곧바로 판매중인 전자책으로 진행되진 않는다. 다음과 같이 "판매대기 전자책"으로 진행된다. 판매대기의 과정에서는 해당 전자책이 판매되어도 좋은지, 파일에 오류는 없는지 등에 대해 검수하는 과정이 유페이퍼 측에서 진행된다. 따라서 "판매대기 전자책"의 상태는 승인대기 상태인 것이다. 승인이 떨어지면 "판매중 전자책"으로 카테고리가 변경될 것이다. 이렇게 승인이 떨어지는데는 빠르면 몇시간에서 늦으면 몇일이 걸릴 수 있다. 보통 1주일 안에 승인이 떨어지는 것으로 판단된다. 이는 유페이퍼 회사의 사정에 따라 달라지는 것으로 회사 입장에서 승인대기 전자책이 많으면, 관련 처리가 늦어질 수도 있는 것이다. 해당 작업을 수행하는 담당자의 스케쥴에 따라 달라질 수 있을 테니 말이다.

승인이 떨어져서 "판매중 전자책"의 범주로 넘어오게 되면, 여기서도 편집, 수정 등의 메뉴가 존재하고, 판매관리 메뉴를 통해 판매처 추가 선택 등의 변경이 가능한 메뉴가 있어 수정이 가능하다. 그리고 해당 책의 표지 상단부에는 EPUB 판매중이라는 글이 보인다. EPUB은 해당 파일의 작성 포맷을 의미한다. 전자책은 EPUB이 가장 표준적인 파일의 형태이지만 PDF와 같은 형태로도 존재할 수 있다. 따라서 전자책에 따라서 EPUB혹은 PDF로 표시될 것이다. 또한 판매중이라는 글은 말 그대로 현재 이 전자책이 판매중임을 표시하는 것이다. 현재 판매중인 전자책이 여러 권일 경우 해당 "판매중 전자책" 메뉴에 여러 권이 표시될 것이다.

과제

번 호	
과목명	
제출자	
제출일	

1. 다음 내용을 이용하여 유페이퍼 사이트에서 전자책을 생성해 보시오.

1.1 책 제목은 다음과 같이 설정한다.

유비쿼터스 개론

1.2 목차는 다음과 같이 구성한다.

표지 페이지

판권 페이지

1장. 유비쿼터스의 기본 개념

2장. 4단계 IT 혁명

3장. 5Any, 5C로 설명하는 유비쿼터스

참고문헌

1.3 책의 소개 부분은 다음과 같이 작성한다.

최근 새로운 IT 패러다임으로 유비쿼터스 컴퓨팅이 등장하였는데, 본 강의에서는 유비쿼터스 컴퓨팅을 위한 핵심 기술인 네트워크, 디바이스, 센싱, 상황인식, 상호작용, 보안 기술에 대해 알아보고, 유비쿼터스 응용 서비스 관련 최신 동향에 대해 다룬다.

1.4 책의 목차에 부합하는 책의 내용은 다음과 같다.

절 취 선

1장. 유비쿼터스 개요

공상과학 영화에서나 나오는 자동화된 환경이 어느덧 현실화 되고 있다. 미래학자 앨빈 토플러(Alvin Toffler)의 저서 “제3의 물결”이나 “부의 미래”에서 예측한 미래 사회의 모습은 현재 진행형인 것이다. 이러한 현상은 디지털 혁명, 통신혁명과 같은 기술적인 혁신이 바탕이 된 것으로 유비쿼터스(Ubiquitous) 사회를 지향하고 있다. 미국 제록스사의 마크 와이저(Mark Weiser)에 의해 정립된 유비쿼터스 개념은 사용자가 언제 어디서나 컴퓨터를 이용할 수 있고, 냉장고나 책상과 같은 사물에 내장된 컴퓨터 끼리 네트워크로 연결되어 생활환경이 편리해 지는 기술이다.

- 출생 : 1928년 10월 3일 (미국)
- 학력 : 뉴욕대학교 학사
- 경력 : 코넬대학 초빙교수

백악관 담당 정치, 노동 문제 기자

미래학자

그림1-1. 앨빈 토플러

미래학자의 예측뿐만 아니라 TV 속의 CF를 보아도 보편적인 미래 생활상을 확인할 수 있다. 최근 SK텔레콤의 “가능성의 릴레이”라는 CF를 보면 베란다 창문이 모닝콜을 울리는 알람이 되어 “꼬끼오”를 외친다. 그리고 화장실은 아버지가 들어왔다는 것을 인식하고, 거울에 날씨 정보나 건강 상태를 보여준다. 이러한 기술은 현재 보편적으로 이용하고 있지 않아서 그렇지 실제 구현되어 있다. 이러한 미래상은 현재의 유비쿼터스 기술로써 구현이 가능하다.

유비쿼터스 기술은 기존의 가구나 가전제품에 내장된 컴퓨터가 자율적으로 기능을 수행하여 초보 사용자는 일반 가구나 가전제품을 사용하듯이 편리하게 작동되는 것을 추구하는 것이다.

마크 와이저의 유비쿼터스 개념 사람을 포함한 현실 공간에 존재하는 모든 대상물들을 기능적 공간적으로 연결하여 사용자에게 필요한 정보나 서비스를 즉시 제공할 수 있는 기반 기술

그림 1-1. 마크 와이저의 유비쿼터스 개념

2장. 4단계 IT 혁명

유비쿼터스 기술은 어느 날 갑자기 하늘에서 뚝 떨어진 개념이 아니다. 하나의 기술이 시대의 흐름에 따라 발전의 과정을 겪는다. 유비쿼터스 기술도 마찬가지의 과정을 거쳐 발생되었다. 여기서는 유비쿼터스 기술의 등장에 대해 컴퓨터의 진화 관점, 4단계 IT 혁명 관점, 정보화 패러다임 전환 관점에서 살펴보겠다.

유비쿼터스 기술의 등장을 컴퓨터 진화의 관점에서 살펴보면 다음과 같다. 고가의 컴퓨터를 여러 사람에 의해 공동으로 사용했던 시절이 있었는데, 이를 메인프레임(mainframe)의 시대라 한다. 메인프레임은 컴퓨터의 주요 핵심 부품인 중앙처리장치(CPU, central processing unit)를 일컫는 말이지만, 수십 수만명의 사용자가 동시에 접속하여도 문제없는 대형 컴퓨터를 의미했다. 메인프레임은 사이즈가 매우 클 뿐만 아니라 비싼 가격으로 인해 일반인이 이용하기 보다는 기업이나 연구소 등에서 서버 컴퓨터로 이용하였다.

3장. 5Any, 5C로 설명하는 유비쿼터스

유비쿼터스의 기본 개념은 언제 어디서나 어떠한 단말기를 가지고 어떠한 네트워크를 통해서든 상관없이 원하는 서비스를 받을 수 있는 기술을 총칭한다. 유비쿼터스라는 이름에는 기존의 여러 기술들이 융복합 되어 있다. 이러한 유비쿼터스를 정의하는 방법은 여러 가지가 있는데, 5Any나 5C로 설명하는 것이 일반적이다. 먼저 5Any를 바탕으로 유비쿼터스에 대해 설명해보자. 유비쿼터스는 5Any가 가능한 기술의 집합체라고 말할 수 있겠다. 5Any란 Any time, Any where, Any device, Any network, Any service를 말한다. Any time은 언제나 아침이든 저녁이든 상관없이 이용 할 수 있는 기술임을 의미한다. Any where 장소에 상관없이 북극이든 해수욕장이든 상관없이 이용할 수 있는 기술임을 의미한다. Any device는 어떠한 형태의 장치로든 사용할 수 있는 기술임을 의미한다. Any network은 네트워크가 유선 형태든 무선 형태든 와이파이든 매체에 상관없이 이용 할 수 있는 기술을 의미이다. Any service는 어떠한 형태의 서비스든 상관없이 이용 할 수 있는 기술을 의미한다.

– 참고문헌

[1] 金三植, "유비쿼터스 국방 군수(u-Logistic)체계 적용 방안", 水原大學校 産業經營大學院 컴퓨터학專攻, 석사학위논문, 2005.11.

[2] 왕종은, "디지털 시대의 주거공간 디자인에 관한 연구", 홍익대학교 대학원 공간디자인학과, 2003.12.

[3] 홍미라, "유비쿼터스 대학도서관 모형에 관한 연구", 연세대학교 대학원 문헌정보학과, 2004.06.

[4] 황수미, "RFID 를 활용한 유통상품에 대한 정품인증시스템의 설계", 서경대학교 대학원 산업공학전공, 2004.12.

[5] 정종일, "농식품부 동물등록제 문제점 뭔지도 몰라", 아시아뉴스통신, 2012.05.

절 취 선

제11장

디자인 노하우

–좋은 디자인 시도하기–

좋은 디자인

확장된 의미에서 좋은 디자인

디자인 할 때 고려해야 할 요소

디자인을 구성하는 요소

빛과 색

색상환

색의 대비

색이 가지는 이미지

배색

학습 목표

- 좋은 디자인에 대해 이해한다.
- 디자인 할 때 고려해야 할 요소에 대해 알아본다.
- 빛, 색, 색상환에 대해 이해한다.
- 색의 대비 현상에 대해 이해하고, 배색을 적용해 본다.

전자책의 완성도를 높이기 위해서는 제목 디자인, 표지 디자인 등과 같은 디자인과 관련된 요소가 가미될 필요가 있겠다. 이 장에서는 이러한 디자인에 있어서 상식이라 할 내용을 다루고자 한다. 일상 생활에 있어서 디자인이라는 단어는 매우 의미 있게 쓰이고 있다. 저자의 경우 특히 디자인이라는 단어가 의미 있었던 경험이 많다. 대학교 입학 선물로 받은 가방을 매우 아껴 사용했다. 그런데, 사용하다 보니 바닥 부분이 빠르게 헤졌다. 동기들의 가방과 비교해봐도 특별히 빠르게 헤졌다. 그래서 동기들의 가방과 소재나 디자인 부분을 비교 분석해 보게 되었다. 소재에서는 큰 차이가 없었는데, 한가지 내 것과 달랐던 부분은 가방 아래 작은 쇠 조각이 박혀있었다는 것이다. 바닥의 닿는 면적을 최소화한 아이디어 넘치는 디자인이었던 것이다. 이렇듯 어떻게 디자인하느냐에 따라 제품의 견고성이 달라지기도 한다.

이번에는 마트에서 사용하는 카트의 디자인을 살펴보자. 어떻게 디자인 되었느냐에 따라 수많은 카트가 차곡차곡 잘 포개지게 되어 공간 활용도를 높일 수 있는 것이다. 현재 대부분의 대형 마트에서는 이러한 공간 활용도가 높은 형태로 디자인된 카트를 사용하고 있다. 물론 초창기의 카트는 이러한 형태의 디자인이 아니었을 것이다. 사용하다 보니 공간활용도가 떨어지는 문제점이 생겼을 것이고, 이러한 문제점을 해결하기 위한 아이디어를 내는 과정에서 오늘날의 모습으로 디자인 되었을 것이다. 디자인은 이렇듯 일상 생활에서도 특수한 분야에서도 매우 중요한 개념이다. 전자책에서도 마찬가지이다. 표지 디자인을 어떻게 하느냐에 따라 사람들의 클릭 수가 달라질 수 있다. 책의 내용도 중요하지만, 그 책에 대해서 관심을 가지도록 만드는 것도 중요한 것이다. 그럼 본격적인 전자책 관련 디자인에 들어가기에 앞서 디자인이라는 단어의 개념부터 차근차근 알아보자.

디자인(design)이라는 단어는 라틴어의 데지그나레(designare)라는 단어에서 유래되었다고 한다. 데지그나레는 본래 계획하다, 설계하다라는 뜻을 가지고 있다. 가방이 빠르게 헤지는 것을 막기위해 계획하여 만든다. 가방이 빠르게 헤지는 것을 막기위해 가방의 모양을 종이 위에 그려 설계하다. 이런 식으로 적용해 본다면, 얼추 그 의미가 통하는 듯 하다. 디자인이라는 단어는 또한 프랑스어로는 dessein으로 사전적인 의미로 보자면 목적이나 계획을 뜻한다. 그리고 프랑스어로 dessin이라는 단어로도 사용할 수 있는데, 이는 예술 분야에서 많이 사용되고 있다. 디자인이라는 단어의 이탈리아어는 desegno로 시각적으로 표현하는 것이라는 뜻으로 많이 사용하고 있다. 우리가 막연하게 알고 있는 디자인의 의미와 유사한 것 같다.

지금까지는 디자인의 어원적인 의미를 살펴보았다. 이러한 디자인에 있어서 어떻게 표현하면 좋은 결과를 낳을 수 있을까. 더 나아가 좋은 디자인이란 무엇을 의미할까 궁금해진다.

좋은 디자인

어떤 디자이너가 식탁을 디자인했는데, 모던함을 추구하는 분이라서 딱 떨어지는 사각형의 형태로 조형화하여 만들었다고 생각해보자. 집안 어디에 두어도 어울리는 디자인일 것이다. 그런데 이 집에 장난꾸러기 8살 아이가 있다면 어떨까? 이 아이는 식탁 위에 있는 바나나를 먹으려고 소파에서 일어나 빠른 걸음으로 식탁으로 다가가다가 모서리에 부딪칠 수 있다. 그 다음 상황은 누구나 예상한 바와 같을 것이다. 비단 어린 아이에게만 일어나는 일은 아닐 것이다. 어른들도 부주의하면 동일한 상황은 얼마든지 일어날 수 있다. 똑같이 부딪쳐도 모서리가 둥근 형태로 디자인 되었다면 어떨까? 아무래도 동일한 상황에서 훨씬 안전한 모양이라 할 수 있을 것이다.

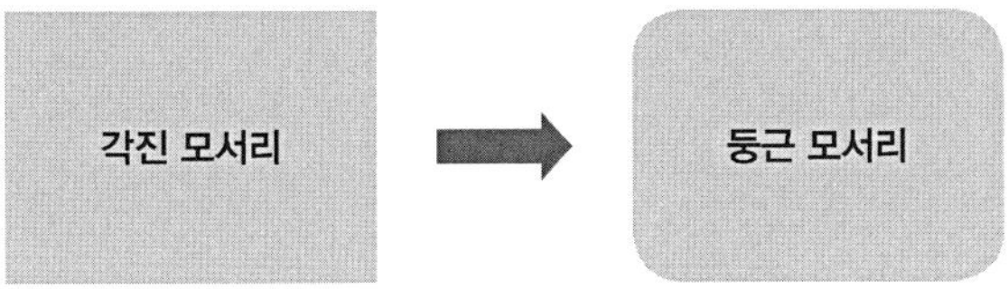

이렇듯 좋은 디자인이란 안전함을 추구하는 형태일 것이다. 그렇다면 좋은 디자인이란 안전함을 추구하는 디자인이라고 정의 내리면 그만일까? 그렇지는 않을 것이다. 좋은 디자인에 대한 정의는 이 세계에 살고 있는 사람의 수만큼 다양할 것 같다.

저자가 생각하는 좋은 디자인은 어떤 물건을 사용자가 보고 바로 이해할 수 있는 형태라고 생각한다. 제품의 모양만으로도 무엇에 쓰이는 물건인지를 알 수 있는 디자인 말이다.

화장실 세면기에는 수도꼭지가 있기 마련이다. 수도꼭지의 모양에 따라서 작동하는 방법이 다른데, 요즘은 적외선 기반으로 동작되는 형태가 많은 것 같다. 물이 나오는 위치에 손을 가져다 대면 자동으로 물이 나오도록 고안된 것이다. 그런데 저자의 집에는 구식의 수도꼭지가 달려있다. 수도꼭지가 2개 달려있는 구조인데, 왼쪽은 뜨거운 물이 오른쪽은 차가운 물이 나오는 형태이다. 그런데, 뜨거운 물이 나오는 수도꼭지는 적색으로 표시되어 있고, 차가운 물이 나오는 수도꼭지에는 청색으로 표시되어 있다. 색깔을 인지하는 사람이라면 적색은 뜨거움, 청색은 차가움으로 자동 인지한다. 따라서 이러한 디자인적 요소를 적용한 수도꼭지는 그 용도가 분명이 구분되기 때문에 좋은 디자인 결과물이라 할 수 있다.

우리가 접하는 수많은 제품의 형태는 사용자가 편리하게 사용할 수 있도록 편의성을 고려한 디자인인 경우가 많다. 따라서 편의성이 가미된 디자인이 좋은 디자인이라 할 수도 있겠다. 예를 들어 요즘 유행하는 소파 중에서 스툴을 연장하여 간이 침대로 사용할 수 있도록 설계된 디자인이 있다. 이는 평상시에는 소파와 스툴로 사용하다가 오랜만에 손님이 방문해서 자고 가야하는 상황이라면 스툴을 재배치하여 침대로 변형할 수 있는 것이다. 또 다른 편의성의 예로 스툴을 다시금 살펴보자. 스툴이라고 하는 부피를 그대로 방치하지 않고 뚜껑을 열어 물건을 보관하는 형태로 디자인 한다면 매우 편리할 것이다. 아이들이 가지고 놀던 장난감들을 정리하는데 쓸 수 있는 것이다.

또 다른 의미에서 좋은 디자인이란 가독성이 높은 형태일 것이다.

자동차로 운전을 하다 보면 앰뷸런스가 급하게 길을 가는 경우를 발견할 수 있다. 앰뷸런스를 앞서가는 자동차의 경우 싸이렌을 울리며 뒤따르는 차가 앰뷸런스여서 길을 비켜줘야 한다는 것을 인지할 필요가 있다. 그러기에 앞서 앰뷸런스임을 알아야 하는데, 이는 백미러를 통해 앰뷸런스라는 글씨를 확인함으로써 가능하다. 백미러를 본다는 의미에서 실제로 앰뷸런스 글이 왼쪽에서 오른쪽 방향으로 쓰여져 있다. 이러한 일반적인 글쓰기의 방향과 반대로 작성한 것은 가독성을 높이기 위한 디자인의 필요성에서 시작된 것이다. 물론 가독성을 더욱 높이기 위해서는 글씨의 크기, 글씨체의 또렷함 등이 가미되어야 한다. 이러한 모든 것이 디자인적인 요소이고, 좋은 디자인을 위해서 고려되어야 할 사항인 것이다.

과제

번 호	
과목명	
제출자	
제출일	

1. 좋은 책 디자인 사례를 찾아 보시오.

1.1 찾은 책 디자인의 사진을 붙이시오.

절 취 선

1.2 좋은 책 디자인 사례로 선택한 이유를 설명하시오.

확장된 의미에서 좋은 디자인

최근 많은 분야에 과학이 접목되어 기존의 제품보다 더 우수한 제품을 개발하는 사례가 많다. 디자인도 조형적인 부분에서 한 단계 발전하여 과학적 이론을 적용하여 더 나은 디자인으로 발전하고 있다. 공기 저항을 최소화하는 유선형의 자동차 디자인이나 수영 속도를 높여주는 특수 소재의 전신 수영복 등이 그렇다.

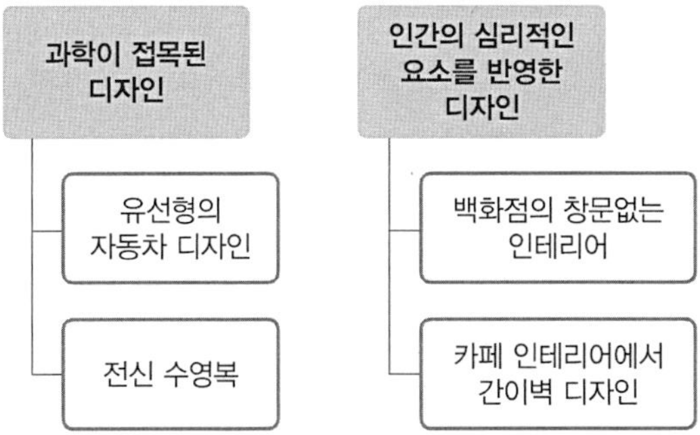

또 인간의 심리적인 요소를 디자인에 적용하기도 한다. 백화점의 인테리어 디자인은 심리적 요소를 이용하는 대표적인 사례이다. 백화점 실내에는 창문을 없애서, 백화점 고객들이 시간의 흐름을 깨닫지 못하고 쇼핑에 집중할 수 있도록 하고 있다. 카페 인테리어에도 고객들의 심리적 요소를 적용한 경우가 있다. 카페나 식당에 들어섰다고 생각을 해보라. 사람들은 일반적으로 벽이나 창가의 자리를 선호한다. 그래서 압구정동의 한 카페에서는 홀에 있는 테이블들 주위로 간이 벽을 만들어서 테이블을 배치하여 카페의 어느 자리나 벽에 붙어있는 자리가 되도록 했다.

디자인 할 때 고려해야 할 요소

디자인 할 때 다음과 같은 요소에 대해 고려할 필요가 있다.

합목적성

- 실용성
- 편리성

심미성

- 판매 대상에 따른 심미성
- 시대에 따른 심미성
- 국가, 민족, 문화, 제조회사 등의 특성에 따른 심미성

경제성

독창성

합목적성, 심미성, 경제성, 독창성이라는 4가지 요소에 모두 부합하는 디자인이라면 좋은 디자인이라 할 수 있을 것이다.

합목적성이란 디자인 하고자 하는 대상의 원래의 목적에 맞게 디자인 해야 함을 의미한다. 세면대를 만드는데, 디자인적인 모던함만을 추구하다가 물을 담는 언덕부분을 지나치게 낮게 설계했다면, 물이 넘치

는 등의 불편한 상황이 발생될 수 있는 것이다. 따라서 합목적성에 부합하는 디자인이 좋은 디자인의 시작일 것이다. 디자인 하고자 하는 대상의 목적이나 기능에 적합하게 설계한 물품은 아무래도 실용적이고 편리할 것이다. 즉 합목적성에 부합한 디자인은 실용성과 편리성의 특성도 더불어 가지는 것이다.

심미성의 요소를 갖춘 디자인이란 말 그대로 디자인 대상이 아름다움을 갖췄다는 의미이다. 사람들 마다 추구하는 아름다움에 대한 기준은 차이가 있다. 보통 제품 디자인의 경우 어떤 사람을 판매 대상으로 정하느냐에 따라 아름다움에 대한 기준도 달라질 것이다. 하나의 제품을 만들면 기본적으로 잘 팔려야 함으로 판매 대상으로 정한 사람들의 대다수 사람들이 좋아할만한 아름다움의 기준을 적용해야 할 것이다. 트렌치코트를 예로 들어보자. 판매 대상을 변화가 두렵고, 고상함을 추구하는 50대 여성으로 정했다면 아름다움의 기준은 어떤 것일까? 트렌치코트 고유의 색상, 형태의 범위를 크게 벗어나지 않는 한도 내에서 디자인 되어야 아름답다고 느낄 것이다. 그러나 시대에 따라 어깨 너비가 타이트 한 형태가 유행이 한동안 이어지는 시기라면 그런 유행의 범수 내에서 디자인에 다소간 반영한 형태를 아름답다고 할 수 있을 것이다. 이러한 기준은 전문가들의 판단에 따라 조금씩 달라질 것이다. 우리가 알고 있는 버버리 코트도 초창기 디자인과 현재의 디자인은 시대적인 흐름에 따라 조금씩의 변화가 있다. 그러나 트렌치코트의 고유한 형태는 유지하고자 노력하는 것으로 보인다.

이렇듯 판매 대상을 어떻게 정하느냐에 따라서 아름다움의 기준이 달라지고, 그렇게 정해진 기준에 맞춰 설계함으로써 사람들은 해당 제품에 대해 심미성을 느끼게 된다. 오래 전 나팔바지가 유행하던 시절에는 그렇게 아름답게 보였던 바지가 지금은 너무나 촌스럽게 느껴진다. 따라서 시대에 따라 미의 기준도 달라지는 것이다. 판매 대상에 따라서도 시대에 따라서도 바뀔 수 있는게 디자인의 심미성인 것이다. 그러나 한가지 확실한 건 볼펜 한 자루를 사더라도 색깔, 크기, 두께, 모양 등을 은연중에 고려하게 되고, 결국 보기 좋은 볼펜을 골라 산다. 디자인에 있어서 심미성은 그만큼 중요하다. 사실 특정 디자인의 제품에 대해서 대다수의 사람들이 공감하는 아름다움이 포함되어야 심미성을 갖춘 디자인일 것이다. 그래서 국가나 민족의 문화적 특성이나 제조회사의 특성 등도 복합적으로 결합되어서 결정되는 것이다. 볼펜만 보더라도 특정 상표에 따라 고유한 디자인적 특성이 있다. 모나미의 간결하고 편리한 디자인과 몽블랑의 중후하고 고급스러운 디자인의 특성은 해당 회사의 고유한 특성이 가미된 것이다. 따라서 제조회사의 특성도 디자인에 있어서 이러한 심미성의 기준이 어느 정도 정형화 되는 것이다.

경제성의 요소를 갖춰야 좋은 디자인이라 할 수 있다. 디자인에 있어서 경제성이란 디자인 하고자 하는 대상을 완성하는데 있어서 드는 비용이 적게 들어 이득이 됨을 의미한다. 적게 들어 이득이 되는 경제성은 비단 비용 뿐만 아니라 노력이나 시간 등의 자원이 적게 들어가는 것도 포함되는 개념이다. 따라서 경제성을 갖춘 디자인을 완성하려면 디자이너는 재료를 선택함에 있어서도 형태를 만드는 과정에 있어서도 효율성을 높여야 하는 것이다. 예를 들어 디자이너가 선택한 소재가 공장에서 가공 과정을 거치면서 끼임 현상이 빈번하게 발생하여 관련 처리로 시간이 지연되어 큰 손해를 보는 상황이라면 소재를 변경할 필요가 있는 것이다.

좋은 디자인이란 독창성을 갖춘 디자인을 의미한다. 어떠한 물건을 독창적이다라고 표현한다면 그것은 매우 기발하고 새로우며 창의적임을 뜻할 것이다. 새로운 물품을 디자인하는데 있어서 시중에 잘 팔리는 명품을 베껴서 만든다면 이러한 물품을 독창적이라고 하지 않는다. 사각 프레임의 틀에서 벗어나지 못했던 컴퓨터에 독창적인 디자인을 가미하여 성공한 사례가 있다. 애플이 대표적인데 둥근 형태의 디자인을 적용해서 독창적이라는 호평을 받았었다. 예를 들어 1인 가정이 늘고 있는 추세를 반영하여 커피메이커와 토스트기를 하나의 기기로 융합한 형태의 기기를 최초로 디자인하여 출시하였을 때 많은 사람들은 기존에 없던 매우 독창적인 디자인의 제품이라고 입을 모았다. 좋은 디자인이 되려면 필수적으로 독창성의 요소를 가미해야 한다.

디자인을 구성하는 요소

지금까지 디자인 할 때 고려해야 할 요소에 대해 확인해 보았다. 그러면 디자인을 구성하는 요소는 무엇일까? 어떠한 형태를 이루는 근간을 기준으로 디자인의 구성 요소를 나열해 보면, 점, 선, 면이 될 것이다. 여기에 한가지 더해서 3차원을 나타내려면 면에 높이 개념이 부여된 공간이 추가된다. 이러한 디자인을 구성하는 요소를 하나 하나씩 살펴보자. 이와 관련된 설명이 이해하기 쉽도록 흰색으로 칠해진 벽을 상상해보자.

누군가 이 벽을 봤을 때 흰색으로 깨끗하게 칠해진 상태라는 정도로 생각할 것이다. 그리고 누군가는 아무것도 없는 벽이라고 생각할 것이다. 그러다가 여기에 빨강색 프레임으로 된 작은 액자를 걸었다면, 빨강색이라는 강렬한 프레임으로 만들어진 작은 사이즈로 디자인 된 액자라는 물품이 벽에 걸려있다고 인지할 것이다. 즉, 아무것도 없었던 벽에서 액자가 걸려있는 벽으로 바뀐 것이다.

처음으로 다시 돌아가서 아무것도 없는 흰색 벽을 생각해보자. 중앙에 큰 점을 그렸다면 어떨까? 아무것도 없는 벽인가? 그렇지 않을 것이다. 점은 선이나 면을 이루는 최소 단위이고, 점이 있음으로써 형태를 이루는 최소한의 구성이 시작된 것이다. 따라서 점은 어떠한 물체가 있느냐 없느냐를 가르는 기준이 될 수 있다. 따라서 디자인을 구성하는 요소로 점은 기본이다.

다시금 아무것도 없는 흰색 벽을 생각해보자. 큰 점이 오른쪽 상단부에 그려져 있다면 어떤 느낌일까? 중앙부에 있는 점에 비해서 안정감이 떨어지면서 상승 중인 느낌을 준다. 그 점이 검정색일 수도 있고, 빨강색일 수도 있을 것이다. 이때 색깔에 따라서도 느낌이 달라질 것이다. 검정색은 차분하면서 모던한 느낌이고 빨강색은 정렬적인 느낌이 든다. 또한 점의 개수가 많은 상태와 소수인 상태는 또 다른 디자인적 감성을 준다. 즉, 점 하나만으로도 다양한 느낌을 주는 디자인의 속성을 표현할 수 있는 것이다.

디자인을 구성하는 요소로 선을 살펴보자. 선은 점과 점을 이은 개념이고, 선은 특정한 곳에 위치하며 선의 길이에 따라 거리감이 부여되고 선을 그리는 각도에 따라 방향성이 부여된다. 이러한 선은 표현 방법에 따라서 다음과 같이 분류 할 수 있다. 형태를 표현한 선, 자연을 표현한 선, 가상으로 형성된 선, 의미를 가지는 선으로 구분하여 설명할 수 있다.

- 형태를 표현한 선
- 자연을 표현한 선
- 가상으로 형성된 선
- 의미를 가지는 선

제품에 대한 스케치는 형태를 표현한 선에 해당된다. 즉, 제품의 형태를 윤곽선의 형태로 표현한 것이다. 예를 들면, 자동차를 디자인 하는데 있어서 스케치북에 준하는 도구를 활용하여 필기구로 모양을 잡으며 그린다면, 주로 외곽선을 위주로 자동차의 기본 형태를 잡고, 백미러나 휠과 같은 세부적인 형태를 그릴 것이다. 그 결과물을 봤을 때 누구나 자동차라는 것을 알 수 있을 것이다. 이는 여러 각도와 길이의 선을 그려서 자동차라는 형태를 표현한 것이다.

또한 자연을 표현하는 선은 자연물을 표현한 선을 의미한다. 예를 들어 지평선, 수평선처럼 자연물을 의미하는 형태를 선으로써 표현 할 수 있겠다.

가상으로 형성된 선의 경우 실제 사람의 눈으로 봤을 때는 보이지 않는 선이지만 시간이나 공간의 흐름에 따른 변화를 한 장의 그림으로 표현한다면 확인 할 수 있는 선이 이에 해당된다. 예를 들어 자동차가 지나다니는 도로를 한눈에 볼 수 있는 장소에 카메라를 장착해보자. 이 카메라를 캄캄한 저녁에 촬영하면 지나가는 자동차의 헤드라이트의 빛이 찍힐 것이다. 이것이 시간의 흐름에 따라 자동차의 이동 흐름에 따라 위치가 바뀌어 빛날 것이고, 이를 연속하여 촬영한 후 한 장의 사진으로 표현한다면 어떤 현상이 이뤄질까? 사람의 눈으로 그 도로를 봤을 때는 보이지 않던 헤드라이트 빛이 만들어내는 선이 보일 것이다. 이는 일종의 가상의 선인 것이다. 실제로는 눈에 보이지 않지만 어떻게 표현하느냐에 따라 표현될 수 있는 것이다. 예를 들어 학창시절 지구과학 시간에 수성, 금성, 지구, 화성, 목성, 토성 등의 행성의 궤도를 배운다. 이때 궤도를 한눈에 표현하기 위해 대부분의 교과서는 가상의 선을 보여준다. 사실 사람이 우주 공간으로 직접 가서 행성을 봤을 때 육안으로는 확인 할 수 없는 선이다. 교육적인 목적에서 만들어 보여주는 선이 것이다. 이 또한 가상의 선인 것이다.

의미를 가지는 선은 몇 개의 선이 어떤 특정한 의미를 지니는 경우에 해당된다. 의미를 가지는 대표적인 선은 바코드이다. 새우깡 같은 다양한 제품들에 대해 고유한 바코드 번호가 부여되어 있다. 특정 바코드를 바코드 리더로 읽으면, 이 제품은 새우깡이고 가격은 900원이라는 등의 정보를 담고 있다. 따라서 바코드는 그냥 굵고 얇은 선의 나열이 아니라 그러한 정교한 나열에 의해서 특별한 의미를 지니는 선으로써의 역할을 한다.

9788997

금시세 정보를 나타내는 그림은 신한은행이 제공한 자료를 기반으로 네이버 사이트에서 검색한 결과이다. 이는 2015년 1월 15일자로 검색한 결과이다. 여기서 최근 3년 동안의 금 시세의 변화 추이를 선형 그래프로 표현하였는데, 들쭉날쭉한 여러 선이 연결된 모습이다. 이 선은 최근 3년 동안 금값이 계속적으로 떨어져 왔음을 의미한다. 따라서 이 경우 선은 의미를 가지는 선에 해당된다.

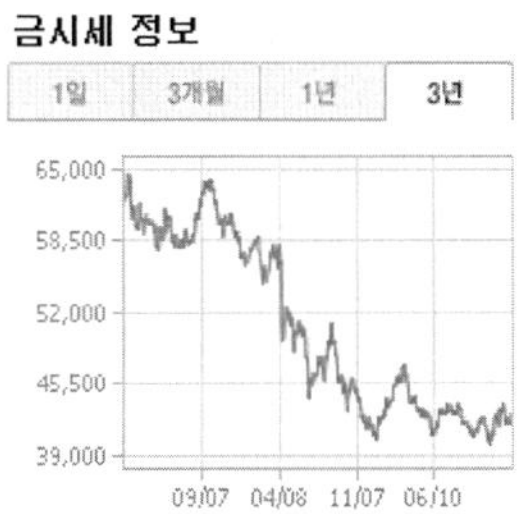

[참조] http://search.naver.com/search.naver?where=nexearch&query=%EA%B8%88+%EC%8B%9C%EC%84%B8&sm=top_hty&fbm=1&ie=utf8

면은 몇 개의 선이 모인 개념으로 면적이 부여된다.

공간은 3차원의 개념이 부여된 것으로써 면에 높이감이 추가된 개념으로 부피감이 형성된다.

지금까지는 디자인을 구성하는 요소에 대해 알아보았다. 이제 디자인에 있어서 필수적인 색에 대해서 알아보자.

빛과 색

어떤 대상을 디자인함에 있어서 고려해야 할 대상으로 색채가 있다. 핸드폰을 고를 때 흰색으로 할지 검은색으로 할지 등 색깔이 물품을 고르는 중요 기준이므로 색채의 결정은 디자인에 있어서 매우 중요하다. 색은 빛이 없는 곳에서는 구분을 할 수 없다. 빛이 있어야 색을 구분할 수 있는 것이다. 이러한 빛은 사람의 눈에 의해 확인할 수 있는 가시광선 부분이 색과 관련되어 있다. 사람이 색을 구분 할 수 있는 것은 빛이 핸드폰과 같은 색을 확인하고자 하는 물체에 부딪혀서 반사, 흡수, 투과의 과정을 거치면서 파장이 변화하게 되고, 최종적으로 사람의 눈에 들어오게 된다. 사람의 눈에 들어와 눈의 시신경을 자극하게 되며, 이 정보가 뇌에 전달되어 색을 느끼게 된다. 색을 인식하는 요인이 매우 복합적이다. 똑같은 빨강색이라도 검붉은색, 빨강색 등으로 다르게 느끼게 되는데, 그 요인은 색상, 명도, 채도의 융합에서 오는 차이이다. 빛의 파장 자체를 의미하는 색상, 밝고 어두운 정도를 나타내는 명도, 색상의 순수한 정도를 나타내는 채도에 의해서 다양한 색감을 느끼게 된다. 명도나 채도는 높다, 낮다로 표현된다. 명도가 높다는 것은 밝음을 의미하고, 반대로 명도가 낮다는 것은 어두움을 의미한다. 채도가 높다는 것은 색의 순수한 정도가 높음을 의미하고, 반대로 채도가 낮다는 것은 색의 순수한 정도가 낮음을 의미한다.

색채를 보고 느끼는 요인 세 가지

- 빛의 파장 자체를 나타내는 색상 밝고 어두운 정도를 나타내는 명도
  - 명도가 높다 : 밝을때
  - 명도가 낮다: 어두울때
- 색파장의 순수한 정도를 나타내는 채도
  - 채도가 높다: 색의 순수한 정도가 높을때
  - 채도가 낮다: 색의 순수한 정도가 낮을때

이러한 색은 가장 기본의 되는 3가지 색에서 유래된다. 이를 색의 3원색이라 한다. 스캐치북에 물감으로 색칠을 한다면 이러한 색의 3원색을 기준으로 구분되는 다양한 색이 표현될 것이다.

색은 빛에 의해서 사람이 느끼는 시각적 결론이라 할 수 있는데, 빛 자체가 가지고 있는 색 또한 3가지 기본이 되는 색에서 유래된다. 이를 빛의 3원색이라 한다.

색의 3원색

CMY
- cyan
- magenta
- yellow

빛의 3원색

RGB
- red
- green
- blue

여기서 말하는 색의 3원색은 CMY를 의미한다. CMY(cyan, magenta, yellow)로 한글로 표현하면 남색, 심홍색, 노란색을 나타낸다. 빛의 3원

색은 RGB이다. RGB(red, green blue)로 한글로 표현하면 빨간색, 초록색, 파란색을 의미한다. 색이나 빛의 3원색은 다양한 농도의 조합으로 다채로운 색을 표현하게 된다. 이를 혼합이라 표현한다. 이러한 혼합에는 감산혼합과 가산혼합이 있다. 물감으로 여러가지 색을 혼합해 본적이 있는가? 여러 색을 많이 혼합하면 할 수록 검은색에 가깝게 변한다. 이를 감산혼합이라 하고, 색의 3원색을 혼합하여 색을 만들 때에 나타나는 현상이다. 반대로 TV 속 가수들이 노래를 부를 때 다양한 색의 조명이 비추는데, 조명의 빛은 여러가지 색이 혼합되면 색이 밝아지는 쪽으로 변한다. 이를 가산혼합이라 한다. 따라서 가산혼합은 빛의 3원색이 혼합하여 색을 만드는 과정을 의미한다.

디자인 함에 있어서 색의 선택은 매우 중요한데, 색상환을 참조하면 좋다. 색상환은 색의 선택에 있어 간략한 가이드라인을 제공해 준다 할 수 있다.

색상환

다음은 색에 있어서 대표 속성을 표현해 주는 표준 색상환이다. 20개의 색으로 한정하였는데, 따뜻한 느낌이 나는 난색 계열, 차가운 느낌이 나는 한색 계열과 그 중간 정도에 위치한 중성색 계열로 표현되었다. 기본 색상을 바탕으로 혼합의 정도에 따라 고리 모양으로 차례차례 배열하여 표현하였는데, 난색계, 한색계, 중성색계를 한눈에 표현하기 좋은 방법이다.

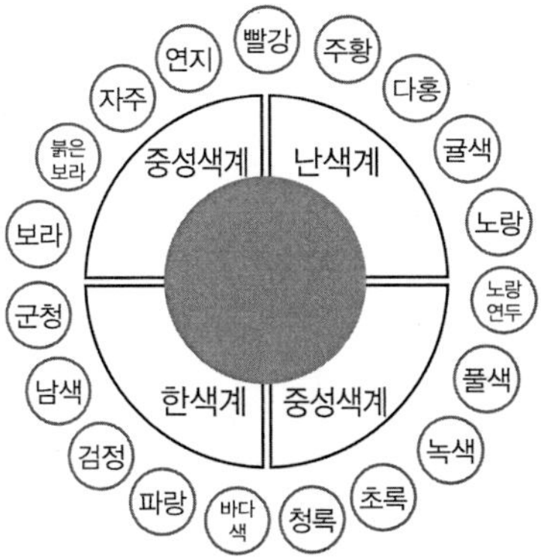

디자인 하고자 하는 대상에 대해 난색 계열의 색으로 선정할 것인지, 한색 계열의 색으로 선정할 것인지에 따라서 해당 물체가 풍기는 느낌이 확연히 달라질 것이다. 중성색 계열을 사용하면 아무래도 색감에 따른 이미지가 강렬하지 않고 안정감 있게 표현될 수 있겠다.

디자인에 있어서 한 가지 색만으로 표현하는 경우도 있지만, 몇 가지 색이 어울러지게 표현하기도 한다. 두 가지 이상의 색을 이용하여 디자인 할 때 색의 대비 현상에 대한 이해가 필수적이다. 다음은 색의 대비에 대한 내용이다.

색의 대비

색의 특성 상 여러 색이 함께 사용된 경우 하나의 색이 다른 색에 영향을 준다. 이를 색의 대비 현상이라 한다. 색의 대비 현상은 어떤 색이 다른 색의 영향으로 실제와는 다른 색으로 보이는 현상을 의미한다.

색의 대비 현상은 우리 눈의 망막에서 일어나는 생리적인 현상과 함께 뇌에 전달되는 신경과정에서 발생하게 된다. 색의 대비 현상은 크게 동시대비와 계속대비로 나누어진다.

색의 대비 현상의 종류
- 동시대비
- 계속대비

동시대비는 몇 개의 색으로 구성된 물체를 동시에 보았을 때 주변색의 영향을 받아 원래의 색과는 다르게 보이는 현상이다.

보통 배경색과 같이 면적을 많이 차지하는 색이 다른 색에 영향을 주게 된다. 일종의 면적을 많이 차지하는 색의 잔상이 다른 작은 색에 영향을 주게된다는 것인데, 이러한 동시대비 현상에 의해 원래 색으로 보이지 않고, 색상, 명도, 채도가 변한 형태로 보이는 것이다. 이는 실제 색이 변한 것이 아니라 사람의 눈이 사물의 색을 감지하는 메커니즘에 의해 영향을 받은 결과이다. 따라서 여러 색이 공존하는 형태의 디자인을 할 때는 원래 의도대로 색을 표현하기 위해서는 색의 대비 현상을 감안해서 디자인해야 한다.

이러한 동시대비는 세부적으로 색상, 명도, 채도, 한란 대비가 있다.

1-1) 색상 대비

동시 대비 가운데 색상 대비에 대해서 살펴보자. 색상 대비 현상에 대해 알아보기 위해 서로 다른 두 색을 대비 시켜서 생각해보자. 동일한 색상에 대해 서로 다른 색상을 배치했을 때 색상 차이가 더 크게 느껴질 수 있는 대비를 말한다. 예를 들어보면 다음과 같다.

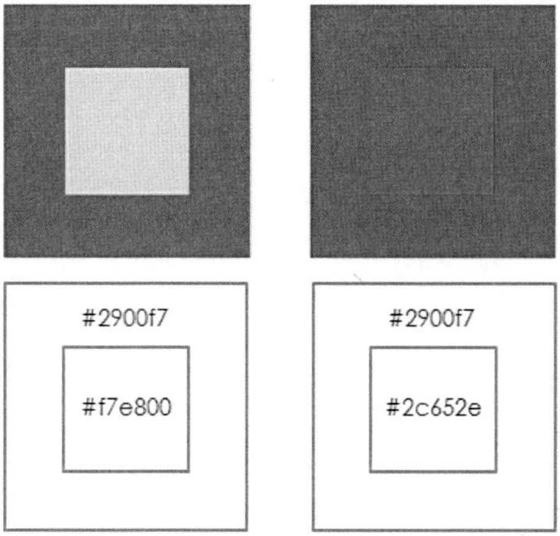

큰 사각형은 왼쪽 오른쪽 모두 파랑색 계열로 RGB 값은 각각 41, 0, 247 이고, 16진수로 표현하면 #2900f7 이다. 내부에 있는 작은 사각형의 경우 왼쪽은 노랑색 계열로 RGB값은 각각 247, 232, 0 이고, 16진수로 표현하면 #f7e800 이다. 내부에 있는 오른쪽 작은 사각형의 경우 RGB 값은 각각 44, 101, 46 이고, 16진수로 표현하면 #2c652e 이다.

동일한 파랑색이지만 내부에 있는 색에 따라서 느낌이 달라 보일 수 있다. 왼쪽이 오른쪽에 비해서 색상차가 더 크고, 그에 따라 파랑색은 더욱 선명해 보이는 효과가 있다.

1-2) 명도 대비

명도대비란 주변 색의 명도가 높다면, 대비되는 색의 명도가 낮아 보이는 현상을 말한다. 반대로 주변 색의 명도가 낮으면, 대비되는 색의 명도는 높아 보일 것이다. 예를 들어보면 다음과 같다.

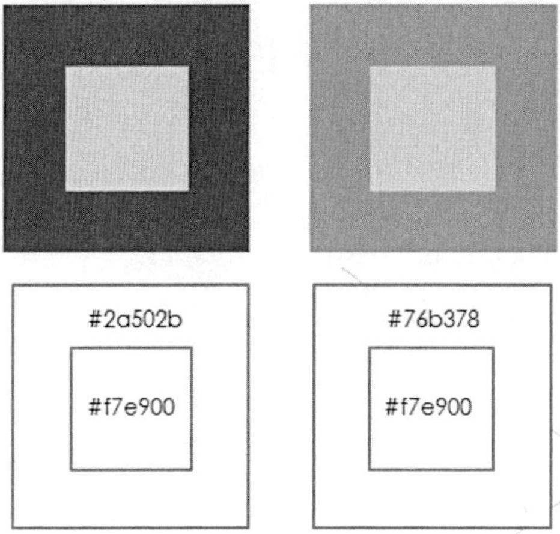

작은 사각형은 왼쪽 오른쪽 모두 노랑색 계열로 16진수로 표현하면 #f7e900 이다. 외부에 있는 큰 사각형의 경우 왼쪽은 초록색 계열로 16진수로 표현하면 #2a502b 이다. 내부에 있는 오른쪽 큰 사각형의 경우도 초록색 계열이고, 16진수로 표현하면 #76b378 이다.

작은 사각형이 동일한 색이지만 외부에 있는 색의 명도에 따라서 느낌이 달라 보일 수 있다. 왼쪽의 큰 사각형은 오른쪽의 큰 사각형에 비해 명도가 낮다. 따라서 왼쪽의 작은 사각형이 오른쪽의 작은 사각형에 비해서 명도가 더 높아 보이는 명도대비 현상을 목격 할 수 있다.

1-3) 채도 대비

채도대비란 채도가 높은 색과 채도가 낮은 색을 함께 배치했을 때에 나타나는 현상이다. 이 경우 채도가 높은 색은 더 선명해 보이고, 채도가 낮은 색은 더 탁해 보이게 된다. 예를 들어보면 다음과 같다.

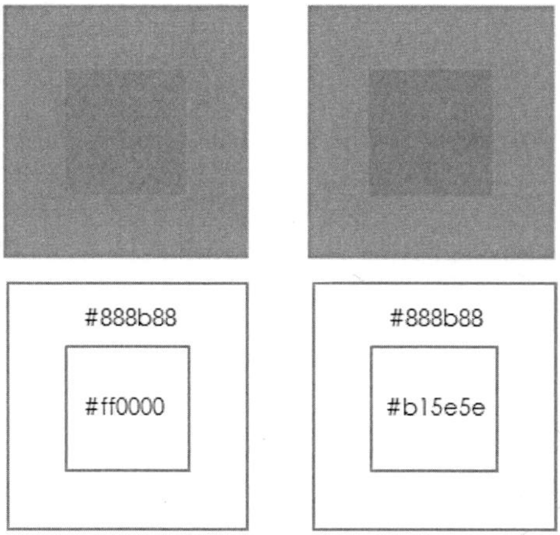

큰 사각형은 왼쪽 오른쪽 모두 회색 계열로 16진수로 표현하면 #888b88 이다. 내부에 있는 작은 사각형의 경우 왼쪽은 빨강색 계열로 16진수로 표현하면 #ff0000 이다. 내부에 있는 오른쪽 작은 사각형의 경우도 빨강색 계열이고, 16진수로 표현하면 #b15e5e 이다.

큰 사각형이 동일한 색이지만 내부에 있는 색의 채도에 따라서 느낌이 달라 보일 수 있다. 왼쪽의 작은 사각형은 오른쪽의 작은 사각형에 비해 채도가 높다. 따라서 왼쪽의 작은 사각형이 오른쪽의 작은 사각형에 비해서 더 선명해 보이는 채도대비 현상을 목격 할 수 있다.

1-4) 한란 대비

한란대비에서 "한"은 차가움을 "란"은 따뜻함을 뜻한다. 한란대비란 중간 정도의 채도를 가진 색이나 중간 명도의 무채색 계열의 색의 주변에 차가운 계열의 색을 배치하느냐 따뜻한 계열의 색을 배치하느냐에 따라 느낌이 달라짐을 의미한다. 차가운 색과 같이 있으면 더욱 차가워 보이고, 따뜻한 계열의 색과 같이 있으면 더욱 따뜻해 보이는 것이다. 예를 들어보면 다음과 같다.

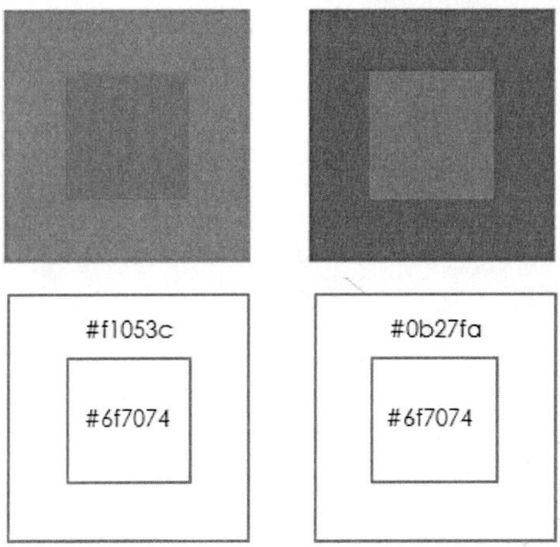

작은 사각형은 왼쪽 오른쪽 모두 회색 계열로 16진수로 표현하면 #6f7074 이다. 외부에 있는 큰 사각형의 경우 왼쪽은 빨강색 계열로 16진수로 표현하면 #f1053cb 이다. 내부에 있는 오른쪽 큰 사각형의 경우도 파랑색 계열이고, 16진수로 표현하면 #0b27fa 이다.

작은 사각형이 동일한 색이지만 외부에 있는 색이 따뜻한 계열의 색이냐 차가운 계열의 색이냐에 따라서 느낌이 달라 보일 수 있다. 왼쪽의 큰 사각형은 따뜻한 계열의 색이고, 오른쪽의 큰 사각형은 차가운 계열의 색이다. 따라서 왼쪽의 작은 사각형은 오른쪽의 작은 사각형에 비해서 더 따뜻한 느낌으로 다가온다.

2) 계속 대비

계속대비 현상은 몇 가지의 색을 시간적인 차이를 두고 봤을 때 다음에 오는 색이 처음 본 색에 영향을 받아 원래의 색과는 다르게 보이는 현상을 말한다. 시간적인 차이만 있을 뿐 동시대비와 마찬가지의 현상이라 할 수 있다. 방금 전에 본 색이 현재의 색에 영향을 줘서 현재 색이 가지고 있는 고유한 색상, 명도, 채도 등의 요소가 변화된 것처럼 보이는 현상이다. 물론 실제로 색이 변한 것이 아니라, 변한 것처럼 보이는 것이다.

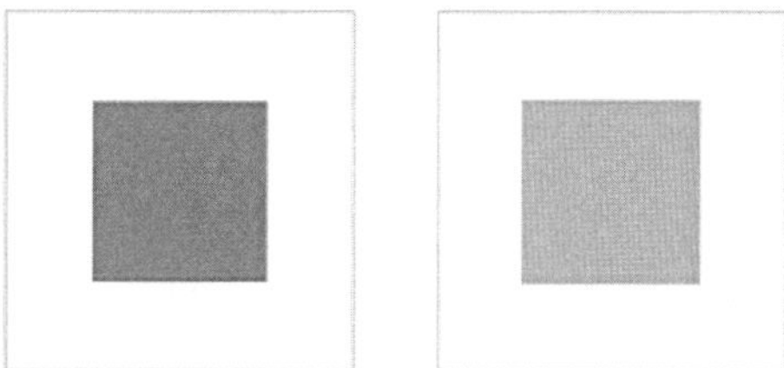

왼쪽의 색상은 빨강색 계열이고 16진수로 #f1053c 이다. 오른쪽의 색상은 옅은 회색 계열이고, 16진수로 #c7c5c5 이다. 왼쪽의 빨강색만 한참 보다가 오른쪽의 회색을 보기 바란다. 처음 본 빨강색의 보색이 잔상 효과를 일으켜 다음에 보게 되는 색에 영향을 줌을 알 수 있다.

위의 색상 예제들을 HTML 코드로 입력해서 확인 해 볼 수 있다. 해당 코드에서 bgcolor 속성이 있는 곳에 색상값인 16진수 값을 입력해 보자. 동시대비와 계속대비 예제에서 보여줬던 색상값을 입력해보자. TABLE 태그의 bgcolor는 바깥쪽 큰 사각형의 색상을 입력한다. 중간에 있는 TD 태그의 bgcolor에는 안쪽 작은 사각형의 색상을 입력하면 된다.

```
〈!- -왼쪽 테이블 - -〉
〈TABLE bgcolor="#2900f7"〉
〈TR〉
        〈TD〉〈/TD〉
        〈TD〉〈/TD〉
        〈TD〉〈/TD〉
〈/TR〉
        〈TD〉〈/TD〉
        〈TD bgcolor="#f7e800"〉〈/TD〉
        〈TD〉〈/TD〉
〈/TR〉
〈TR〉
        〈TD〉〈/TD〉
        〈TD〉〈/TD〉
        〈TD〉〈/TD〉
〈/TR〉
〈TABLE〉
```

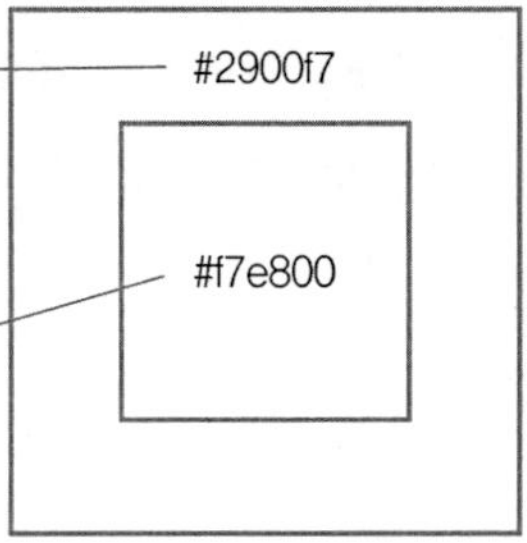

전체 코드는 다음과 같다. 파일을 Test.html 과 같이 확장자를 html로 저장하고, 저장한 파일을 마우스로 더블 클릭하여 열어보면, 색이 입혀진 결과물을 확인 할 수 있다.

```
〈HTML〉
〈HEAD〉
〈TITLE〉〈/TITLE〉
```

```
</HEAD>
<BODY>
<P></P>
<!- -윗쪽 테이블- ->
<TABLE bgcolor= #2900f7 "border="1"cellspacing="0"cellpadding
="0"style= 'border-collapse:collapse;border:none;' >
<TR>
	<TD valign="middle"style= 'width:85;height:66;bord
er-left:none;border-right:none;border-top:none;border-
bottom:none;padding:1.4pt 5.1pt 1.4pt 5.1pt' >
	<P CLASS=HStyle0> </P>
	</TD>
	<TD valign="middle"style= 'width:85;height:66;bord
er-left:none;border-right:none;border-top:none;border-
bottom:none;padding:1.4pt 5.1pt 1.4pt 5.1pt' >
	<P CLASS=HStyle0> </P>
	</TD>
	<TD valign="middle"style= 'width:85;height:66;bord
er-left:none;border-right:none;border-top:none;border-
bottom:none;padding:1.4pt 5.1pt 1.4pt 5.1pt' >
	<P CLASS=HStyle0> </P>
	</TD>
</TR>
<TR>
	<TD valign="middle"style= 'width:85;height:66;bord
er-left:none;border-right:none;border-top:none;border-
bottom:none;padding:1.4pt 5.1pt 1.4pt 5.1pt' >
	<P CLASS=HStyle0> </P>
	</TD>
	<TD bgcolor="#f7e800" "valign="middle"style= 'width:85;heig
ht:66;border-left:none;border-right:none;border-top:none;border-
```

```
bottom:none;padding:1.4pt 5.1pt 1.4pt 5.1pt '〉
        〈P CLASS=HStyle0〉 〈/P〉
        〈/TD〉
        〈TD valign="middle" style='width:85;height:66;border-left:none;border-right:none;border-top:none;border-bottom:none;padding:1.4pt 5.1pt 1.4pt 5.1pt'〉
        〈P CLASS=HStyle0〉 〈/P〉
        〈/TD〉
〈/TR〉
〈TR〉
        〈TD valign="middle"style='width:85;height:66;border-left:none;border-right:none;border-top:none;border-bottom:none;padding:1.4pt 5.1pt 1.4pt 5.1pt'〉
        〈P CLASS=HStyle0〉 〈/P〉
        〈/TD〉
        〈TD valign="middle"style='width:85;height:66;border-left:none;border-right:none;border-top:none;border-bottom:none;padding:1.4pt 5.1pt 1.4pt 5.1pt'〉
        〈P CLASS=HStyle0〉 〈/P〉
        〈/TD〉
        〈TD valign="middle"style='width:85;height:66;border-left:none;border-right:none;border-top:none;border-bottom:none;padding:1.4pt 5.1pt 1.4pt 5.1pt'〉
        〈P CLASS=HStyle0〉 〈/P〉
        〈/TD〉
〈/TR〉
〈/TABLE〉
〈P〉〈/P〉
〈!—아랫쪽 테이블—〉
〈TABLE bgcolor="#2900f7"border="1"cellspacing="0"cellpadding="0"style='border-collapse:collapse;border:none;'〉
```

```
<TR>
    <TD valign="middle style='width:85;height:66;border-left:none;border-right:none;border-top:none;border-bottom:none;padding:1.4pt 5.1pt 1.4pt 5.1pt'>
    <P CLASS=HStyle0> </P>
    </TD>
    <TD valign="middle"style='width:85;height:66;border-left:none;border-right:none;border-top:none;border-bottom:none;padding:1.4pt 5.1pt 1.4pt 5.1pt'>
    <P CLASS=HStyle0> </P>
    </TD>
    <TD valign="middle"style='width:85;height:66;border-left:none;border-right:none;border-top:none;border-bottom:none;padding:1.4pt 5.1pt 1.4pt 5.1p'>
    <P CLASS=HStyle0> </P>
    </TD>
</TR>
<TR>
    <TD valign="middle"style='width:85;height:66;border-left:none;border-right:none;border-top:none;border-bottom:none;padding:1.4pt 5.1pt 1.4pt 5.1pt'>
    <P CLASS=HStyle0> </P>
    </TD>
    <TD bgcolor="#2c652e"valign="middle"style='width:85;height:66;border-left:none;border-right:none;border-top:none;border-bottom:none;padding:1.4pt 5.1pt 1.4pt 5.1pt'>
    <P CLASS=HStyle0> </P>
    </TD>
    <TD valign="middl"style='width:85;height:66;border-left:none;border-right:none;border-top:none;border-bottom:none;padding:1.4pt 5.1pt 1.4pt 5.1pt'>
```

```
        〈P CLASS=HStyle0〉 〈/P〉
        〈/TD〉
〈/TR〉
〈TR〉
        〈TD valign="middle" style='width:85;height:66;bord
er-left:none;border-right:none;border-top:none;border-
bottom:none;padding:1.4pt 5.1pt 1.4pt 5.1pt'〉
        〈P CLASS=HStyle0〉 〈/P〉
        〈/TD〉
        〈TD valign="middle" style='width:85;height:66;bord
er-left:none;border-right:none;border-top:none;border-
bottom:none;padding:1.4pt 5.1pt 1.4pt 5.1p'〉
        〈P CLASS=HStyle0〉 〈/P〉
        〈/TD〉
        〈TD valign="middle" style='width:85;height:66;bord
er-left:none;border-right:none;border-top:none;border-
bottom:none;padding:1.4pt 5.1pt 1.4pt 5.1pt' 〉
        〈P CLASS=HStyle0〉 〈/P〉
        〈/TD〉
〈/TR〉
〈/TABLE〉
〈P〉〈/P〉
〈/BODY〉
〈/HTML〉
```

지금까지는 색의 대비 현상에 대해 알아보았다. 이제 색이 가지는 이미지에 대해 알아보자.

색이 가지는 이미지

색은 다양한 이미지를 가지고 있다. 어떤 국가 하면 어떤 색이 떠오르곤 한다. 즉, 어떤 색은 특정 나라가 떠오르곤 하는 것이다. 예를 들면, 중국은 빨강색과 노랑색이 떠오른다. 실제로 중국인들은 내의를 빨강색으로 구입하거나, 복을 기원하는 글을 쓸 때 노랑색 계열인 황금색을 선택하곤 한다. 특정 색에는 다양한 이름이 붙어 있는데, 예를 들어 노랑색 계열인데, 중국황제를 연상한 강한 분위기의 노랑이라 하여 "차이니즈 엠퍼러"라는 이름의 색이 그러하다. 이 색을 16진수로 표현하면 #f6cb37이다. 프랑스에 가보면 분홍 빛으로 치장한 커피숍이 많다. 대한민국 커피숍에서는 보기 힘든 색상인데, 실제 파리에서는 "로즈 데 파리"라는 분홍 빛깔을 매우 좋아한다. 이 색을 16진수로 표현하면 #ed7185 이다. 이렇듯 한 나라를 대표하는 색상 뿐만 아니라, 역사, 사상, 종교, 신화, 작가, 미술가, 동물, 자연물 등과 관련된 색상들이 각각 고유한 이름이 부여되어 있다. 이는 색이 어떤 특정 이미지를 가지고 있다는 뜻으로 해석 할 수 있다. 어떤 색은 태양이 작열하는 사막지역의 모래의 색으로 연상될 수도 있고, 어떤 색을 보면 잘 구워진 단팥빵이 연상될 수도 있는 것이다. 디자인 할 때도 이러한 색이 가지는 이미지를 잘 적용해 보면 더욱 좋은 디자인이 가능 할 것이다. 따라서 색의 이미지에 대한 관심을 꾸준히 가져보면 어떨까 생각한다.

국가

- **중국**
  중국황제를 연상한 강한 분위기의 노랑(#f6cb37, 차이니즈 엠퍼러)
- **프랑스**
  파리의 장미꽃을 나타내는 밝은 빨강(#ed7185, 로즈 데 파리)

지금까지는 색이 가지는 이미지에 대해 알아보았다. 이제 두 개 이상의 색을 이용하여 디자인 목적에 맞게 배치하는 배색과 관련된 내용에 대해 알아보자.

배색

디자인에 있어서 두 개 이상의 색을 사용할 경우 앞서 살펴본 색이 가지는 대비 현상에 대해 고려해서 선택하여야 한다. 경쾌한 디자인으로 정하느냐 중후한 디자인으로 정하느냐에 등 컨셉을 어떻게 정하느냐에 따라서도 색의 선택이 매우 중요한 것이다. 우리는 두 개 이상의 색을 특별한 효과나 목적에 알맞게 배치하여 조화롭게 만드는 것을 배색이라 한다. 이러한 배색의 과정을 거쳐 한 가지 색에서 느끼지 못한 새로운 느낌을 줄 수 있다. 배색을 할 때에는 색의 3요소인 색상, 명도, 채도와 기타 색이 가지는 다양한 성격들을 고려하여야 한다. 신중하게 배색함으로써 그 디자인의 사용 목적과 부합한 결과물을 얻을 수 있고, 최종적으로 보기 좋은 디자인을 얻을 수 있는 것이다.

배색을 어떻게 하느냐에 따라서 색상차가 적은 형태로 배색을 할 경우 점잖은 느낌이 들고, 색상차가 큰 경우 화려한 느낌이 든다. 명도차가 적게 배색 한 경우 탁한 느낌이 들고, 채도 차가 큰 경우 활기찬 느낌이 든다. 색상, 명도, 채도의 차이를 다양하게 해서 배색하는 연습을 해보자. 연습을 많이 해도 사실 세련된 배색을 하기는 매우 힘들다. 그럴 경우 배색과 관련된 전문적인 책들을 참조하기 바란다. “발랄한 이미지를 원할 경우 이런 색으로 배색하세요”와 같은 형태의 조언이 가득할 것이다. 이러한 전문가들의 조언을 따르는 것도 매우 좋은 방법이겠다.

과제

번 호	
과목명	
제출자	
제출일	

1. 다음 핸드크림 제품 이미지의 A, B에 각각 다른 색을 선택하시오.

1.1 A 부분과 B 부분을 각각 다른 색으로 배색합니다.배색 목표를 정하고, 색을 선정하고, 선정 이유를 작성하시오.

– 배색 목표 :

– A 색 :

– B 색 :

– 선정 이유 :

절 취 선

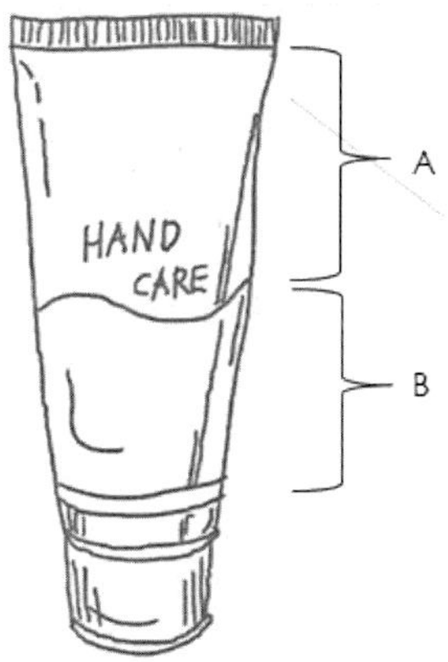

제12장

디자인 노하우

-표지 디자인 기획하기-

책 표지 분석하기

타이포그라피

캘리그라피

트리밍

채우기 디자인

파워포인트 프로그램으로 표지 디자인 하자

학습 목표

- 기존의 책 표지를 분석해 본다.
- 타이포그리피, 캘리그라피에 대해 이해하고 구현해 본다.
- 채우기 디자인에 대해 알아본다.
- 파워포인트 프로그램으로 표지 디자인을 실천해 본다.

독자가 책을 선택하는 기준은 무엇일까. 우선은 책의 제목이지만, 그 다음으로는 책의 표지 디자인일지도 모른다. 책의 표지 디자인은 사람들의 선택을 받는데 있어서 매우 중요한 요소임에는 분명하다. 소설책 "남한산성"의 표지의 색상을 예쁜 분홍색으로 선택했다. 전작 "칼의 노래"와 같은 책에서는 상상할 수 없었던 색상으로 많은 사람의 이목을 집중 시켰다. 책의 제목이 "남한산성"이므로 남한산성 그림이 나올 것 같으나 소박한 들꽃을 중심부에 배치했다. 이 모든 요소들이 일반 독자들의 예상을 벗어나는 범주에 있었고, 돋보이는 요소가 되었다. 오쿠타 하데오의 소설 "남쪽으로 튀어"의 경우 책 제목이 매우 개성 있다. 책 제목 뿐만 아니라 표지 디자인도 인상적인데 강한 인상의 남자를 색연필로 쓱쓱 그려놓은 듯 보인다. 이 남자의 얼굴은 노란색이고, 머리카락도 붉은 계열의 독특한 색감을 입혀 이목을 끌었다. 이외에도 표지 디자인으로 주목 받은 책은 많이 있다. 셰릴 스트레이트가 쓴 자전적 소설 "와일드"는 흰색 표지에 붉은 끈이 인상적인 갈색 낡은 등산화를 배치하여 강한 인상을 주고 있다. 사람들은 책의 표지 디자인만으로 그 책을 선택하지는 않겠지만, 구매에 있어서 큰 몫을 하는 것은 분명한 듯 하다.

개인적으로 와일드라는 책을 읽게 된 것은 표지 디자인의 강한 인상 때문이었다. 보통 표지 디자인은 예쁘고 멋있게 디자인 하기 마련인데, 매우 낡은 등산화를 배치한 것이다. 물론 빨강색 등산화 끝이 포인트가 되었고, 배경 색이 깨끗한 흰색이며 명도를 높여 원래 색 보다 매우 밝게 표현하여 낡은 등산화가 지저분한 느낌으로 이어지지는 않았다. 이렇게 표지 디자인이 이끌려 선택한 이 책은 읽어보니 내용도 좋았다. 미국에는 퍼시픽 크레스트 트레일(PCT, the Pacific Crest Trail)이라는 도보 여행로가 있다. 미국 서부 지역 산맥을 타고 오르내려야 하는 PCT 여행로를 여자 혼자 종단하며 겪은 이야기를 한 권의 책으로 엮었다. 그녀는 어머니의 죽음과 이혼을 겪었고 일용직으로 일하며 마약에 빠져 있던 어느 날 우연히 PCT 여행 책을 보고 도보여행을 결심했는데, 4285km라는 거리를 무거운 배낭을 메고 몇 달 동안 걷고 또 걸었다. 눈보라 때문에 가던 길을 포기하고 싶었고, 사막을 걸으며 물을 먹지 못해 생명의 위협을 느꼈지만, 사서 고생이란 말이 딱 어울리는 행군은 이어졌다. 하지만 물, 따뜻한 밥, 탄산음료, 목욕과 같은 사소한 것들에 대단한 고마움을 느낄 수 있는 행운의 시간을 보냈고, 그 전체적인 여정을 흥미 있는 글로 채웠다. “와일드”는 특히 표지 디자인이 특이하다. 등산화 한짝이 표지를 장식하고 있는 것이다. 쓰레기 통에 버려졌어도 어색하지 않을 만큼 낡은 황토색 등산화에 빨강색 끈이 대충 묶여있는 이미지이다. 책제목과 표지디자인의 매력으로 구입하게 된 이 책은 551페이지의 두툼함에도 단번에 읽어버릴 만큼 매력적인 내용으로 입소문을 탔다. 결국 영화화 되는 등의 인기를 누렸다. 만일 이러한 표지 디자인이 아니었다면 개인적으로 이 책을 독서 목록으로 올리지 않았을 지도 모른다. 그만큼 독자들은 책의 표지에 영향을 많이 받는다. 물론 기존의 베스트셀러 작가의 새로운 책이 나왔을 경우는 달라질 수 있다. 작가의 이름으로 검색하여 책을 바로 구매할 가능성이 높은 것이다. 그러나 처음 책을 쓴 작가의 경우 책의 표지 디자인은 더욱 중요해 진다. 그런 의미에서 우리가 만들어야 할 전자책에 있어서도 기존의 템플릿을 그대로 이용한 형태의 표지 디자인 보다는 독창적인 개성의 결과물을 만들어보는 것이 어떨까. 이 책에서는 템플릿을 이용하지 않고도 쉽게 표지 디자인을 할 수 있는 방법에 대해 다루고자 한다. 이러한 과정을 본격적으로 진행하기 이전에 기존 책의 표지를 분석해보는 시간을 가져보자.

책 표지 분석하기

시중에 나와 있는 책의 표지를 분석해보자. 이러한 분석 과정은 필수라 할 수 있다. 내가 만들려고 하는 표지의 가이드라인을 정하는데 있어서 참조할 모델이 필요할 것이고, 이는 기존 책의 분석 과정에서 자연스럽게 얻어질 것이다. 우선 저자가 집필 했었던 "발명 특허 지식재산권"이라는 책의 표지를 살펴 보겠다. 우선 책의 제목이 눈의 띄게 선명하고, 크다. 제목이 책의 중간에 위치하고 있지 않다. 사실 어떤 문서를 작성 할 때 제목에 해당하는 글은 중간 정렬을 하곤 한다. 그런데 이 책의 경우 오른쪽 정렬을 한 경우다. 이렇게 오른쪽 정렬을 했음에도 매우 안정적인 느낌이 든다. 제목의 글씨 크기는 60폰트 정도이다. 그리고 그 외의 글씨 크기는 15폰트에서 20폰트 정도로 되어 있다. 제목의 바탕은 검정색이고, 글씨는 흰색과 노랑색을 배치하였다. 이러한 색상 배치로 인해 아무래도 제목이 더욱 또렷하게 보이는 효과가 있겠다. 전체 주요 색상은 회색과 검정이고, 포인트로 노랑색을 선택하였다. 그리고, 깔끔한 느낌의 흰색과 포인트가 되는 빨강색을 적절하게 이용하고 있다. 그리고 강조되어야 할 문구에 노랑 바탕에 파랑색을 배치하여 색상대비 효과를 높이고 있다. "발명 특허 지식재산권" 책의 내용에 부합하게 표지 내에 자전거, 전구 등의 그래픽 요소를 사용한 것도 확인 할 수 있다.

이 책은 종이책이다. 전자책에서도 이러한 종이책의 표지 디자인 방법을 그대로 가져와도 좋다. 실제 종이책과 전자책을 동시에 출판하는 경우가 늘어나고 있는 시대에서 표지 디자인은 동일한 차원에서 진행되곤 한다. 그런데 전자책이 종이책 크기에 비해 상대적으로 작은 화면이라고 생각한다면, 표지 디자인의 관점은 조금 달라 질 수 있겠다. 종이책에서의 표지 디자인을 그대로 줄여 전자책의 표지로 쓴다면, 디자인에 따라서 책의 제목조차 인식이 어려운 상황에 놓일 수 있는 것이다.

아무래도 표지에서 보여주고자 하는 핵심인 제목, 문구, 저자명 등의 크기가 전체 표지 크기에 비해서 상대적으로 더 키우는 것이 좋다. 저자의 책인 "발명 특허 지식재산권"의 경우 종이책의 표지를 그대로 줄여도 책의 제목이 매우 선명한 편이다. 이 경우는 종이책 표지를 그대로 전자책으로 사용해도 되겠다. 다만 저자명과 같은 중요한 정보가 거의 인식되지 못하는 수준으로 줄어들었다. 이러한 부분을 보완하여 전자책에 어울리는 표지로 다시 디자인 해보는 것도 좋은 방법이 될 것이다. 이 외에도 많은 책의 디자인을 분석하자. 노력을 기울일수록 내 책은 더욱 훌륭한 면모를 갖추게 될 것이다.

과제

번 호	
과목명	
제출자	
제출일	

1. 선정한 책에 대한 정보(제목, 저자명, 출판사명, 표지 이미지) 를 기준으로 책 표지 분석하시오.

제목의 크기 :

저자명의 크기 :

전체적인 색채의 특징 :

그래픽 요소의 특징 :

전자책 표지가 되기 위해 보안할 부분 :

지금까지 출판된 기존의 책에 대한 표지를 분석하는 과정을 살펴보았다. 이제는 이러한 표지에 중심이라 할 제목 디자인에 대해 알아보도록 하겠다.

타이포그라피

책의 제목을 정했다면 제목 디자인에 대해서 고려해보자. 책의 제목의 경우 굴림체, 궁서체 등으로 불리는 정형화된 글씨체로써 문자를 표현하기 보다는 장식적인 요소를 가미하여 표현하는 경우가 많다. 예를 들어 "책 먹는 여우와 이야기 도둑" 이라는 책에서도 책이라는 문자의 받침인 ㄱ의 끝을 굵은 곡선으로 연결하여 장식하고 있다. 여라는 문자의 ㅇ의 윗 부분도 마찬가지로 그 끝을 굵은 곡선으로 늘려놓았다. "발리 홀리데이" 책에서는 BALI라는 영문 글자에 서로 다른 색으로 된 유선형 도형을 패턴화하여 채웠다. 즉 일반 문자에 그래픽적인 요소를 가미하여 표현함으로써 디자이너의 감각을 나타낸 것이다. 이러한 디자인을 타이포그라피(typography)라 한다. 타이포 즉 typo는 그리스어에 어원을 두고 있는데, 글자를 의미한다. graphy는 graph라고도 하는데, 언어적 표현으로서의 문자나 부호를 뜻한다. 따라서 타이포그라피는 글자를 글자뿐만 아니라 다른 요소를 가미하여 보기 좋게 표현한 글자 디자인이라 표현할 수 있겠다. 여러분이 만들게 될 책의 제목 디자인에 있어서도 디자인 컨셉에 어울린다면 이러한 타이포그라피를 적극 이용해보자.

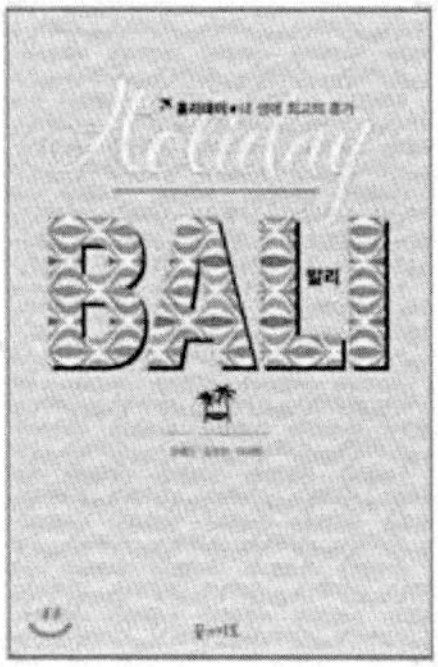

[참고] 책 먹는 여우와 이야기 도둑, 프란치스카 비어만, 주니어김영사 출판사
[참고] 발리홀리데이, 전혜진, 김준현, 박재현, 꿈의지도 출판사

그러면 본격적으로 타이포그라피의 구성 요소에 대해 알아보자. 타이포그라피의 구성 요소는 문자와 행이라 할 수 있다.

타이포그라피 구성 요소

- 문자
- 행

문자의 경우 글꼴을 무엇으로 정하느냐에 따라 이미지가 달라진다. 궁서체로 작성된 문자는 예스러운 분위기가 풍기고, 굴림체로 작성된 문자는 단정한 느낌이 든다. 문자에 있어서 타이포그라피적 요소로 포즈(pose)도 중요하다. 포즈는 자세라는 의미가 있는데, 문자에 있어서의 자세를 의미한다. 문자에 있어서 포즈는 기울어져 있느냐 아니냐로 표현할 수 있겠다. "회사는 학교가 아니다" 책의 제목은 포즈에 있어서 약간 기울어져 있다. 평범한 포즈에 비해서 도전적인 느낌이 든다. 문자에 있어서 타이포그라피적 요소로 중량을 말할 수 있다. 여기서 중량은 글씨를 굵게 표현했느냐 얇게 표현했느냐를 의미하는 것이다. 문자에 있어서 자간도 타이포그라피적 요소에 해당된다. 글자와 글자간의 간격을 의미하는 자간은 각 글자의 떨어진 정도를 의미하고, 이를 어떻게 표현하느냐에 따라 그 이미지가 달라진다.

[참고] 회사는 학교가 아니다, 최성락, 윤수경, 아템포출판사

문자에 있어서 타이포그라피적 요소 가운데 한글에는 없고 영문자에서는 나타나는 대소문자가 있다. "DOG ENGLISH" 표지의 제목은 모두 대문자로 쓰여 있어 제목의 의미가 강조되고 있다. "Do The Work 행동하라" 책의 제목에는 대소문자를 적절히 혼용하고 있다. 특히 시

작 글자에 있어서 대문자로 표현함으로써 제목의 의미가 선명하게 드러난다.

[참고] DOG ENGLISH, 매튜 다우마, 서프라이즈출판사
[참고] Do The Work 행동하라, 스티븐 프레스필드, RSG출판사

타이포그라피의 구성요소 가운데 하나인 글꼴에 대해서 알아보자.

1) 글꼴의 분류

모든 글꼴은 세리프체와 산세리프체로 나뉠 수 있다. 따라서 문자의 종류도 세리프(serif)와 산세리프(san-serif)로 그 모양을 구분 할 수 있는 것이다.

글꼴의 분류

- 세리프 : 문자의 획이 끝나는 부분이 꺾인 부분, 인쇄에서 가독성이 높다
- 산세리프 : 그 꺾인 부분, 즉 세리프를 제거한 부분, 웹화면에서 가독성이 높다.

세리프는 문자의 획이 끝나는 부분이 꺾여 있는 부분을 의미한다. 이렇게 문자의 획이 끝나는 부분을 꺾어 놓으면 인쇄했을 때 가독성이 높아진다. 따라서 신문이나 종이책에서 이러한 세리프 형태로 문자를 표현하는 경우가 많다. 대표적인 세리프체가 명조체이다. 바탕체, 궁서체, Times New Roman, Courier 등이 많이 쓰인다. 산세리프는 문자의 꺾인 부분인 세리프를 제거한 것을 의미한다. 산세리프는 모니터에서 가독성이 높다. 따라서 웹 문서나 전자책에서 이러한 산세리프 형태로 문자를 표현하는 경우가 많다. 대표적인 산세리프체가 고딕체이다. 굴림체, 돋움체, Arial 등이 많이 쓰인다. 타이포그라피 차원에서도 표현하고자 하는 문자를 세리프로 할 것인지 산세리프로 할 것인지에 따라 보여지는 느낌이 다르다.

◉세리프 ◉산세리프
> 정 > 정

2) 행의 구성

타이포그라피의 구성 요소로써 행에 대해서 알아보자. 행은 영어로 line을 의미한다. 문서에 글을 채울 때 여러 줄의 글을 작성해야 한다. 여기서 말하는 줄도 행과 같은 의미인 것이다.

행

- 행간 : 행 사이의 높이를 정하는 수치
- 행폭 : 가로 글자수를 정하는 수치
- 행의 정렬

행에서 고려할 사항은 행간, 행폭, 행의 정렬이다. 행간은 행과 행 사이의 높이를 의미한다. 보통 해당 글자의 크기에 따라 글자의 높이가 정해지는데, 행간은 그 높이에 비해 160% 정도 높도록 정하곤 한다. 간혹 영어나 국어의 작문 과제를 작성할 때 행간 200%로 인쇄하라는 의무 조항이 들어가는 경우가 있다. 일반적인 행간보다 높은 것인데, 보통 틀린 글에 대해 교정을 지시하기 위한 첨삭의 공간으로 사용하기 위해 이용된다. 행폭은 문서의 가로 방향으로 봤을 때 한 행의 너비를 의미한다. 행폭은 한 행의 가로 글자수를 정하는 수치로 이용되곤 한다. 행의 정렬은 오른쪽 정렬, 가운데 정렬, 왼쪽 정렬, 양쪽 정렬로 나뉜다. 정렬된 형태에 따라 느낌이 달라진다.

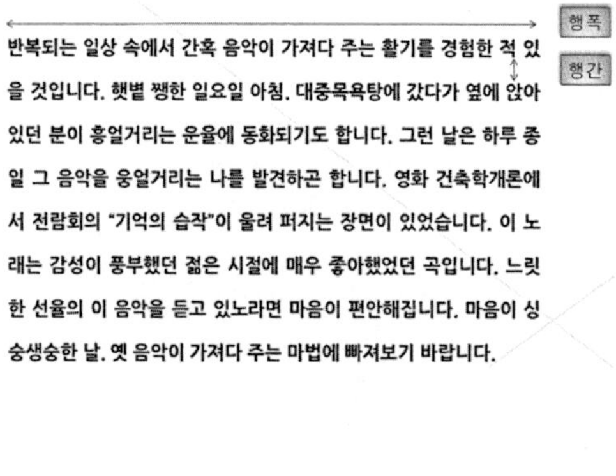

과제

번 호	
과목명	
제출자	
제출일	

1. 다음 원본 글에 대하여 행간, 행폭, 행의 정렬을 자유롭게 적용하여 문서의 편집을 완성하시오. 그리고, 행간, 행폭, 행의 정렬을 어떻게 작성했는지 기술하시오.

1.1 원본은 다음과 같다.

"반복되는 일상 속에서 간혹 음악이 가져다 주는 활기를 경험한 적 있을 것입니다. 햇볕 쨍한 일요일 아침. 대중목욕탕에 갔다가 옆에 앉아있던 분이 흥얼거리는 운율에 동화되기도 합니다. 그런 날은 하루 종일 그 음악을 웅얼거리는 나를 발견하곤 합니다. 영화 건축학개론에서 전람회의 "기억의 습작"이 울려 퍼지는 장면이 있었습니다. 이 노래는 감성이 풍부했던 젊은 시절에 매우 좋아했었던 곡입니다. 느릿한 선율의 이 음악을 듣고 있노라면 마음이 편안해집니다. 마음이 싱숭생숭한 날. 옛 음악이 가져다 주는 마법에 빠져보기 바랍니다."

절 취 선

캘리그라피

캘리그라피(calligraphy)는 kalligraphi라는 그리스어에서 유래된 말로 아름다운 손글씨를 의미한다 하겠다. 요즘은 표지 디자인에서부터 영화 포스터에 이르기까지 손으로 직접 쓴 캘리그라피가 인기다. "이토록 공부가 재미있어지는 순간"이라는 책에서는 강약의 리듬감이 느껴지는 재밌는 캘리그라피로 제목 디자인을 완성했다. "실전 캘리그라피"라는 책은 서예를 할 때 쓰는 붓을 이용해서 직접 쓴 글씨로 보인다. 이 책은 아름다운 흐름이 있는 캘리그라피로 제목 디자인을 완성한 것이다. 손 글씨에 자신이 있는 사람이라면 책의 제목에 캘리그라피를 적용해 보는 것도 좋겠다.

[참조] 이토록 공부가 재미있어지는 순간, 박성혁, 다산3.0출판사
[참조] 실전 캘리그라피, 이규복, 이서원출판사

트리밍

제목 디자인에 있어서 트리밍 기법을 사용해도 좋겠다.

트리밍은 사전적인 의미로는 정돈, 손질, 깎아 다듬기로 되어있다. “진심진력” 책의 제목 디자인에 있어서도 이러한 트리밍 기법을 맘껏 활용하고 있다. 글자에 트리밍 기법을 적용하면 세련된 느낌이 들고, 새로운 글꼴로 인식되는 효과가 있다. 트리밍은 이렇듯 원본의 의미를 극대화하기 위한 목적으로 많이 이용된다. 적절한 트리밍은 디자인적으로도 우수한 결과를 얻을 수 있는 것이다.

[참조] 진심진력, 박종평, 더퀘스트출판사

지금까지는 제목 디자인에서 고려해야 할 사항에 대해 살펴보았다. 이제 전자책 표지 및 본문 안에서 사용할 일반적인 디자인에 대해서 알아보고자 한다.

채우기 디자인

책의 표지나 본문 안에 사용할 디자인은 일반적으로 어떠한 공간을 채우는 목적으로 사용한다하여 채우기 다지인이라고도 한다. 간혹 채우기 디자인이라는 단어 때문에 무언가로 공간을 가득 채워야 한다는 관점으로 접근하기도 한다. 그러나 디자인의 기본은 여백을 잘 활용하는 것이다. 채우기 디자인에 있어서도 여백의 효과를 맘껏 활용하기 바란다.

채우기 디자인과 관련하여 "BOON 31"을 기준으로 설명하겠다. BOON 31은 "이 모든 걸 처음부터 알았더라면" 책의 디자인을 패러디 했다. 표지 디자인 분야의 전문가가 만든 것이 아니고, 컴퓨터공학을 전공한 저자가 직접 디자인 한 탓에 완성도는 떨어진다. 그러나 이렇듯 보기 좋은 책의 디자인이 있다면 따라 디자인 해보는 것은 전문가들이 사용하는 색감이나 내부 레이아웃 등에 대해서 실전으로 공부할 수 있게 된다. BOON 31은 표지를 장식하는 제목 이외의 영역이 너무나 꽉 채워진 느낌이다. 예전 홍콩으로 여행 갔을 때 찍은 사진으로 건물이 많은 풍경이 표지 디자인으로 어울릴 듯하여 배경으로 넣은 것인데, 책을 설명하는 글이 여러 줄이고 다소 진한 색감으로 굵고 빽빽하게 표현되었다.

[참고] 이 모든 걸 처음부터 알았더라면, 칼 필레머, 토네이도출판사
[참고] BOON 31, 김분희, 와일드네출판사

BOON 31을 여백이 많은 형태로 변경해 봤다. 여전히 표지 디자인 전문가의 솜씨가 아니다 보니 멋스럽지는 않다. 그러나 이전 디자인에 비해 깔끔하고 간결한 느낌이다. 즉, 여백 또한 채우기 디자인의 한 요소로써 미적인 역할을 톡톡히 하는 것이다.

선 또한 채우기 디자인의 하나의 요소로 이용될 수 있다. 선은 직선, 사선, 곡선 등으로 분류할 수 있다. 똑같은 선이라도 직선, 사선, 곡선은 각각 다른 느낌을 가지고 있다. 따라서 디자인 의도에 따라 적절하게 선택하여 사용할 수 있겠다.

- **직선**
  - 내용을 구분 정리하는 역할
  - 너무 많이 쓰면 공간에 여유가 없어 보여 복잡한 느낌 초래함
  - 얇고 두꺼움에 따라 이미지가 달라짐
- **사선**
  - 방향을 표시하거나 집중도를 높이는 역할
  - 현대적이고 세련된 느낌
  - 공간을 많이 이용함
  - 여러 줄의 사선으로 면을 채우기도 함
- **곡선**

직선의 경우 이 선을 경계로 내용을 구분하는 역할을 한다. 하나의 덩어리로 존재했었던 글이 이 선을 기준으로 정리되는 효과가 있다. 그러나 이러한 선을 너무 많이 사용하다 보면 해당 공간에 여유가 없어 보일 수 있어서 적절하게 사용하는 것이 중요하다. 채우기 디자인에 있어서 선은 모던한 분위기를 주기에 적합하다.

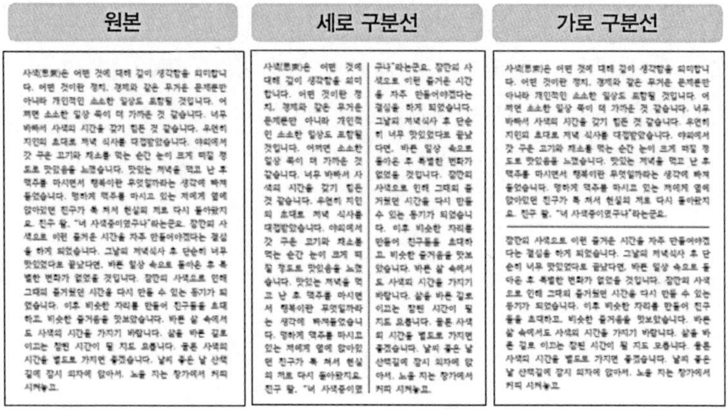

사선의 경우 방향성을 표현하기에 적합하다. 그리고 해당 방향으로 시선을 잡는 효과가 있어 집중도를 높여주는 역할을 한다. 이러한 사선은 매우 세련된 느낌을 풍기지만 상하좌우 공간을 골고루 많이 이용하는 결과를 낳게 된다.

곡선은 직선이나 사선과는 달리 두 점을 이은 형태가 모나지 않고 유연하게 구부러진 선으로써 부드러운 이미지를 표현하기 좋다. 곡선 또한 사선처럼 공간을 많이 이용하는 특징이 있다.

직선, 사선, 곡선 모두 얇게 혹은 두껍게 디자인 하느냐, 길게 또는 짧게 디자인 하느냐에 따라 디자인 효과가 달라진다. 그리고 면을 가득 채울 목적으로 이러한 선의 종류를 여러 개 겹쳐서 사용하기도 한다.

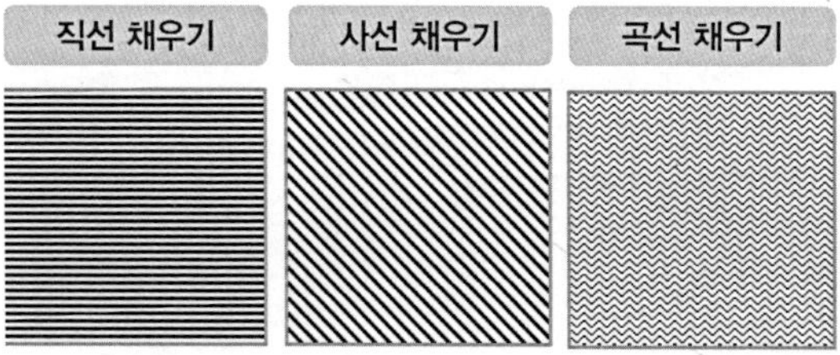

위와 같이 직선으로 일정한 간격을 띄워 채우기도 하고, 사선이나 곡선으로 채울 수도 있겠다. 그리고 다음과 같이 같은 사선이라도 한 방향이 아닌 두 방향으로 채우는 형태로 응용하여도 색다른 효과를 얻을 수 있다. 일부분을 확대해 보면 # 표시가 보이는데, \ 방향의 선과 / 방향의 선이 마주치는 부분에 의해 그물망처럼 견고해 보여 효과적으로 공간을 채우고 있다.

책에는 부분적으로 상자가 위치하기도 한다. 상자는 박스라고도 하며 국어 사전에서는 물건을 넣어 두기 위해 만든 네모난 그릇이라고 말하고 있다. 채우기 디자인에 있어서 상자는 채우기의 영역을 한정하는 역할을 한다.

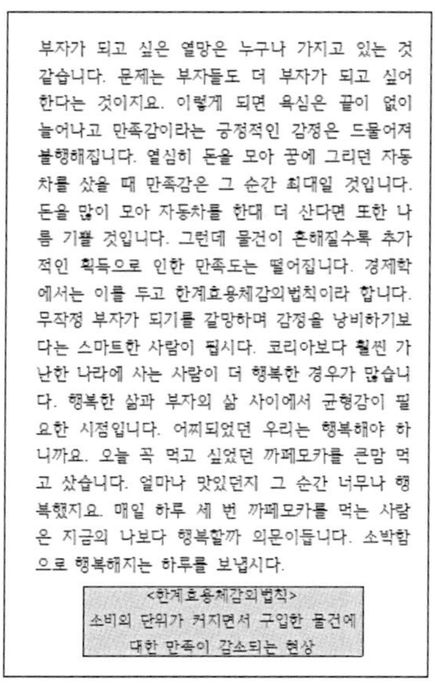

부자가 되고 싶은 열망은 누구나 가지고 있는 것 같습니다. 문제는 부자들도 더 부자가 되고 싶어 한다는 것이지요. 이렇게 되면 욕심은 끝이 없이 늘어나고 만족감이라는 긍정적인 감정은 드물어져 불행해집니다. 열심히 돈을 모아 꿈에 그리던 자동차를 샀을 때 만족감은 그 순간 최대일 것입니다. 돈을 많이 모아 자동차를 한대 더 산다면 또한 나름 기쁠 것입니다. 그런데 물건이 흔해질수록 추가적인 획득으로 인한 만족도는 떨어집니다. 경제학에서는 이를 두고 한계효용체감의법칙이라 합니다. 무작정 부자가 되기를 갈망하며 감정을 낭비하기보다는 스마트한 사람이 됩시다. 코리아보다 훨씬 가난한 나라에 사는 사람이 더 행복한 경우가 많습니다. 행복한 삶과 부자의 삶 사이에서 균형감이 필요한 시점입니다. 어찌되었던 우리는 행복해야 하니까요. 오늘 꼭 먹고 싶었던 까페모카를 큰맘 먹고 샀습니다. 얼마나 맛있던지 그 순간 너무나 행복했지요. 매일 하루 세 번 까페모카를 먹는 사람은 지금의 나보다 행복할까 의문이듭니다. 소박함으로 행복해지는 하루를 보냅시다.

<한계효용체감의법칙>
소비의 단위가 커지면서 구입한 물건에 대한 만족이 감소되는 현상

책에서 디자인적 요소로 사용되는 상자는 상하좌우가 선으로 막혀있는 공간이라 말할 수 있겠다. 책에서 표현할 상자는 보통 네모난 모양이지만 모서리가 둥근 사각형일 수도 있고, 타원의 형태일 수도 있겠다. 다양한 형태로 원래의 공간에서 분리된 공간을 만들고 그 안에 내용을 채우면, 책에서의 상자의 역할을 할 수 있는 것이다. 이러한 상자는 그 안쪽에 여백을 얼마나 주느냐에 따라 느낌이 달라질 수 있다.

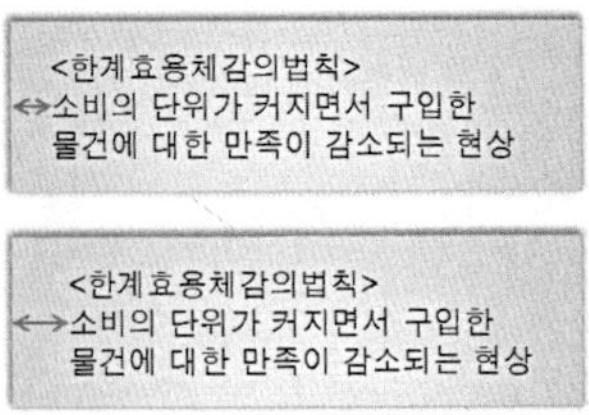

채우기 디자인의 단위로 상자는 위의 예에서처럼 특정 색상으로 내부 면을 채우기도 하고, 혹은 2가지 색상에 농도의 변화를 주어 그라데이션 된 형태로 채우기도 한다. 앞서 설명한 선, 직선, 곡선 등으로 채울 수도 있을 것이다.

표지 디자인에 있어서도 마찬가지인데, 상자라고 해서 사각형으로 규정할 필요는 없겠다. 다음 표지에서는 "실과 바늘로 수놓기 준비 끝~"이라는 글을 옅은 색의 상자 안에 표현하였다. 이러한 상자가 없었을 때보다 정돈된 느낌이 강해진다.

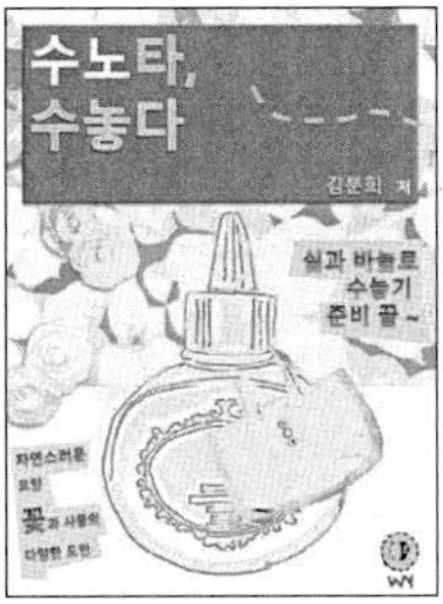

채우기 디자인에 있어서 채울 면에 배경 이미지를 대입할 수 있다. 대리석 이미지를 배경에 넣으면 대리석의 차갑고 매끄러운 재질감을 표현 할 수 있겠다.

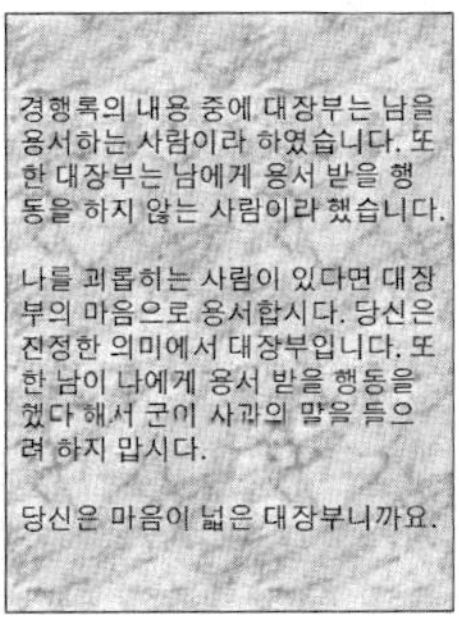

그런데 이러한 채우기 디자인에 있어서 배경에 이미지로 채우는 경우, 글의 내용이 배경 이미지로 인해 잘 읽혀지지 않는다면 곤란하다. 따라서 가독성에 문제가 없도록 배경이미지를 적절하게 활용해야 한다. BOON 31의 경우 배경에 이미지를 입력하였으나 그 위에 표현 될 글의 가독성을 높이기 위해 부분적으로 선명한 색으로 채우는 작업을 했다. 표지의 하단에는 노란색 계열로 투명도를 조절해서 입력했고, 제목 부분은 흰색 상자를 별도로 만들어 제목의 가독성을 높였다. 건물들이 가득한 배경 사진 위에 바로 책 제목 BOON 31을 쓴 경우 다음과 같이 제목의 가독성이 떨어지곤 한다.

가독성 떨어지는 제목

물론 이러한 가독성이 떨어지는 형태도 제목 글 자체에 아웃라인을 굵고 대비되는 배색으로 처리한다면 이러한 문제를 해결 할 수 있겠다. 하지만 위의 예에서는 이러한 처리 없이 디자인 되어 제목이 배경에 스며들어 가독성이 떨어지는 것이다.

채우기 디자인에 있어서 빈 화면에 어떠한 항목들로 채울 때 해당 항목들을 어떻게 배열할 지를 고민해야 한다. 항목들을 배열 할 때 고민해야 할 가장 중요한 요소는 항목 간의 간격이다. 간격을 고려하는 이유는 그 간격에 따라 답답하게 보일 수도 너무 느슨하게 보일 수도 있기 때문이다.

규칙적인 배열

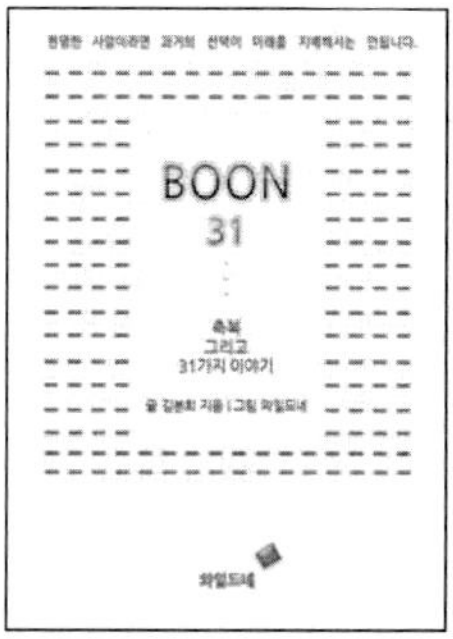

불규칙적인 배열

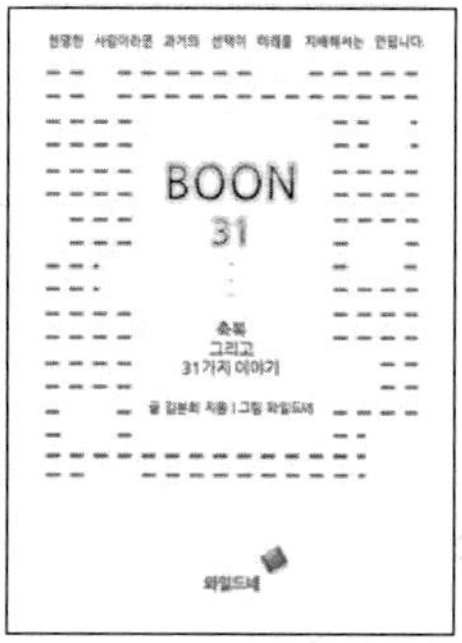

항목들을 배열할 때 유사한 분류 기준에 속하는 항목들은 촘촘한 간격으로 배치하고, 다른 분류 기준에 속하는 것과는 구분을 위해 간격을 넓게 잡아 구분하는 형태로 배치할 수도 있다. 또한 유사 분류 기준에 속하는 항목들 간에는 일정한 간격을 유지하는 형태로 배열할 수도 있다. 채우기 디자인에 있어서 디자이너의 계획에 따라 배열과 간격에 대한 기준이 달라지겠지만, 일관성이 유지되었을 때는 안정감 있는 디자인이 결과를 얻게 될 것이고, 다양성이 강조된다면 자유분방하고 개성적인 결과물을 얻을 수 있을 것이다.

파워포인트 프로그램으로 표지 디자인 하자.

표지 디자인에 있어서 포토샵이나 인디자인과 같은 전문 프로그램을 이용할 필요는 없다. 프리젠테이션 용도로 흔히들 사용하고 있는 파워포인트 프로그램을 이용해서도 간단히 표지 디자인을 할 수 있다. 그럼 파워포인트 프로그램을 실행해보자. 흔히들 피티 혹은 피피티라고 불리는 파일을 생성하는 프로그램이다. 보통의 경우 컴퓨터에 설치되어 있고, 시작 버튼 내에 다음과 같은 파워포인트 프로그램이 바로 보이곤 한다. 여기에 없는 경우 하단에 있는 "모든 프로그램" 메뉴에서 찾아보면 "Microsoft Office" 디렉토리 내에 포함되어 있을 것이다.

파워포인트는 프리젠테이션 용 프로그램이지만 간단한 그림 만들기에도 편리하다. 이 책에서는 표지 디자인을 파워포인트 프로그램으로 작성해 보겠다. 파워포인트 프로그램은 다양한 버전으로 되어있는데, 이 책에서는 2010 버전을 이용하겠다. 어떤 버전이어도 파워포인트 프로그램이라면 포함되어 있는 기능을 활용하여 제작했으니, 저자와 동일한 버전이 아니어도 낙담할 필요는 없다.

파워포인트 프로그램을 실행하면 다음과 같은 화면이 뜬다.

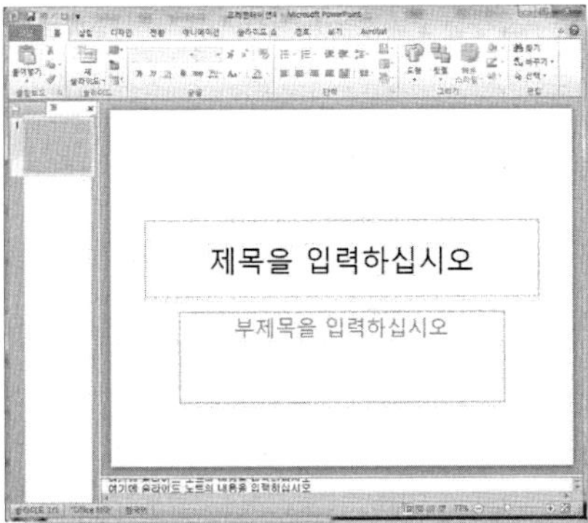

우선은 원하는 이름으로 저장하기부터 시작해보자.

프로그램 상단에 저장하기 버튼이 있다. 혹은 키보드에 있는 컨트롤 키(Ctrl)를 누른 상태에서 S 버튼을 누르면 저장하기 기능이 실행된다.

“파일 이름” 부분에 원하는 이름으로 채운다. 확장자는 pptx 그대로

둔다. 위치는 C 드라이브로 선택했다. 해당 위치는 각자 편리한 곳으로 정하면 되겠다.

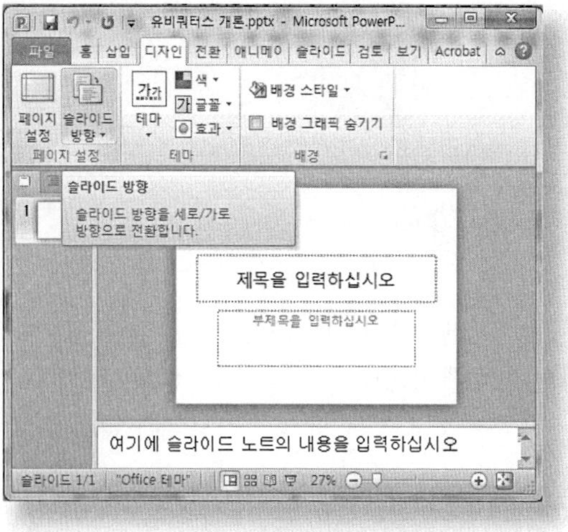

파워포인트에는 "페이지 설정" 기능이 있다. 버전마다 메뉴의 위치는 다르지만, "페이지 설정" 메뉴에서 "슬라이드 방향" 기능을 활용하여, 가로 방향의 페이지를 세로 방향으로 바꾸자. 보통 책은 가로보다 세로 방향이 긴 경우가 많다. 그래서 세로방향으로 만든 것이다. 전자책의 경우도 일반적으로는 가로보다 세로가 긴 세로방향으로 만들어져 있다.

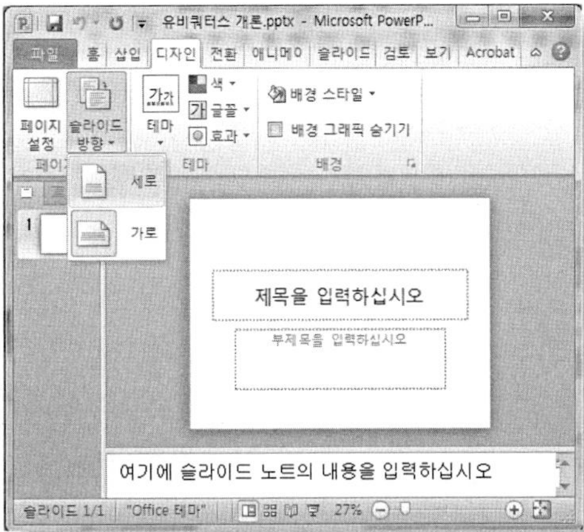

그리고 "페이지 설정" 메뉴에서 너비와 높이를 각각 11cm, 15cm로 정하자. 책의 사이즈가 가로 11cm이고, 세로 15cm라는 것인데, 디자인하고자 하는 사이즈는 각자 다를 테니 알아서 결정해도 좋다. 그런데, 전자책의 경우 핸드폰이나 스마트 패드와 같은 휴대용 기기를 이용해서 보게 된다. 이러한 상황을 고려해보면 일반적인 핸드폰이나 스마트 패드의 화면 사이즈를 기준으로 비율에 맞게 만들면 되겠다.

사실 책의 사이즈를 정한 것으로 만들고자 하는 전자책 표지의 사이즈를 정하면 된다. 저자의 경우 핸드폰 보다는 사이즈가 큰 스마트 패드를 기준으로 만들었다. 이렇게 크게 작성하여도, 전자책을 보여주는 뷰어는 어떠한 사이즈의 화면이든 상관없이 비율에 맞게 조정하여 보여주기 때문에 사이즈에 대해서는 크게 신경 쓰지 않아도 된다.

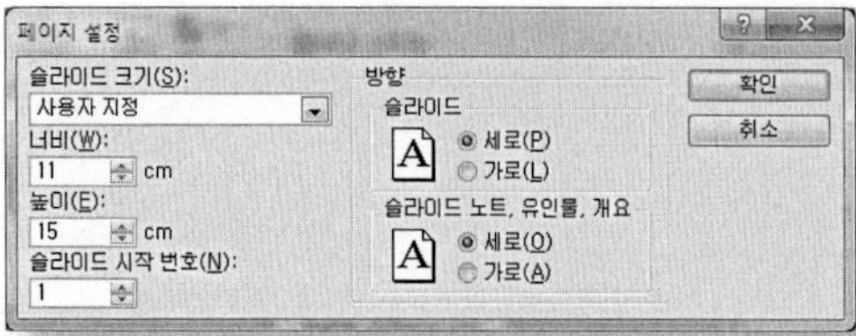

페이지 설정이 끝났으면, "제목을 입력하세요"가 쓰여 있는 하얀 페이지가 보일 것이다. "제목을 입력하시오"가 쓰여 있는 위치에 마우스를 클릭하면, 문자를 입력할 수 있는 상태로 변한다. 그곳에 아래와 같이 책의 제목을 입력해보자. 그리고 "부제목을 입력하세요" 부분에는 저자명을 써보자.

"디자인" 탭에 존재하는 "테마"에서 마음에 드는 항목을 클릭한다. 그러면 배경에 이미지가 들어간 형태로 디자인이 변경된다.

책 제목에 해당하는 부분을 선택한 후 글씨 크기를 변경해보자. 아무래도 글씨 크기가 커야 표지가 시원시원하게 보인다.

표지 제목을 선택하고, 마우스로 원하는 위치로 드래그해본다.

책 제목을 선택했을 때 가장자리에 작은 사각형 조절점이 보이는데, 조절점의 위치로 마우스를 옮겨보면 마우스 포인터의 모양이 바뀐다. 마우스 포인터의 모양이 바뀌는 시점에서 드래그하면 원하는 형태로 변형된다.

책 표지에 그림을 넣어 꾸밀 수도 있다. “삽입” 메뉴에 “클립 아트”를 클릭한다. 그리고 “검색 대상”에 원하는 키워드를 집어넣은 후 “이동” 버튼을 클릭하자. 해당되는 클립아트가 나타난다. 그 중에서 마음에 드는 클립아트를 클릭해보자.

클립아트가 책 표지의 특정 위치에 삽입된 것을 확인 할 수 있다. 클립아트의 크기 조정이나 위치 조정은 책 제목에서와 같다. 원하는 위치로 옮겨보자.

책 표지 디자인이 완성되었으면, 이제는 이 화면을 그림 파일로 만들어보자. 그러기 위해서 "파일" 메뉴에 "저장/보내기"를 선택하자. 그리고 "파일 형식 변경" 버튼을 선택한다. 그리고 나서 "JPEG 파일 교환 형식"을 선택하자.

마지막으로 "다른 이름으로 저장" 버튼을 클릭한다.

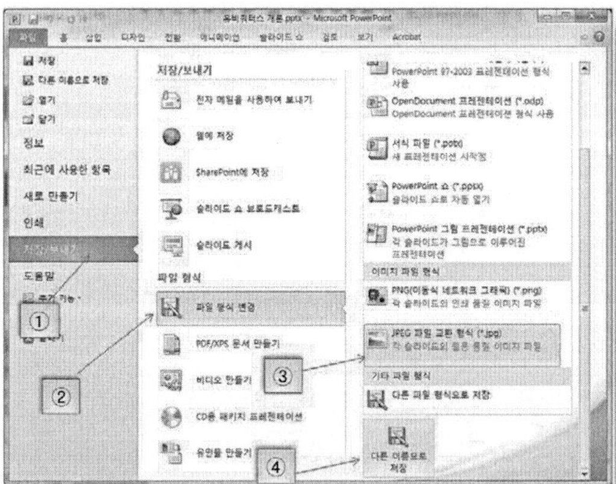

원하는 위치에 원하는 "파일 이름"으로 저장하자.

표지 디자인 화면만 있는 상태이므로 "현재 슬라이드만"을 선택하자. 그러면 해당 위치에 jpg 파일이 저장된 것을 확인 할 수 있겠다.

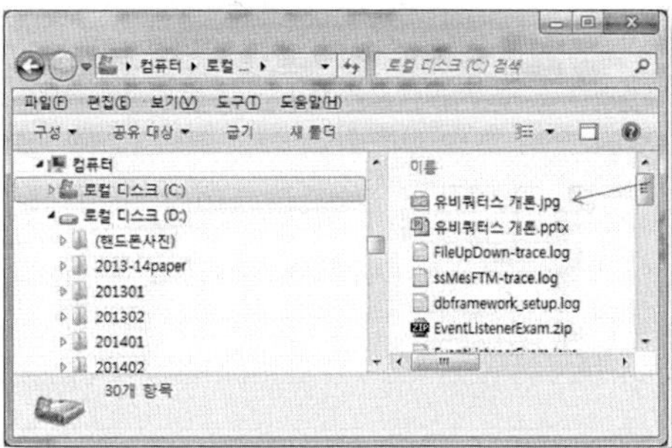

만들어 진 jpg 파일을 더블 클릭하여 실행해 표지 디자인 파일이 잘 작성 되었는지 확인해 보자. 각자 컴퓨터마다 그림을 열어 보여주는 프로그램의 종류는 다르겠지만, 확인하는데는 어떤 프로그램이든 지장 없겠다.

과제

번 호	
과목명	
제출자	
제출일	

1. 전자책 제목을 결정하고 그에 어울리는 표지를 파워포인트 프로그램으로 디자인하고, 그 결과를 아래 박스에 붙이시오.

절 취 선

제13장

디자인 노하우
- 레이아웃 디자인-

레이아웃 디자인 이해하기

접지 디자인

학습 목표

- 레이아웃 디자인 이해한다.
- 책의 레이아웃을 설계 할 수 있다.
- 다양한 접지 디자인에 대해 알아본다

지금까지는 책의 표지 디자인과 관련된 내용에 대해 알아보았다. 이 장에서는 책의 레이아웃(layout) 디자인에 대해 알아보겠다. 레이아웃은 영어 단어 layout을 발음 그대로 사용하고 있는데, 배치라는 뜻이다.

책에서 레이아웃 디자인이란 책의 특정 페이지를 기준으로 봤을 때 글, 그림, 여백 등을 어떻게 배치할 지를 설계하는 과정을 의미한다. 종이책은 매 페이지마다 느슨하거나, 빽빽하거나, 여백이 많은 다양한 형태의 레이아웃을 다채롭게 표현 가능하다. 물론 전자책의 경우도 마찬가지이다.

레이아웃 디자인 이해하기

글로 가득 채워진 형태로 레이아웃을 정할 수 있다. 이는 소설책에서 많이 볼 수 있는 경우로 글을 통해 모든 의미를 전달하고자 하는 경우에 많이 이용되는 레이아웃이다. 또는 2단이나 3단의 다단 레이아웃을 적용하는 경우도 있다. 논문의 경우 2단으로 편집이 되는 경우가 많다. 디자인 계열의 책이나 신문에서 3단 이상을 적용한 다단 레이아웃을 적용한 사례도 드물지 않게 볼 수 있다. 제목이 인쇄된 상태에서 본문의 내용이 들어설 때 어느 정도 큰 여백을 두는 레이아웃도 많이 사용하고 있다. 책은 보통 여러 장으로 나눠져 있는데, 각 장은 많은 페이지로 이뤄지게 된다. 이때 하나의 장에서 다른 장으로 넘어가는 경계를 명확히 하기 위해 이러한 레이아웃을 많이 적용한다. 다단 레이아웃의 경우 단의 경계 부분에 선을 넣어 디자인적 명확성을 표현하기도 한다. 그리고 문단의 시작을 크게 띄워 문단과 문단 사이의 경계를 명확히 하기도 한다. 그림의 배치를 다양하게 적용하는 형태의 레이아웃도 고려할 수 있다.

요즘 나오는 책들은 그림이 포함되어 있는 경우가 많다. 따라서 그림과 글의 조화로운 배치는 레이아웃 디자인에 있어서 매우 중요하다. 특정 페이지는 작은 글씨로 약간의 글만 써 놓고, 나머지 90% 이상의 공간은 여백으로 두는 레이아웃 디자인도 많이 볼 수 있다. 책의 초입부에 감사의 글을 간단히 쓰는 경우에도 적용해 볼 수 있는 형태이다. 다단 구성의 일부로 여겨질 만큼 좁은 범위로 글을 나열하는 경우도 있다. 이 경우 여백을 얼마나 많이 두느냐에 따라 느낌이 많이 달라질 수 있다. 이 경우 어떤 페이지는 여백 부분이 여백 자체로 존재하지만 특정 페이지로 넘어가면 해당 본문의 내용을 상세 설명해주는 글이나 그림이 이 여백 부분에 적용되기도 한다.

이처럼 종이책의 경우 다양한 형태의 레이아웃이 가능하다. 그러나 전자책의 경우 보는 기기의 크기나 종류에 따라 특정 페이지의 내용이 달라질 수 있다. 예를 들어 가로 15cm, 세로 20cm인 기기에서 전자책을 보는 경우와 가로 40cm, 세로 40cm 인 기기에서 전자책을 보는 경우를 생각해 보겠다. 작은 사이즈의 기기에서 10 페이지 부분을 보고 있다면, 큰 사이즈의 기기에서 10 페이지로 이동했을 때 동일한 화면을 기대할 수 있을까? 전자책은 리플로우(reflow) 기능이 존재한다. 리플로우란 책의 내용들이 자연스럽게 이어짐을 의미한다. 즉, 화면의 사이즈나 형태가 변경되었을 때 그에 맞게 최적의 상태로 페이지의 내용이 자연스럽게 이어져 재정렬됨을 의미한다. 이는 종이책과 다른 전자책 만의 특별한 부분이라 할 수 있다. 수업 시간에 선생님이 "교재 10 페이지 2번째 줄 읽어보세요"라고 했을 때 전자책의 경우는 학생들 마다 가지고 있는 전자기기가 다를 것이므로 원하는 답을 얻기 어렵다. 같은 전자기기여도 사용자 마다 환경 설정을 달리 할 수도 있고, 세로 방향으로 보는 경우와 가로 방향으로 보는 경우도 완전히 달라질 수 있기 때문에 마찬가지다. 따라서 전자책의 레이아웃 디자인 시 이러한 리플로우 기능을 감안하여야 한다.

다음은 전자책의 대표적인 레이아웃 디자인의 예이다. 전자책에서는 글과 그림과 여백을 활용하여 다양한 레이아웃 디자인을 해 볼 수 있겠다. 제목의 글자 크기는 본문의 글자 크기와는 다르게 표현할 필요가 있다. 크기가 크면 더욱 중요하다는 느낌을 줄 수 있고, 가독성도 상대적으로 높아져 본문과 제목의 구분을 확실히 할 수 있다. 본문에 삽입되는 그림은 앞 뒤로 여백을 둬서 더욱 강조 할 수도 있고, 화면 중앙으로 정렬하여 돋보이게 배치할 수도 있다. 문단과 문단 사이는 한 줄의 공간을 둠으로써 구분할 수도 있겠다.

1장. 유비쿼터스 개요

공상과학 영화에서나 나오는 자동화된 환경이 어느덧 현실화 되고 있다. 미래학자 앨빈 토플러(Alvin Toffler)의 저서 "제3의 물결" 이나 "부의 미래" 에서 예측한 미래 사회의 모습은 현재 진행형인 것이다. 이러한 현상은 디지털 혁명, 통신혁명과 같은 기술적인 혁신이 바탕이 된 것으로 유비쿼터스(Ubiquitous) 사회를 지향하고 있다. 미국 제록스사의 마크 와이저(Mark Weiser)에 의해 정립된 유비쿼터스 개념은 사용자가 언제 어디서나 컴퓨터를 이용할 수 있고, 냉장고나 책상과 같은 사물에 내장된 컴퓨터 끼리 네트워크로 연결되어 생활환경이 편리해 지는 기술이다.

미래학자의 예측뿐만 아니라 TV 속의 CF를 보아도 보편적인 미래 생활상을 확인할 수 있다. 최근 SK텔레콤의 "가능성의 릴레이" 라는 CF를 보면 베란다 창문이 모닝콜을 울리는 알람이 되어 "꼬끼오" 를 외친다. 그리고 화장실은 아버지가 들어왔다는 것을 인식하고, 거울에 날씨 정보나 건강 상태를 보여준다. 이러한 기술은 현재 보편적으로 이용하고 있지 않아서 그렇지 실제 구현되어 있다. 이러한 미래상은 현재의 유비쿼터스 기술로써 구현이 가능하다. 우리는 실감하지 못할 뿐이지 유비쿼터스 기술에 적응되어가고 있는데, 대표적으로 널리 분포된 인터넷, 무선 인터넷 공간이다.

유무선 인터넷 공간은 다양한 네트워크 기술로 구현되어 있는데, 이는 유비쿼터스 환경을 실현하기 위한 기반이 된다.

제목을 본문과 구분하여 돋보이게 표현하기 위한 방법으로는 글자의 크기를 달리하는 방법도 있지만, 그래픽적인 요소를 적용할 수도 있겠다. 제목 주위에 서로 다른 굵기의 선분을 몇 개 나열해도 좋을 것이다. 그림은 왼쪽이나 오른쪽으로 정렬하여 표현할 수도 있다. 그리고 문단의 구분을 위해 시작 부분에 일정 간격을 띄워서 진행 해도 좋다. 그 간격을 일반적인 키보드의 탭(tab)을 한번 누른 정도의 사이즈도 좋겠고, 확연한 차이를 두기 위해 두 번 누른 정도의 사이즈도 보기 좋을 듯 하다.

1장. 유비쿼터스 개요

공상과학 영화에서나 나오는 자동화된 환경이 어느덧 현실화 되고 있다. 미래학자 앨빈 토플러(Alvin Toffler)의 저서 "제3의 물결"이나 "부의 미래"에서 예측한 미래 사회의 모습은 현재 진행형인 것이다. 이러한 현상은 디지털 혁명, 통신혁명과 같은 기술적인 혁신이 바탕이 된 것으로 유비쿼터스(Ubiquitous) 사회를 지향하고 있다. 미국 제록스사의 마크와이저(Mark Weiser)에 의해 정립된 유비쿼터스 개념은 사용자가 언제 어디서나 컴퓨터를 이용할 수 있고, 냉장고나 책상과 같은 사물에 내장된 컴퓨터 끼리 네트워크로 연결되어 생활환경이 편리해 지는 기술이다.

미래학자의 예측뿐만 아니라 TV 속의 CF를 보아도 보편적인 미래 생활상을 확인할 수 있다. 최근 SK텔레콤의 "가능성의 릴레이"라는 CF를 보면 베란다 창문이 모닝콜을 울리는 알람이 되어 "꼬끼오"를 외친다. 그리고 화장실은 아버지가 들어왔다는 것을 인식하고, 거울에 날씨정보나 건강 상태를 보여준다. 이러한 기술은 현재 보편적으로 이용하고 있지 않아서 그렇지 실제 구현되어 있다. 이러한 미래상은 현재의 유비쿼터스 기술로써 구현이 가능하다. 우리는 실감하지 못할 뿐이지 유비쿼터스 기술에 적응되어가고 있는데, 대표적으로 널리 분포된 인터넷, 무선 인터넷 공간이다.

유무선 인터넷 공간은 다양한 네트워크 기술로 구현되어 있는데, 이는 유비쿼터스 환경을 실현하기 위한 기반이 된다.

제목을 본문과 구분하여 돋보이게 표현하기 위한 방법으로는 글자의 크기를 달리하는 방법도 있지만, 색상일 입히는 방법도 적용할 수도 있겠다. 제목의 색상과 어울리는 그래픽 요소도 배치하면 감각적인 표현이 가능할 것이다. 그림을 글과 함께 어울리도록 배치할 수도 있다. 그림과 글이 어울려 표현되도록 할 때는 그림과 글 사이의 간격을 고려해야 한다. 그림이 오른쪽에 위치하고, 글이 왼쪽에 위치하도록 결정했다면, 왼쪽의 글과 오른쪽의 그림 사이의 공간을 어느 정도로 할 것인지 정하고, 마찬가지로 그림의 크기가 전체 화면의 작은 부분에 지나지 않다면 그림의 아래쪽에도 글이 위치할 것이므로 그림과 아래쪽 글 간의 간격도 정한다. 이 간격이 넓으냐 좁으냐에 따라서도 레이아웃의 느낌은 달라질 수 있다.

1장. 유비쿼터스 개요

공상과학 영화에서나 나오는 자동화된 환경이 어느덧 현실화 되고 있다. 미래학자 앨빈 토플러(Alvin Toffler)의 저서 "제3의 물결" 이나 "부의 미래" 에서 예측한 미래 사회의 모습은 현재 진행형인 것이다. 이러한 현상은 디지털 혁명, 통신혁명과 같은 기술적인 혁신이 바탕이 된 것으로 유비쿼터스(Ubiquitous) 사회를 지향하고 있다. 미국 제록스사의 마크 와이저(Mark Weiser)에 의해 정립된 유비쿼터스 개념은 사용자가 언제 어디서나 컴퓨터를 이용할 수 있고, 냉장고나 책상과 같은 사물에 내장된 컴퓨터 끼리 네트워크로 연결되어 생활환경이 편리해 지는 기술이다.

미래학자의 예측뿐만 아니라 TV 속의 CF를 보아도 보편적인 미래 생활상을 확인할 수 있다. 최근 SK텔레콤의 "가능성의 릴레이" 라는 CF를 보면 베란다 창문이 모닝콜을 울리는 알람이 되어 "꼬끼오" 를 외친다. 그리고 화장실은 아버지가 들어왔다는 것을 인식하고, 거울에 날씨 정보나 건강 상태를 보여준다. 이러한 기술은 현재 보편적으로 이용하고 있지 않아서 그렇지 실제 구현되어 있다. 이러한 미래상은 현재의 유비쿼터스 기술로써 구현이 가능하다.
우리는 실감하지 못할 뿐이지 유비쿼터스 기술에 적응되어가고 있는데, 대표적으로 널리 분포된 인터넷, 무선 인터넷 공간이다.

제목을 본문과 구분하여 돋보이게 표현하기 위한 방법으로는 글자 간의 간격을 느슨하게 표현하는 방법도 좋겠다. 그리고 제목에 명암 효과를 넣어서 강조하는 것도 좋은 방법이다. 명암 효과라고 해서 단순히 흰색에서 검정색 사이의 무채색을 적절하게 적용한다는 의미이기 보다는, 글자 배경으로 색상을 넣어 제목을 돋보이게 하는 방법까지도 포함 해야겠다.

그림을 글과 함께 어울리도록 배치함에 있어서 위치에 따라서도 레이아웃의 특성을 결정할 수 있다. 이 경우도 마찬가지로 그림과 글이 어울려 표현함에 있어 그림과 글 사이의 간격을 고려해야 한다. 그림이 왼쪽에 위치하고, 글이 오른쪽에 위치하도록 결정했다면, 오른쪽의 글과 오른쪽의 그림 사이의 공간을 어느 정도로 할 것인지 정하고, 마찬가지로 그림의 크기가 전체 화면의 작은 부분에 지나지 않다면 그림의 아래쪽에도 글이 위치할 것이므로 그림과 아래쪽 글 간의 간격도 정한다.

1장. 유 비 쿼 터 스 개 요

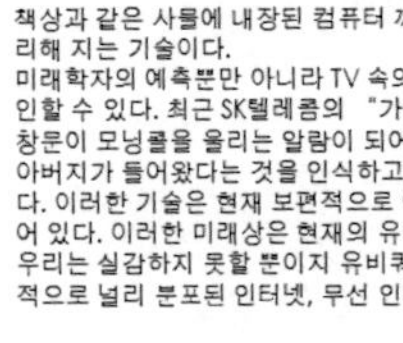

공상과학 영화에서나 나오는 자동화된 환경이 어느덧 현실화 되고 있다. 미래학자 앨빈 토플러(Alvin Toffler)의 저서 "제3의 물결" 이나 "부의 미래" 에서 예측한 미래 사회의 모습은 현재 진행형인 것이다. 이러한 현상은 디지털 혁명, 통신혁명과 같은 기술적인 혁신이 바탕이 된 것으로 유비쿼터스(Ubiquitous) 사회를 지향하고 있다. 미국 제록스사의 마크 와이저(Mark Weiser)에 의해 정립된 유비쿼터스 개념은 사용자가 언제 어디서나 컴퓨터를 이용할 수 있고, 냉장고나 책상과 같은 사물에 내장된 컴퓨터 끼리 네트워크로 연결되어 생활환경이 편리해 지는 기술이다.
미래학자의 예측뿐만 아니라 TV 속의 CF를 보아도 보편적인 미래 생활상을 확인할 수 있다. 최근 SK텔레콤의 "가능성의 릴레이" 라는 CF를 보면 베란다 창문이 모닝콜을 올리는 알람이 되어 "꼬끼오" 를 외친다. 그리고 화장실은 아버지가 들어왔다는 것을 인식하고, 거울에 날씨 정보나 건강 상태를 보여준다. 이러한 기술은 현재 보편적으로 이용하고 있지 않아서 그렇지 실제 구현되어 있다. 이러한 미래상은 현재의 유비쿼터스 기술로써 구현이 가능하다.
우리는 실감하지 못할 뿐이지 유비쿼터스 기술에 적응되어가고 있는데, 대표적으로 널리 분포된 인터넷, 무선 인터넷 공간이다.

그렇다면 그림을 글의 중간에 위치 시킬 때는 어떤 어울림이 가능할까? 그림을 기준으로 왼쪽과 오른쪽에 글이 오고, 아래쪽이 채워지는 형태도 가능할 것이다. 이 경우 그림의 위쪽도 글로 채워진 상태라면, 그림이 위치하는 시점에서 그림의 높이와 유사선 상에서 글이 오는 형태로 배치 될 것이다. 그림이 중간에 위치 할 때, 그림의 왼쪽이나 오른쪽 한 곳에는 본문의 글이 채워지고, 나머지 한쪽은 그림의 제목으로 채워지는 형태로 레이아웃 설계를 할 수도 있다. 또, 중앙에 있는 그림을 기준으로 양 옆에는 어떠한 글도 오지 않고 위, 아래 쪽에 글이 배치되기도 한다.

공상과학 영화에서나 나오는 자동화된 환경이 어느덧 현실화 되고 있다. 미래학자 앨빈 토플러(Alvin Toffler)의 저서 "제3의 물결"이나, "부의 미래"에서 예측한 미래 사회의 모습은 현재 진행형인 것이다.

디지털 혁명, 통신혁명과 같은 기술적인 혁신이 바탕이 된 것으로 유비쿼터스 사회를 지향하고 있다. 미국 제록스사의 마크 와이저에 의해 정립된 유비쿼터스 개념은 사용자가 언제 어디서나 컴퓨터를 이용할 수 있다.

미래학자의 예측뿐만 아니라 TV 속의 CF를 보아도 보편적인 미래 생활상을 확인할 수 있다. 최근 SK텔레콤의 "가능성의 릴레이" 라는 CF를 보면 베란다 창문이 모닝콜을 울리는 알람이 되어 "꼬끼오"를 외친다. 그리고 화장실은 아버지가 들어왔다는 것을 인식하고, 거울에 날씨 정보나 건강 상태를 보여준다. 이러한 기술은 현재 보편적으로 이용하고 있지 않아서 그렇지 실제 구현되어 있다. 이러한 미래상은 현재의 유비쿼터스 기술로써 구현이 가능하다.

공상과학 영화에서나 나오는 자동화된 환경이 어느덧 현실화 되고 있다. 미래학자 앨빈 토플러(Alvin Toffler)의 저서 "제3의 물결"이나, "부의 미래"에서 예측한 미래 사회의 모습은 현재 진행형인 것이다.

그림1. 앨빈토플러

미래학자의 예측뿐만 아니라 TV 속의 CF를 보아도 보편적인 미래 생활상을 확인할 수 있다. 최근 SK텔레콤의 "가능성의 릴레이" 라는 CF를 보면 베란다 창문이 모닝콜을 울리는 알람이 되어 "꼬끼오"를 외친다. 그리고 화장실은 아버지가 들어왔다는 것을 인식하고, 거울에 날씨 정보나 건강 상태를 보여준다. 이러한 기술은 현재 보편적으로 이용하고 있지 않아서 그렇지 실제 구현되어 있다. 이러한 미래상은 현재의 유비쿼터스 기술로써 구현이 가능하다.

공상과학 영화에서나 나오는 자동화된 환경이 어느덧 현실화 되고 있다. 미래학자 앨빈 토플러(Alvin Toffler)의 저서 "제3의 물결" 이나, "부의 미래" 에서 예측한 미래 사회의 모습은 현재 진행형인 것이다. 디지털 혁명, 통신혁명과 같은 기술적인 혁신이 바탕이 된 것으로 유비쿼터스 사회를 지향하고 있다. 미국 제록스사의 마크 와이저에 의해 정립된 유비쿼터스 개념은 사용자가 언제 어디서나 컴퓨터를 이용할 수 있다.

미래학자의 예측뿐만 아니라 TV 속의 CF를 보아도 보편적인 미래 생활상을 확인할 수 있다. 최근 SK텔레콤의 "가능성의 릴레이" 라는 CF를 보면 베란다 창문이 모닝콜을 울리는 알람이 되어 "꼬끼오" 를 외친다. 그리고 화장실은 아버지가 들어왔다는 것을 인식하고, 거울에 날씨 정보나 건강 상태를 보여준다. 이러한 기술은 현재 보편적으로 이용하고 있지 않아서 그렇지 실제 구현되어 있다. 이러한 미래상은 현재의 유비쿼터스 기술로써 구현이 가능하다.

과제

번 호	
과목명	
제출자	
제출일	

1. 책의 레이아웃(Layout) 디자인을 해보시오.

1.1 제목, 내용, 그림 1장으로 이루어진 책의 내용 레이아웃을 구성하시오.

절 취 선

지금까지는 레이아웃 디자인의 다양한 형태를 보았다. 다음은 레이아웃 디자인의 연장선 상에서 볼 수 접지 디자인에 대해서 알아보자.

접지 디자인

접지(摺紙)는 영어로 folding이다. 종이 책에서 접지는 접는 것을 의미한다. 실제 인쇄물은 대부분 이렇게 접는 과정을 거쳐서 만들어진다. 일반적으로 종이책의 생산 과정에 대해 모르는 사람들은 이미 특정 크기로 잘라진 A4 용지와 같은 형태의 종이에 인쇄를 하는 것으로 생각할 수 있다. 그러나 실제 대량생산되는 종이책은 그렇게 인쇄되지 않는다. 매우 큰 한 장의 종이에 80 페이지 정도의 분량을 한번에 인쇄하게 된다. 그러니 이렇게 인쇄된 종이는 원하는 사이즈로 재단하는 과정을 거치고, 책의 형태에 따라서 다양한 형태로 접는 과정이 진행되어야 한다.

접지의 형태는 매우 다양하다. 예를 들면 책의 중간 페이지는 나른 페이지와 크기를 달리하여 가로 방향으로 1/3분량 정도 더 넓게 디자인하고, 그 부분이 접혀 있는 경우이다. 이러한 접지 형태는 잡지책에서 많이 볼 수 있는데, 접힌 부분을 열면 예상치 못한 그림으로 마무리되기도 한다.

종이책의 원래 사이즈로는 실감나는 사진을 담을 수 없을 경우 접지와 관련된 적용으로 문제를 해결할 수도 있겠다. 어떤 잡지책을 보는

데, 하나의 페이지와 동일한 사이즈의 페이지가 위쪽에서 접혀있었는데, 펼치니 세로로 긴 성당의 전면부가 담겨 있었다.

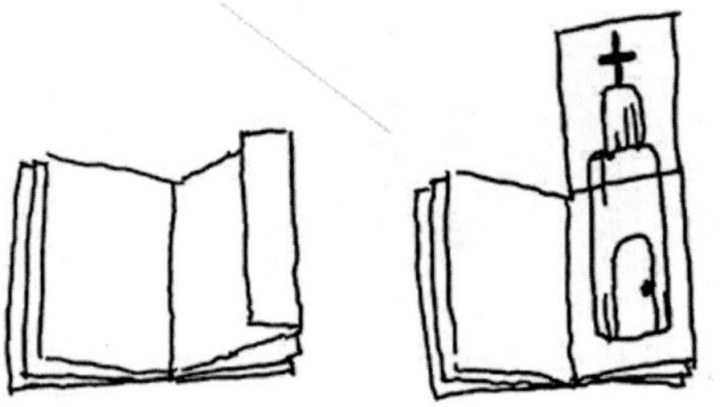

지금까지 접지에 대해서 살펴보았다. 그런데 접지와 관련된 사항은 종이책에서나 고려될 대상이다. 전자책의 경우는 이런 개념이 없다. 물론 전자책을 만드는 방법에 따라 다양하게 적용할 수도 있겠지만 일반적인 기준으로 보자면 아니라는 얘기다. 작은 모바일 기기로 전자책을 보는 소비자에게는 이러한 다양한 접지를 적용한 형태는 효율적이지 못하다. 접지란 말 그대로 종이를 접는 것과 관련되어 있으니 전자책과는 어울리지 않는 개념일지도 모르겠다.

이상으로 책에 있어서 필요한 레이아웃 디자인에 대해서 살펴보았다. 이 책의 10장으로 다시 돌아가 전자책을 만드는데 있어서 이러한 디자인적인 요소를 고려해 적용해보자. 11장에서 13장을 공부하기 이전에 봤던 10장과는 이해도가 달라질 것이고, 결과물인 전자책의 완성도도 달라질 것이라 생각된다.

이상으로 전자책 제작에 대한 내용을 마무리하고자 한다. 끝맺는 지점에서 아쉬운 점은 컴퓨터공학 계열의 학생들을 위한 전자책 프로그래밍 관련 내용이 부족했다는 것이다. 그러나 책의 서두에서도 말했듯이 이 책은 특정 전공 분야에 국한하지 않고, 인문 계열이든 자연 계열이든 상관없이 전자책을 완성하는데 목적을 두고 시작하였다는 것이다. 이러한 목적을 기준으로 보자면 현재의 마무리는 적절했다고 판단된다. 그리고 다음에 나오게 될 "전자책 프로그래밍" 책에서는 컴퓨터공학 계열에 부합하는 내용으로 진행될 것이므로 이에 대한 요구점이 있었던 독자라면, 다음 권을 기다려주기 바란다.

참고문헌

1. 위키백과, http://ko.wikipedia.org
2. 김두식, 전자출판론, 도서출판 열린기술
3. 전자책 지배자 '스크린셀러', 독서신문i
4. 미카엘콜빌레-안데르센, 사이클 시크, 북노마드 출판사
5. 이적, 지문 사냥꾼, 웅진지식하우스 출판사
6. 김진명, 무궁화 꽃이 피었습니다, 새움 출판사
7. 김훈, 남한산성, 학고재 출판사
8. 무라카미 하루키, 저녁 무렵에 면도하기, 비채 출판사
9. 한비야, 한비야의 중국견문록, 푸른숲 출판사
10. 김난도, 아프니까 청춘이다, 쌤앤파커스 출판사
11. 박준영, 판다 언니의 첫 번째 자수, 책밥 출판사
12. 일본 보그사, 프랑스 자수 스티치 200, 경향미디어 출판사
13. 히구치 유미코, 1색 자수와 작은 소품, 이아소 출판사
14. 히가시노 게이고, 나미야 잡화점의 기적, 현대문학 출판사
15. 알랭드보통, 왜 나는 너를 사랑하는가, 청미래 출판사
16. 셰릴 스트레이드, 와일드, 나무의철학 출판사
17. 오쿠다 히데오, 남쪽으로 튀어, 은행나무 출판사
18. 알랭드보통, 불안, 은행나무 출판사
19. 홍정욱, 7막7장, 삼성출판사
20. 파울로 코엘료, 연금술사, 문학동네 출판사
21. 김분희, 발명 특허 지식재산권, 홍릉과학출판사
22. 프란치스카 비어만, 책 먹는 여우와 이야기 도둑, 주니어김영사 출판사

23. 전혜진, 김준현, 박재현, 발리홀리데이, 꿈의지도 출판사
24. 최성락, 윤수경, 회사는 학교가 아니다, 아템포출판사
25. 매튜 다우마, DOG ENGLISH, 서프라이즈출판사
26. 스티븐 프레스필드, Do The Work 행동하라, RSG출판사
27. 박성혁, 이토록 공부가 재미있어지는 순간, 다산3.0출판사
28. 이규복, 실전 캘리그라피, 이서원출판사
29. 박종평, 진심전력, 더퀘스트출판사
30. 칼 필레머, 이 모든 걸 처음부터 알았더라면, 토네이도 출판사

찾아보기

ㄱ

가독성 • 307, 370
가산혼합 • 322
감산혼합 • 322
개인 출판 • 18, 164
검색 • 30
경제성 • 312
계획 • 111
곡선 • 365
관리 • 278
교과서 • 47
교정 교열 • 43
그라데이션 • 368
글감 • 74, 146
글꼴 • 354
기획 • 111
꼭지 • 129

ㄴ

내페이퍼 • 274, 275
높이 • 358

ㄷ

대비 • 323
대소문자 • 355
독창성 • 312
동시대비 • 324
등록 • 280
디자인 • 303

ㄹ

레이아웃 • 389, 391
리플로우 • 391
링크 • 30, 171, 219

ㅁ

매몰비용 • 155
매체 • 7
면 • 315
명도 • 320
목록 • 211
목차 • 288
문자 • 354
문체 • 77
미디어 • 7
미디엄 • 7

ㅂ

배색 • 336
범용성 • 172
베스트셀러 • 273

ㅅ

사색 • 98
사선 • 365
삭제 • 286
산세리프 • 356
상자 • 368
색상 • 320, 345
색상 대비 • 324
샘플 꼭지 • 146
선 • 315, 365
선택자 • 239, 245
세리프 • 356
스마트 패드 • 6
시길(SIGIL) • 169

식별자 • 16
실천 • 102
심미성 • 312

ㅇ

안전함 • 306
안정감 • 371
어도비 • 39, 40
에디터 • 282
여백 • 363
오탈자 • 157
원고 • 42, 162
웹에디터 • 285
유페이퍼 • 169, 269
의뢰서 • 161
이북 • 7
이펍 • 9
인덱스 • 30
인쇄매체 • 41
인용문 • 149
일관성 • 147, 371

ㅈ

자간 • 355
자동공간조정 • 10
재단 • 44
재본 • 44
재출판 • 25
저자 프로필 • 133
저작권 • 127
전자매체 • 41
전자책 • 3, 5, 6, 7, 8, 9, 10, 11, 12, 13, 14, 18, 21, 23, 24, 29, 30, 31, 33, 40, 41, 42, 45, 46, 47, 49, 51, 53, 55, 56, 57, 58, 59, 60, 61
전자출판 • 23
점 • 315
점자 • 47
접지 • 44, 401
정렬 • 358
제목 • 303, 353
조절점 • 378
종이책 • 24
주제 • 111
중량 • 355
직선 • 365
집필 • 141

ㅊ

채도 • 320
채우기 • 363
초고 • 153

ㅋ

카테고리 • 289
캘리그라피 • 361
컨셉 • 111
클래스 • 246
클립아트 • 379

ㅌ

타이포그라피 • 353
탈고 • 153
태그 • 172
테마 • 376
템플릿 • 283
퇴고 • 153
트리밍 • 362

ㅍ

파워포인트 • 372
판매 • 288
판매자 • 271
페이지 레이아웃 • 43
페이지메이커 • 39
편의성 • 306
편집 • 285
편집 디자이너 • 157
포즈 • 354
표 • 220

표지 • 303
표지 디자인 • 345
프랭클린 플래너 • 102
프로필 • 131
프리젠테이션 • 372

ㅎ

합목적성 • 312
행간 • 358
행폭 • 358
호환성 • 172
확장자 • 373

B

B • 182
background • 236
background color • 174
bgcolor • 174
BLUE • 190
BODY • 175
bold • 201, 254
Bold • 182
bolder • 254
BORDER • 223
BR • 183

C

capitalize • 256
Cascading Style Sheet • 235
center • 258
circle • 215
CMY • 321
color • 194
Completion of Manuscripts • 153
copyright • 192, 127
CSS • 14, 175, 235
CTS • 39

D

disk • 215
division • 226
draft • 153
DRM • 13, 289
DTP • 39

E

E-INK • 47
EP • 41
EPUB • 9, 170

F

face • 194
folding • 401
font • 194
font-family • 254
font-size • 253
font-style • 254
font-weight • 254

G

graphy • 353
GREEN • 190

H

HEAD • 175
heading • 229
horizontal • 227
HREF • 241
HTML • 13, 171
Hypertext • 171

I

Indesign • 169
ISBN • 15
ISSN • 16
italic • 201, 255

J

justify • 258

K

KAN • 16

L

large • 253
left • 258
lighter • 254
line break • 183
line-height • 259
line-through • 255
LINK • 241
list item • 213
lowercase • 256

M

margin • 262
margin-bottom • 262
margin-left • 262
margin-right • 262
margin-top • 262
Markup • 171
medium • 253

N

No-Break Space • 192
none • 255
normal • 254

O

oblique • 255
ordered list • 213
overline • 255

P

P • 182
padding • 262
padding-bottom • 263
padding-left • 263
padding-right • 263
padding-top • 263
Page Maker • 169
Paragraph • 182

Q

Quark Express • 169

R

RED • 190
reflowable • 10
REL • 241
RGB • 190, 322
right • 258

S

small • 253
SPAN • 224
square • 215
SRC • 217
STRIKE • 201
STYLE • 175, 236
superscript • 201

T

table • 220
TD • 221
text-align • 258
text-decoration • 255
text-indent • 259
text-transform • 255
TITLE • 175
TR • 221
trademark • 192
TYPE • 217

U

U • 182
underline • 201, 255
Underline • 182
unordered list • 213
uppercase • 256